나는 글로벌기업으로 출근한다

현직 CEO가 말하는 취업과 경력개발

나는 글로벌기업으로 출근한다

1판 1쇄 발행 2015년 9월 15일
1판 2쇄 발행 2015년 10월 8일

지은이 • 양경희, 신동민, 최영구, 허재영, 배금미, 윤종효, 정재희
펴낸이 • 정영석 ┃ 펴낸곳 • **마인드북스**
주 소 • 서울시 관악구 국회단지 15길 10, 102호
전 화 • 02-6414-5995 ┃ 팩 스 • 02-6280-9390
출판등록 • 2009년 3월 5일 제2015-32호
이메일 • mindbooks@nate.com
홈페이지 • http://www.mindbooks.co.kr

© 양경희, 신동민, 최영구, 허재영, 배금미, 윤종효, 정재희, 2015
* 저자와의 협약으로 인지는 생략합니다.

ISBN 978-89-97508-21-1 03190

이 도서의 국립중앙도서관 출판예정도서목록(CIP)은 서지정보유통지원시스템 홈페
이지(http://seoji.nl.go.kr)와 국가자료공동목록시스템(http://www.nl.go.kr/kolisnet)
에서 이용하실 수 있습니다. (CIP제어번호 : CIP2015023107)

현직 CEO 가 말하는 취업과 경력개발

나는
글로벌기업으로
출근한다

양경희 · 신동민 · 최영구
허재영 · 배금미 · 윤종효 · 정재희 공저

마인드북스

보다 큰 꿈, 보다 넓은 세계 시장을 그려 보자

대한민국 청년들은 요즘 우울합니다. 그중 하나의 원인은 일하려고 해도 마땅한 직장을 찾기 어려운 현실 때문일 것입니다.

통계청 자료에 따르면 우리나라의 청년실업률은 2015년 2월 현재 11.1%로, 지난 1997년 외환 위기 이래 최고치로 치솟았습니다.

이 문제를 어떻게 해결해야 할까요. 청년들이 한국만 보지 말고 세계시장으로 눈을 돌리는 것은 어떻습니까. 우리 청년들은 충분한 능력과 열정을 갖고 있습니다. 세계 최고의 기업에서 전 세계를 상대로 한 업무를 책임진다는 것, 생각만 해도 가슴 뛰는 일 아닐까요?

하지만 많은 한국 청년들은 세계의 외국계 기업에서 일하기 위해서 어떤 준비를 해야 하는지 잘 모르고 있습니다. 글로벌 시장에 대한 정보도 부족합니다. 어렵사리 외국계 취업에 성공하더라도 문화적 차이 등을 극복하지 못하고 그만두는 경우도 종종 있습니다. 이 또한 안타까운 일입니다.

이런 점에서 이 책은 외국계 기업 취업을 꿈꾸는 젊은이들에게 꼭 권해 주고 싶습니다. 이 책을 쓴 일곱 분의 저자들은 모두 세계적인 글로벌 기업에서 중요한 일들을 하는 분들입니다. 이분들이 몸담고 있는 분야도 주목할 만합니다.

저자들은 세계적인 자동차 기업, 글로벌 명품 침대기업 등 모두 다른 업종에서 맹활약하고 있습니다. 저자들의 배경도 사뭇 다릅니다. 한국에서 대학을 졸업해 한국 기업에서 일하다 외국계 기업으로 옮긴 경우도 있고, 미국에서 공부해 외국 기업에 취업한 경우도 있습니다.

하지만 저자들이 공통적으로 강조하는 점들이 있습니다.

먼저 '자신감'입니다. 자신감은 성별, 회사 내에서의 지위를 막론하고 외국계 기업에서 살아남기 위해 꼭 필요한 무기입니다. 물론 자만심이나 '잘난 척'이 아닌 '정제된 자신감'이어야 합니다.

또 '늘 부지런하라'고 조언합니다. 외국계 회사에서 기회는 누구에게나 공평하게 주어집니다. 부지런한 사람은 그 기회를 잡을 수 있지만 게으른 사람은 제대로 된 준비에 소홀해 기회를 잡지 못하고 뒤쳐질 수밖에 없습니다.

마지막으로 저자들은 이 책을 통해 '나만의 생각을 키우라'고 강조하고 있습니다. 자기만의 아이디어 없이 다른 사람의 생각을 앵무새처럼 되풀이하는 사람은 글로벌 기업이 원하는 인재가 아닙니다. 주입식 교육에 익숙한 한국 젊은이들이 귀담아 들어야 할 조언입니다.

대한민국은 수년째 국민소득 2만 달러의 늪에서 벗어나지 못하고 있습니다. 경제성장률은 해마다 낮아지고 장기 저성장의 늪으로 빠져들고 있습니다. 혹시 대한민국이 이대로 주저앉는 건 아닌지 걱정스럽습니다.

대한민국이 다시 한 번 도약하는 길은 세계화에 있습니다. 한국 청년들의 글로벌 회사 진출은 그 초석이 될 겁니다. 이 책을 통해 우리 청년들이 보다 큰 꿈, 보다 넓은 세계 시장을 그려 보기를 바랍니다.

매경미디어그룹 회장 장대환

새로운 글로벌 프런티어로 성장하기를 바라며

　여기, 새로운 세계지도를 역동적으로 그려 왔던 분들의 이야기가 있습니다. 예전에 『세계는 넓고 할 일은 많다』라는 책이 히트를 친 적이 있었는데, 그 표제를 현실에서 생생하게 입증한 분들의 이야기여서 더욱 박진감 넘치고 인상적입니다. 남들과 다르게 생각할 수 있는 창의적 사고를 누구나 지니고 있게 마련이지만, 많은 이들은 그것을 믿지 않고 타인들이 가는 복잡한 길 위에서 엄청난 기회의 체증을 경험하고 때때로 실망합니다. 그러기에 다르게 사고할 수 있는 힘을 믿고 다른 생각, 다른 길에서 새로운 인생행로를 열고, 새로운 세계지도를 만들고자 했던 주한 글로벌 기업 CEO들의 열린 이야기는 공감 가는 바 넓고 깊습니다.

　전위적 글로벌 프런티어를 양성하는 전당인 서강대학교는 최근 산학협력과 스타트업 프로그램, 기업의 수용에 부합하는 현장 중심 교육을 역동적으로 펼치고 있습니다. 그 과정에서 영광스럽게도 이 책의 주인공들을 만나 뵐 수 있었습니다. 이 책의 저자인 7인의 외국계 기업 CEO들께서 소속되어 있는 ㈜주한글로벌기업 대표자협회와 '성공적인 사회 진출 지원과 글로벌 인재 양성을 위한 협약'을 체결한 저희 서강대학교는, 소속 CEO들이 직접 강의하시는 '글로벌 기업 CEO특강' 교과목을 운영하여, 학생들로부터 폭넓은 호응과 지지를 받고 있습니다. 이를테면 '새로운 세계로 향한 열린 지도를 얻었다.', '미지의 세계에 접근할 수 있는 티켓을 발급받은 느낌이다.', '이제 새롭게 도전할 수 있겠다.' 등과 같은 반응이 많았습니다.

아마도 이런 반응들은 이 책을 통하여 더 구체적이고 더 폭발적으로 이어지지 않을까 짐작합니다. 세계를 무대로 누비는 대한민국의 대표적인 글로벌 기업 CEO들의 도전적 경험과 실감나는 지식, 그리고 미래지향적 도전 의식으로 이루어진 이 책이야말로, 글로벌 기업으로의 취업과 커리어 성과를 희망하는 대학생들에게 더할 나위 없이 훌륭한 지침서가 될 것으로 믿습니다. 군이 글로벌 기업을 지망하는 경우가 아니라고 하더라도 이 책을 읽다 보면 새로운 세계지도 제작을 위해 젊은 시절에 무엇을 어떻게 노력하고 추구해야 하는지를 잘 헤아리게 될 것입니다.

이 책의 저자들은 자동차, 첨단 제본 설비, 화학, 고도 기술 측량 장비, 국제인증, 소비재, 제약 등 다양한 분야 CEO들로 미국, 스위스, 독일, 덴마크 등 세계 각국에 기반을 둔 글로벌 기업의 대표들로 구성되어 있습니다. 이렇게 다양한 분야에서 활약 중인 훌륭한 CEO들의 성공적인 비즈니스 경험과 경력 관리 및 직장 생활에 대한 노하우를 통하여 많은 대학생들이 자신만의 성공적인 커리어를 설계하여 취업 혹은 창업에 성공하는 스토리가 전 세계에서 울려 퍼질 수 있을지도 모르겠다는 생각을 해 봅니다. 아울러 이 책에 담긴 시간 관리, 리더십, 인적 네트워킹, 리스크 관리, 셀프브랜딩 등 저자들의 풍부한 지식과 특별한 경험에 기반을 둔 삶의 지혜들도 특별한 주목에 값합니다. 글로벌 기업에서는 물론 여타의 기업이나 일터에서도 훌륭한 사회 구성원으로서의 역할을 수행하며 행복한 삶을 영위해 나가는 데 큰 도움을 줄 가치 덕목이자 경영 전략이겠기 때문입니다.

이 책에는 유익한 많은 이야기들이 들어 있지만, 아직은 시작 단계에 불과할 것입니다. 머잖아 이 책의 독자들이 새로운 글로벌 기업에 출근하면서 새로운 스토리텔링을 활달하게 이어나갈 것으로 예상되기 때문입니다. 어떤 이들에게는 세계가 고정되고 닫혀 있는 것처럼 보일지도 모릅니다. 그러나 또 다른 어떤 이들에게 세계는 무한히 열려 있는 기회의 공간입니다. 이 책의 저자들은 당연히 후자겠지요. 그렇습니다. 세계는 언제나 열려 있습니다. 그러니 새롭게 두드리고 도전하는 이들에게, 새로운 세계지도 제작의 가능성은 언제나 탄력적으로 개방되어 있는 셈입니다. 이 책을 읽는 청년 대학생들이 그렇게 새로운 세계지도를 제작하는 전위적 글로벌 프런티어로 성장해 나갈 수 있기를 진심으로 소망합니다. 그래서 새로운 글로벌 기업 성공 스토리들이 계속 이어질 수 있기를 바랍니다.

서강대학교 총장 유기풍

인생의 한마디 울림이 되고 싶어서

"대표님, 외국 기업에서 일하려면 무엇을 준비해야 되나요?" "사장님은 어떻게 CEO가 되셨나요?" "외국어를 참 잘하시겠네요?", "외국계 기업에 취업하려면 어떻게 해야 되나요?" 등등 대학에서 CEO 특강을 하고 나면 가장 많이 듣는 질문들이다. 강의를 끝내고 나면 강의시간보다 더 긴 시간을 질문과 답변하는 시간으로 보내게 된다. 질문하는 학생들의 간절한 눈빛을 보면 무엇인가를 좀 더 해야 한다는 사명감을 가지게 된다.

강의에 참석한 CEO들과 늦은 저녁을 먹으면서 이야기를 해 보면, 인생의 선배로서 학생들에게 더 많은 이야기를 해 주고 싶은데 강의시간이 너무 제한적이라는 데 동감을 한다. 이런 아쉬움을 가지고 고민하다가 강의 내용과 해 주고 싶은 말들을 글로 써서 전달해 보자라는 과감한 도전이 이 책을 나오게 했다.

저자들은 현직 CEO들이라는 공통점은 있지만, 다양한 분야에서 일한 경험을 가지고 있다. 자동차, 첨단 제본 설비, 고도의 기술을 요구하는 측량 장비, 다국적 화학 회사, 국제 인증기관, 대표적인 소비재 기업, 생명을 다루는 메디칼 회사 등 다양한 산업과 미국, 스위스, 독일, 덴마크 등 다양한 국적의 회사 대표들이 모였다. 필진을 구성할 때 좀 더 다양한 이야기를 전달해 주려고 산업별, 국가별, 성별을 충분히 고려하여 최후의 7인을 선정하였다.

여러 회사의 대표들이 모여 공동 작업을 하다 보니 책을 기획하고 집필하면서 많은 어려움을 겪었다. 저자들은 업무에서 엄청난 일정을 소화해 내고 있었고, 특히 잦은 해외 출장이라는 복병으로 같이 한 번 모이기도 어려웠다. 그러나 무엇보다 힘든 것은 출신 지역, 전공, 직장, 산업 경험 등이 모두 다른 사람들이 일치된 의견과 방향을 만들어 내는 데 있었으며, 이는 크나큰 도전이었다.

그런데 이야기를 나눌수록 공통점이 있다는 데 서로 놀라움을 금치 못했다. 표면적으로 보이는 다양성의 이면에는 숨겨진 공통점이 있다는 것을 발견했다. 사실 초고를 쓰고 나서는 비슷한 이야기가 너무 많은 것이 아닌가를 걱정할 정도였다. 결국 7명의 이야기를 통해서 다양성과 공통점을 발견할 수 있는 맛을 독자들에게 제공할 수 있을 것이라 확신을 가졌다. 어떤 이야기들은 뻔한 이야기일 수 있고, 어떤 이야기들은 새롭고 흥미로울 수 있다. 다만, 책을 읽는 독자들이 하나하나 작은 돌을 들추어 보듯이 책 속에 있는 CEO들의 생생한 직장 경험을 통해 작은 울림이라도 가져갈 수 있다면 충분히 보람된 일이라고 생각한다. 아울러 살아 있는 이야기를 전해 주기 위해서 어떤 한 주제를 설정해 글을 쓰기보다는 각자의 색깔이 묻어날 수 있도록 진솔하게 걸어온 이야기를 옴니버스 형태로 묶었다. 일곱 가지 글 중에서 어느 한 편을 골라 읽어도 그 한 사람이 살아온 과정을 엿볼 수 있을 것이다.

대학에서 강사로 나선 CEO들은 많은 정보를 전달하려고 노력하기보다는 강의를 듣기 위해 오는 학생들 중에서 한두 명에게라도 가슴의 울림을 전하려고 노력한다. 각자 CEO들도 인생을 살아오면서 언제 어디선가 들은 말 한마디를 계기로 오늘의 자리에 있게 되었음을 잊지 않고, 이제는 후배 젊은이들에게 되돌려 줄 때라는 생각으로 강의를 한다. 이 책도 어떤 누구한테 단 한 마디라도 울림을 줄 수 있다면 충분히 가치가 있다고 생각한다. 모두들 젊은이들에게 힘든 시절이라고 이야기한다. 기성세대로서 동감하는 부분이기도 하고 안타깝기도 하다. 이 책은 세상을 살아가면서 필자들이 받은 많은 것들에 대하여 작지만 이 사회에 되돌려 주는 것이 되었으면 하는 바람이다.

끝으로 저자들이 속해 있는 사단법인 주한글로벌기업 대표자협회 (GCCA; Global Companies CEO Association) 모든 회원 분들께 진심으로 감사드리고 싶다. 청년들에게 전하는 책을 출간하려는 계획을 이야기했을 때부터 한 치의 주저 없이 적극적으로 지지해 주고, 책을 집필, 출판하는 과정에서 무한한 관심과 아낌없는 격려를 주신 것이 오늘의 이 책을 나오게 한 원동력이 되었다고 믿는다.

마인드북스의 정영석 대표님과 편집부 직원들에게 감사드린다. 각 회사에서는 CEO이고 비즈니스의 전문가인지는 몰라도 책 쓰기에는 완전 초보나 다름없는 저자 7명과 조율하고 과정을 진행하여 이 책을 나오게 한 것은 엄청난 노력이 있었음을 잘 알고 있다.

이제 세상에 가치 있는 책을 한 권 더하고 싶다는 필자들의 마음과 정성을 온전히 모아 형형한 청년들의 눈빛을 그리며 보낸다.

2015년 8월
저자 일동

글로벌 여성 리더십: 다시 태어나도 여자로 _ 169

간절함으로 최고의 자기를 만들어라 _ 199

Chapter 7

도전하라. 나만의 브랜드로 정면 승부하라 _ 237

만 34세,
나는 글로벌 기업 대표다

.

양경희

저자 양경희는 힙합 시대를 지나 서태지가 대한민국의 음악을 지배하던 그리고 아날로그와 디지털이 공존했던, 〈응답하라 1994〉 드라마 배경의 그 시절에, 대학생이 되었다. 공부를 잘하기도 했었고, 못하기도 했었던 그래서 최선을 다하지 못했던 것 같은 내 자신에 대한 열등감도 많았던 대학 시절에는, 영어 하나라도 잡자라는 생각으로 대학을 다녔고, IMF 경제위기 시절인 1998년도에 졸업했다.

취직하기가 하늘의 별 따기였던 그 시절에, 입사하고 싶었던 외국계 은행으로부터 입사 직전에 경제 위기로 인한 입사 취소 통보를 받았으며, 이에 발이 부르트도록 이력서를 들고 취업박람회는 물론, 여기저기 기업들을 찾아다녔다. 그러다 우연히 공고도 나지 않았던 포지션으로, 전공과 전혀 상관없는 반도체 중소기업에 입사하였고, 할 줄 아는 것은 하나도 없으면서 뭔가 멋있는 일을 하고 싶다며, 1년 만에 동종 업계 회사의 해외영업부로 이직을 했다. 새벽 늦게까지 연일 엄청난 업무에 시달렸지만, 회사의 재정 상태가 좋지 않아 월급은 밀리기 일쑤였고, 결국 그곳에서도 비전을 찾지 못했다.

내 실력을 키우지 않는 한, 그 어떤 선택도 의미가 없다는 것을 깨닫고, 새로운 꿈을 찾아 영국으로 유학을 갔다. 그리고 영국 국비장학생으로 최단기간에 MBA 학위과정을 마쳤으며, 한국으로 귀국 후 스위스 회사에 입사하였다. 첫 글로벌 회사에서 10여 년간 근무하는 동안, 이례적인 초고속 승진으로 승승장구하기도 했고, 지방사무소 영업직으로 좌천되는 어려움도 겪었다. 위기라고 생각되던 순간에 새로운 기회를 찾게 되었고, 2010년 7월 7일, 한국에 사무실도 없고 직원도 없는 상태에서, NSF International의 한국 지사를 설립하게 되었다. NSF 아시아·태평양 지역에서는 가장 늦게 지사를 설립했지만, 가장 빠른 시간에 가장 큰 매출 실적을 보여 주었으며, 설립 후 5년 만에 한국에서 업계의 선두 기업으로 키워 냈다.

NSF International(미국 국제위생안전기관)은 1944년에 공공 보건과 안전을 위해 설립된 비영리 기관으로 제조업체, 규제기관, 소비자를 위해 전 세계 표준과 인증 프로그램을 개발 운영하고 있으며, 식품, 물, 환경, 소비자물품, 화장품, 제약, 자동차부품 등 다양한 분야의 비교우위에 있는 전문성을 기반으로 인증, 시험, 검사, 교육, 감사, 컨설팅 등 전문적인 서비스를 제공하고 있다. NSF의 마크 및 인증서를 취득했다는 것만으로도 공신력을 인정할 수 있다는 점에서 높은 신뢰를 갖춘 기관이다. 특히, 식품 및 수자원 안전 및 실내 환경에 관해서는 세계보건기구(WHO)의 협력센터(Collaborating Centre)이다.

여기까지 오는 동안, 비로소 나는 내가 무엇을 잘하는지 알게 되었고, 무엇을 하고 싶은지도 알게 되었으며, 어떻게 살아야 하는지도 찾았다. 내게 누군가 가는 길을 도와주는 혹은 앞서가는 멘토가 가까이에 있었다면 가는 길이 조금은 더 희망적이었을 것이고, 조금은 덜 외로웠을 것이고, 조금은 덜 힘들었을 것이라 생각하니, 혹여 내가 누군가의 멘토가 되어 줄 수 있을 것이라는 생각으로 기꺼이 내 경험으로부터의 지혜와 지식을 나누려 한다.

치우치지 않는 중용을 삶의 철학으로, 공정하고 정직하게 살기 위해 항상 노력하며, 언젠가 반드시 세상에 기여할 수 있는 사람이 되겠다는 목표를 실현하기 위해, 아직도 끊임없이 도전하고 있다.

현재 저자는 NSF International의 한국과 일본 등 북아시아 대표를 맡아 재직 중이다. ❀

원래 잘난 사람 아닌가요

"저…… 죄송한데… 나이가 어떻게 되시는지." "사장님이세요? 와~!"

나를 처음 본 사람들은 거의 대부분 이런 표정으로 나를 쳐다보고 결국엔 꼭 나이를 물어보고야 만다. 그도 그럴 것이 만 34세의 나이에 회사의 대표가 되었으니, 대표라 하기에는 너무 젊어 보였을 것이다. 어느덧 5년이라는 시간이 지났어도 여전히 대표라는 직함은 좀 어색할 수밖에 없는 듯하다.

그러고 나면 그 다음 질문은 "그런데… 그 자리에는 어떻게 올라가셨어요?"이다.

사람들은 누군가가 성공을 하거나, 높은 자리에 올라가면 의례히 그 성공의 배경에 무엇인가 있을 것이라고 전제한다. 솔직히 나도 그랬다. 유학파나 교포 아니면 특별히 뭔가 있는 그런 사람만 글로벌 기업의 대표가 될 수 있다고 생각했고 꿈조차 꿀 수가 없었다.

나와는 다른 원래 잘난 사람일거야. 혹은 돈이나 배경이나 부자 부모나 뭐가 있겠지라고 나름 생각한다. 그래서 꿈조차 꾸지 않아 버리기도 한다. 나는 원래 특별히 잘난 것도 없고 가진 것도 없으니까, 되지도 않을 꿈은 꾸어서 뭐하며, 지금 이대로 충분해라고 하면서…….

나는 아직 할 수 있는 게 너무나 많은 '당신'에게 얘기해 주고 싶다. 나는 그저 특별히 가진 것 없이 여기까지 왔다고. 그리고 내가 어떻게 이 자리에 있는지 그 과정을 얘기해 주면, 그 얘기가 '또 다른 당신'을 꿈꾸게 할 수 있을 것이라고. 지금은 특별히 다르지 않지만 언젠가 당신의 노력으로, 당신의 실력으로, 그리고 긍정의 기운으로 꿈꾸는 그 자리에 가 있는 '특별히 다른 당신'을 만들어 낼 것이라고.

남에게는 관대하고 자신에게는 엄격해라

많은 사람들이 다른 사람의 실수나 잘못에 대해서는, 본인은 절대 그렇지 않는다는 듯 화를 내거나 비난하거나 무시한다. 하지만 본인의 실수나 잘못에 대해서는 '그럴 수도 있지.'라며 이해받기를 원한다. 다른 사람이 당신의 실수에 대해 맹비난을 퍼붓는다면, 당신은 그 사람과 기꺼이 가까워질 수 있는가? 자신을 한번 돌아보자. 당신은 자신에게 엄격한가 남에게 엄격한가?

학창 시절에 난 참 재수 없는 엘리트였던 것 같다. 아니 딱히 그렇게 엘리트도 아니었던 것 같다.

우리 세대의 부모님들은 지금처럼 그렇게 자녀들의 학업과 성적을 위해 특별히 관심을 많이 가지지는 않았다. 그래서 그 당시 학원이나 과외를 받는 친구들이 많지는 않았지만, 그래도 공부를 좀 잘했던 친구들은 부모님의 특별한 관리를 받는 환경에 있거나 또는 남들보다 조금 더 일찍 철이 들어 스스로 알아서 하는 부류였던 것 같다. 나는 철이 좀 일찍 들었다기보다는, 내가 세상에서 살아남는 방법이 공부를 잘하는 것 말고는 없다고 생각했다. 그래서 참 열심히 공부했다. 그랬기 때문에 특별할 것도 없는데 공부를 잘하지 못하는 애들하고는 말도 안 했다. 그렇게 나와 다른 생각을 가진 사람들에 대해 이해하려는 노력도 하지 않았다. 나는 남에게 관대하지 못했다. 이해하려고 하지 않았다.

그런데 참 어이없게도 공부가 제일 중요한 시절인 고2 중반쯤부터, 공부를 잘하면 뭐가 좋은지 공부를 잘해서 뭐 하는지 고민을 하기 시작했다. 내가 무엇을 하고 싶은지 어떻게 살고 싶은지 답을 찾지 못했고, 공부만 하다 보니 주변에 사람이 별로 없어 외로웠다. (부모님이 도서관에 매일 찾아와 간식을 챙겨 주며 관리를 하는, 그렇게 공부 잘하는 부류의 애들하고는 어울리기 싫었다. 사실 부러웠다.) 아마도 성적에 대한 우월감보다는 다른 열등감이 내 자신을 괴롭혔는지도 모른다. 그래서 한 번도 안 해 본 일탈을 시도하게 되었다.

성적이 떨어지니 오히려 친구가 많이 생겼다. 선생님들의 이쁨이 사그라지자 친구들이 다가왔다. 보이는 우월감은 적을 만들 수밖에 없다는 진실도 알게 되었다. 그럴수록 고개 숙일 줄 알아야 한다는 것을 몰랐다. 그리고 나는 일탈 속에서 만난 아이들을 통해, 열등감이라고 생각되었던 그들의 환경과 상황을 이해하기 시작했다. 그것들은 선택이 아닌 누구나 피하고 싶은 환경이었다. 하지만 그들처럼 꿈도 없이 대충 살고 싶지는 않았다. 포기하기 싫었다. 주변의 상황이나 환경만 탓하고 스스로 극복하고자 노력하지 않으려 했던 내가 이젠 싫었다. 그래서 1년여 간의 길다면 길고 짧다면 짧은 방황을 마치고 일상으로 다시 복귀하게 되었다.

그 후 나는 사람을 대하는 데 편견을 가지지 않았으며, 세상의 누구라도 배울 점이 있다는 생각으로 존중하며 대했다. 그래서 한 사람 한 사람 진심으로 대할 수 있었다. 그래서인지 주변에 사람이 많아졌다. 그들은 나랑 있으면 좋아했고, 나를 신뢰했고, 그래서 내가 잘되기를 바랐다. 이제는 내가 우월하든 열등하든, 상대방이 우월하든 열등하든, 상관없이 항상 진심일 수 있는 마음가짐을 배웠다.

인간은 누구나 실패에 대한 대가로 지혜를 얻는 것 같다. 철없는 시절의 방황은 돌이킬 수 없는 후회를 남겼지만, 인생 전반을 바꾸어 놓을 만큼 큰 지혜를 얻었다.

편견 없이 진심으로 대해라. 그리고 남에게는 끊임없이 관대해라. 남에게 관대한 것은 좋은 인간관계를 위해 필요하다. 그래야 남들의 실수를 용납하고 용서할 수 있게 된다. 하지만 반대로 자기 자신에게 엄격하려면 객관적으로 자신을 볼 줄 알아야 한다.

우리 회사에 입사하는 직원들은 대부분 좋은 대학을 졸업했고, 유수의 대기업 출신이며, 좋은 대우를 받았던 실력자들이 많다. 그도 그럴 것이, 다른 회사의 해당 전문가들을 지도하고 컨설팅하려면 해당 분야에서 제대로 경력을 쌓은 인재가 반드시 필요하다. 그래서 공채를 통해서 신입사원을 채용하기보다는 업계의 전문가들을 소개를 통해서 채용하는 경우가 더 많다. 그런데 공채를 통해서 입사 지원하는 대학졸업예정자(졸업자), 또는 사회 경력이 길지 않은 지원자들에게서 가끔 내가 그 시절에 생각했고 행동했던 모습을 떠올리게 된다. 그렇게 힘들게 입사해 놓고, 자기 자신에 대해서는 과대평가하는 친구들을 종종 볼 수 있었다. 내가 이런 일이나 하려고 지금까지 공부하고 준비한 게 아니야라고 하면서……

요즘은 '취준생'이라는 신조어가 생겨날 만큼, 대학 입학의 관문을 뚫은 수많은 대학생들에게 취업이라는 더 무서운 두 번째 관문이 기다리고 있다. 나 또한 취업이라는 문턱에서 참 많이 힘들어했었다. 예전에는 그런 고민이 별로 없었을 것이라 생각할 수도 있겠지만, 나도 이력서 들고 무작정 찾아 들어가 혹시 입사지원 기회가 생기면 연락 달라며 외판원처럼 뛰어다녔었다. 그러다 지쳐 서울 한복판 높은 빌딩들을 보며, '저 많은 사무실 중에 내 자리 하나만 있으면 좋을 텐데.' 하고 생각하며 눈물지을 때도 많았었다.

누가 나를 월급이라는 것을 주고 쓰기는 할까?

내가 할 수 있는 게 있기는 한가?

나보다 못한 것 같은 저 사람들은 도대체 어떻게 취직한 거야…….

도대체 나는 취직이라는 걸 할 수 있을까?

뭘 하고 싶은지를 고민하는 것은 사치였다. 그냥 나라는 사람에게 자리 하나라도 내어 주는 것, 그것 하나만으로 내겐 충분했다.

첫 직장에 어렵게 입사했는데, 주어진 일이 특별한 것이 없었다. 첫 직장에서 기억나는 일이라곤 서류철, 복사, 팩스, 타이핑, 자료 정리, 이런 것들이었다. 지금은 이메일로 자료를 대부분 백업해 놓지만, 그때는 하드카피를 서류철에 정리하는 것이 중요한 일 중에 하나였다. A4지를 세로로 반을 접어 한쪽에 중심을 살짝 표시한다. 그 반을 중심으로 펀치의 가운데 화살표에 종이를 놓고 구멍을 뚫으라는 것이었다. 그리고 선배가 한 번씩 서류철을 잘 했는지 검사도 했다.

회사는 많은 업무를 요구하지 않았지만, 비중 있는 일을 시키지도 않았다. 대학씩이나 나와서 종이에 구멍이나 뚫고 서류철이나 시키다니, 도대체 뭔가 가치가 있다고 느껴지는 일은 전혀 시키지 않았다. 편하기는 했지만 회사 생활에 회의가 느껴졌다. 그리고 만 1년이 거의 다 되어 갈 때쯤 관리부 부장님께 사직서를 제출했다. 저의 꿈은 이런 것이 아니라며.

웃긴 건, 그 당시 사회 초년생인 나에게 서류철, 복사, 팩스 등을 시켰던 이유는 내가 할 수 있는 것이 그것밖에 없었다는 것을 나중에서야 깨달았다는 점이다.

회사를 지원할 때 또는 이직을 고려할 때, 지금의 회사가 나를 인정해 주지 않는다고 느낄 때, 자기 자신에 대해 객관적으로 엄격해 보자. 당신이 무엇을 잘하는지. 당신은 당신이 잘하는 그것을 보여 줄 기본적인 준비가 되어 있는지.

나도 사회 초년생일 때는, 나 자신에 대해 여전히 관대했었고, 환경에 대해 비판적이었으며, 내 자신이 무엇을 잘하는지도 정확히 모르면서 뭔가 중요해 보이는 업무를 하기를 바랐고, 기본적인 준비는 더더욱 안 되어 있었다. 조직에 대해 이해하고, 회사 업무에 대해서 파악하는 데 최소한 1년의 시간이 걸리며, 일을 할 수 있는 기본적인 준비는 3년이 넘어야 비로소 최소한 월급에 대한 가치를 한다는 것을 잊지 말자.

후회라는 말보다 무서운 말은 없다

나는 만 34세에 한국 지사장이 되었다. 그래서 많은 사람들이 내가 젊은 나이에 대표가 된 것도 신기해했지만, 나이에 비해서 이력서에 담겨 있는 수많은 경력과 경험들에 대해서도 상당히 궁금해했다. 돌이켜 생각해 보면, 나는 시간에 대한 애착이 참 많았던 것 같다. 후회하지 않게 살겠다는 다짐이 시간을 소중히 여기게 만든 원동력이 되었다고 생각한다.

'후회'라는 말보다 더 무서운 말은 없다. 누구나 항상 매일매일 선택이라는 기로에 있고, 결정을 해야 한다. 그리고 아무도 그 당시에는 그 선택이 옳은 선택인지는 알 수가 없다. 하지만 한 가지 확실한 것은, 자신이 한 결정에 대해 미친 듯이 최선을 다해야지 나중에 본인의 선택에 후회할 일이 없다는 것이다.

고3 때 잘못된 선택으로 잃어버린 것들에 대한 단 한 번의 후회만으로 충분하다고 생각했다. 다시는 돌이킬 수 없는 시간에 대한 후회는 하지 않겠다는 다짐도 있었다. 그러다 보니 중간중간 쉴 수 있는 때가 와도 하루도 쉬지 않고 꽉 찬 계획과 일정으로 일관되게 살아왔다. 그때의 잃어버린 시간을 돌이킬 수는 없지만, 따라잡으려면 분발해야 했다. 나는 남들보다 앞서기 위해서가 아니라, 남들만큼은 되기 위해서 시간을 쪼개어 치열하게 살았다.

대학 시절에도 학기 중 틈틈이 아르바이트를 해서 모은 돈으로 기말고사가 끝나는 다음 날 바로 비행기를 타고 어학연수를 갔고, 개강하기 하루 전날 들어왔다. 휴학하고 어학연수를 다녀오는 친구들도 있었지만, 1년씩 어학연수비를 감당할 만한 돈도 없었고, 시간도 괜스레 아깝다는 생각이 들어서였다. 사실 앞서 말한 고3 때의 방황에 대해 돌이킬 수 없는 시간의 소중함을 깨닫고 다시는 시간을 허비하는 짓을 하지 않겠다고 다짐을 한 터라, 시간에 대한 집착이 있었다.

대학교 2학년 여름방학 때 영국으로 어학연수를 잠시 다녀왔을 때의 일이다. 그 당시 나는 내가 알고 있는 단어를 입 밖으로 꺼내는 일이 얼마나 어려운지 알게 되었다. 아침에 기숙사에서 나와 대학교 내에 있는 어학연수원으로 걸어가는 길에 연수원 선생님을 만났다. 나를 보고 반갑게 "Hi." 하는데 "어…" 하는 순간 이미 선생님은 가 버리고 없었다. 적절한 순간에 필요한 인사말도 못 했던 것이다. 내 자신이 한심하고 바보 같고, 아르바이트해서 번 돈으로 왔는데 얻는 것 없이 놀다가 한국에 돌아갈 수는 없었다. 방법을 찾아야 했다.

그리고 영어를 좀 하는 편인 일본 친구를 관찰하기 시작했다. 어느 날이었다. 같은 기숙사라서 아침에 같이 등교하자고 약속을 했다. 그 친구는 등굣길에 나한테 어제 영화를 본 얘기를 걸어가는 내내 했다. 그리고 교실에 도착하자마자 다른 친구에게 다가가더니, 말을 걸며 내게 한 얘기를 또 하고 있는 것이다. 순간 영화가 굉장히 감명 깊었나 보다 생각했었다. 하지만 같은 얘기를 세 번째 하는 것을 목격한 후 생각이 달라졌다. 수업 후 휴식 시간에 모여든 다른 강좌의 친구 중 하나에게 또 같은 얘기를 다시 반복하는 것이 아닌가!

그것을 보는 순간 한줄기 빛과 같은 깨달음을 얻고, 그 친구와 똑같이 해 보기 시작했다. 최소한 같은 스토리를 세 번은 반복해서 떠들어 보기. 그리고 한국에 돌아와서도, 그때 사귀게 된 일본인 친구들에게 이메일을 지속적으로 보내고, 혼자 중얼거리기를 1년. 그 다음해 여름방학에 다시 같은 학교의 어학연수원을 찾았을 때, 나는 어학원 선생님들로부터 Amazing이라는 찬사를 들을 정도로 영어 실력이 향상되어 있었다. 그분들 표현에 의하면, 어학연수를 1년 동안 다른 데서 하고 왔냐고 물으셨으니까. 이런 방식으로 영어 실력을 쌓다 보니, MBA를 지원하기 위해 준비해야 하는 IELTS 시험도 한 번에 입학요구 점수를 받을 수 있었고, MBA 학위과정에서도 전체 학생 중 2등으로 논문을 제출하고 1년 만에 모든 과정을 마칠 수 있었다.

입학하고, 취업하고, 졸업하고, 이직하고, 유학 가고, 결혼하고, 출산하고, 다시 이직하고, 그리고 지사장이 되기까지 난 단 하루도 편히 쉬지 못했다. 하지만 시간을 소중히 여긴 덕분에 남들보다 몇 년은 앞당겼다고 생각되는 지금은, 비로소 바쁨 속에 여유를 찾을 수 있을 만큼 되었다고 생각한다.

시간을 소중히 여기는 습관은 내가 성취하고자 하는 결과를 앞당겨 줄 수 있다. 앞서고 싶다면 똑같이 주어진 시간을 최대한으로 활용해야 한다. 나에게만 더 많은 시간이 주어질 수는 없으니까.

기회는 위기와 같이 온다

참 희한하게 기회라는 것은 항상 위기와 같이 온다. 너무 진부한 얘기인가? 수많은 성공한 사람들의 얘기에는 빠지지 않고 등장하는 말인데, 내 경험을 토대로 생각을 해 보면, 성공하는 사람들은 위기라 생각될 때, 그 위기를 기회로 전환하는 습성을 가지고 있다고 생각된다.

누구나 위기가 오면 겁이 난다. 불쾌하기도 하고, 피하고 싶고, 자신감이 없어지기도 한다. 그런데 피할 수 없다면 부딪쳐 보라는 혹자의 말처럼 상황이 어쩔 수 없어서 내게 맡겨지거나, 별다른 잘못 없이 좌천되거나, 누구라도 하기 싫어하는 일을 떠밀려 맡게 되고, 사실 이런 일은 모두에게 일어날 수 있으며 내게도 일어났다.

영국에서 MBA를 마치고, 한국에 들어와 입사하게 된 직장에서의 일이다. 유학을 다녀오기는 했지만, 좋은 포지션으로 입사하지는 못했다. 이제 한 회사에서 어느 정도는 경력을 쌓아야 하는 때이니, 이직은 생각도 안 하기로 했다. 하지만 내게도 어김없이 위기가 찾아왔다. 나름대로 평화로웠던 내 직장 생활에 위기가……

Communication Officer라는 직함으로 일하고 있던 때였다. 별 부족함 없이 본인 업무에 충실하였고, 재미도 있었다. 아직 내 포부와는 먼 업무였지만, 나름대로 즐겁게 잘 일하고 있었다. 그런데 어느날, 외국인 사장님이 회사에 TFT(Task Force Team)를 만들겠다면서 회사의 중역들에게 연락을 해서 미팅을 소집하라고 했다. 사장님의 지시사항대로 나는 각 부서장님들께 연락을 드려 미팅 일자를 잡아 서울 본사에서 미팅이 있음을 알려드렸다. 그런데 그 미팅 일자가 되기 전에, 외국인 사장님께서는 팀 리더를 뽑아 놓으라는 말씀만 하시고, 한 달간의 긴 여름휴가를 가셨다. 당황스러웠다. 무엇을 어떻게 해야 하나……. 일단 미팅을 소집한 날짜에 회의실에는 10여 명의 각 부서 부장님들이 참석을 하셨다. 인사부 이사님께서는 간략하게 팀의 취지에 대해서만 설명하시고 자리를 피하셨고, 우리는 사장님의 요청대로 그 팀의 리더를 우선 뽑아야 했다.

참석한 부서장님들은 이 상황을 모두 불편해하며, 일개 여직원인 나에게 "Kathy가 리더하면 되겠네." 하고 다들 자리를 떠나셨다. (Kathy는 나의 영문 이름이다.) 암울했다. 나에게 무엇을 하라는 말인지……. 내가 도대체 무엇을 할 수 있는지…….

어쨌든 두 번째 미팅을 소집해야 했다. Continuous Improvement Team(우리는 CI team이라고 불렀다.)이라는 이름으로 시작한 이 팀이 성과라는 것을 낸다기보다는 무엇인가를 하는 시늉이라도 해야 했다. 사장님이 지시한 일인데, 못 한다고 평계를 댈 수는 없지 않은가. 부족하지만 나름대로 많은 준비를 하였고, 떨리는 마음으로 회의실에서 사람들을 기다렸다. 그런데 회의시간이 분명 지났는데, 10분이 지나고 또 10분이 지나고 또 10분이 지나 30분이 넘었는데 아무도 오지 않았다. 눈물이 앞을 가렸다. 그때서야 알았다. 나는 그냥 남들이 다 하기 싫어서 맡겨진 자리를 바보같이 피하지도 못하고, 제대로 하지도 못한다는 것을. 하지만 잘하고 싶어졌다. 어떻게 해야 잘할 수 있는지 생각하기조차 어려웠지만, 한 분씩 한 분씩 애걸해 보기로 했다. 나를 불쌍히 봐서라도 한 번만 참석해 주시라고, 제발 도와달라고……

이렇게 시작된 이 CI Team은 내가 리더를 맡은 3년여 동안 이례적으로 엄청난 성과를 만들어 냈고, 수많은 승진자를 배출해 냈으며, 회사로부터 공로상도 수상하게 되었다. 그때 도움이 되었던 것은, 내 자신에 대해서 객관적일 수 있었다는 것, 그래서 부서장님들께 고개 숙여 살려 달라 부탁을 할 수 있었고, 그래서 내 열정을 쏟아 실력을 발휘해 볼 수 있는 기회를 만들 수 있었다는 것을 얘기해 주고 싶다. 물론 그때 내가 무슨 실력이 있었던 건 아닌 것 같다. 서로 이해관계가 없는 각 부서의 부서장님들 간에 비정기적 TFT 미팅을 더는 부담스럽지 않고, 즐겁게 만들었던 것은 아닐까.

부서 업무를 떠난 회사를 위한 논의는 부서 간의 이기주의를 없앴고, 다 함께 회사의 미래에 대해 고민하는 발전적인 장이었다. 지금도 가끔은 그때의 열정과 그때의 사람들이 너무나 그립다.

당신에게 피하고 싶은 위기가 온다면, 그 위기를 기회로 만들어 보자. 위기를 위기로 맞이하는 것처럼 어리석은 일은 없으며, 그 위기를 기회로 만들어 낼 수 있다면 따라오는 성취감은 비할 수가 없다.

역발상과 제안의 힘, 지구촌을 경영하자

주변에 그리고 회사에 많은 사람들을 보면서 안타까움을 느낀 적이 참 많다. 충분히 더 잘할 수 있는 사람들이 자신에 대해 스스로 한계를 정해 놓고 더는 도전을 하려고 하지 않는 경우가 많다. 과연 나는 원래 잘나서 이 자리에 있을까?

좌천 아닌 좌천으로 지방사무소에서 영업 업무를 하게 되었을 때의 일이다. 충청도 어디였는데, 고객사가 바쁘다고 만나주지 않아서 차를 세워 두고 무작정 기다리고 있을 때였다. 두어 시간쯤 흘렀을까, 갑자기 예전에 내가 담당하던 고객사의 담당 매니저가 내게 했던 말이 떠올랐다.

"저희 회사에 OOO회사의 아시아·태평양 대표가 영업하러 왔었는데요. 한국에는 이 회사가 아직 안 들어왔지만, 혹시 한국에 지사가 들어오면 저희 회사는 한 회사하고만 거래하기는 좀 그렇고, 기존의 오더를 나눌 겁니다."

그 얘기를 처음 들었을 당시에는 사실 해당 업체의 Key Account Manager(주요 고객 담당 매니저)로서 회사 매출이 줄어들까 노심초사하였고, 그 외의 어떤 생각도 하지 못했었다. 그런데 순간 번개처럼 어떤 생각이 스쳐 지나갔다.

'내가 그 회사의 한국 지사를 설립하면 어떨까…?'

난 곧 떨리는 마음으로 전화를 걸었다.

"저… 저번에 혹시 말씀하셨던 회사 이름이 뭐였죠? … 죄송한데… 그분 연락처 좀 알 수 있을까요?"

그 고객사의 사무실을 찾아가 떨리는 마음으로 받아 든 서류 봉투 한 장. 그 서류 봉투 안에는 처음 보는 회사의 로고가 인쇄된 아시아·태평양 대표의 명함 복사본이 들어 있었다. 이 종이 한 장이 지금의 내 자리를 있게 해 줄 거라고는 꿈에도 몰랐었다.

영국 유학을 다녀오기는 했지만 기간도 길지 않았고, 영어에 대한 자신감도 별로 없었다. 하지만 어떻게든 연락을 해 봐야 한다고 생각되어, 그 명함 속의 사람에게 이메일을 썼다. 한 자 한 자 심혈을 기울여 내 소개를 쓰고 이력서를 첨부하였다. 그리고 드디어 답신이 왔다. 인터뷰를 하러 한국을 오겠다고 했다. 더불어 몇 가지 자료를 준비해 줄 것을 요청했다.

요구한 시장분석 자료는 생각보다 방대했다. Market Attractiveness Key Indicator의 항목 중에서 Market Size Indicator와 Profitability Indicator 중심으로 상당한 자료를 요구했다. 나에게 시간이 많지는 않았던 터라 빠른 시간 안에 방대한 자료를 찾고 정리하는 것은 쉽지 않았다. 하지만 자료를 준비하는 과정에서 왜 그런 자료를 요구했는지 이해가 되기 시작했다.

최선을 다해 준비한 자료를 가지고, 호텔 비즈니스센터의 미팅룸에서 한 시간 동안 숨 막히는 인터뷰가 진행되었다. 그 아시아·태평양 대표는 잘 준비된 자료에 대해서 매우 만족스러워했고, 감동적 (impressive)이라고 했으며, 한국 사무소 설립 여부는 Board(글로벌 회사는 이사회에서 대부분의 주요 의사를 결정한다.)에서 결정될 사항이나, 본인 생각에는 매우 긍정적이라며 검토 후 빠르면 3개월에 늦어도 6개월 내에는 결정해서 연락을 해 주겠다고 했다. 너무나 떨리던 인터뷰는 그렇게 끝났고, 긍정적인 분위기의 인터뷰를 생각하며 연락이 오기만을 하루하루 기다렸다.

그렇게 한 달이 지나고, 두 달이 지나고, 처음 연락을 시도한 것이 8월이었는데 연말이 다 되도록 연락이 오지 않자 초조해졌다. 결국 다시 연락을 시도했다. 그 후 Sorry라는 말로 시작되는 이메일을 받았는데, 중국과 인도에 먼저 투자하기로 했다는 내용이었다. 지난 6개월의 기다림과 준비는 이 한 마디로 모두 끝나 버렸다. 미리 연락을 주지 않은 것도 너무 야속했다. 좌절에 좌절을 맛보던 그 시기에는, 새로운 도전에 대한 대견함보다는 바꿀 수 없는 현실과 무능력해 보이는 내 자신을 탓하기 시작했다. 하지만 여기서 멈출 수는 없었다. 그리고 마지막이라는 생각으로 다시 용기를 내었다. 한번만 더 해 보자.

혹시 이 업계에 한국 지사가 아직 없지만 괜찮은 회사가 어디가 있는지, 어떤 회사가 좋은 회사인지 알아보기로 했다. 다시 예전에 그 명함을 전해 주었던 매니저에게 연락을 했다. 그리고 혹시 한국에는 아직 안 들어왔지만 업계에서 평이 좋은 회사 이름을 알면 알려 달라고 부탁했다. 그래서 알게 된 'NSF' 회사 홈페이지를 들어가 보고, 회사를 파악해 볼수록 괜찮은 회사라는 생각이 들기 시작했다.

이제 연락처를 찾아야 했다. 그리고 내가 누구인지와 내가 준비한 것들을 보여 주며 내가 할 수 있다는 것을 다시 한 번 설명하고 싶었다. 연락처를 찾기 위해 구글링을 시작했다. 마침내 NSF 미국 본사의 그룹 CEO의 비서 연락처를 찾을 수 있었다. 제대로 전달될지의 여부는 알 수 없었지만 일단 이메일을 쓰기 시작했다. 온 마음을 다해 쓴 이메일은 다행히도 그룹 CEO 비서를 통해 Asia Pacific Managing Director에게 전달되었고, 영국 분이신 지금의 내 상사는 나와의 인터뷰를 진행하기 위해 한국을 방문하셨다.

이렇게 지금의 나는, 내 자신을 과대평가했을지도 모르는, 또 무모했을 수도 있는 도전으로 이 자리에 있게 되었다. 지금도 나는 '내가 내 스스로의 한계를 결정해서 스스로 멈추지만 않는다면 무엇이든 이룰 수 있다.'고 믿는다. 그리고 그 끝이 어디인지는 아직도 알 수가 없다.

자기 자신을 믿어야 한다. 당신의 능력은 당신이 스스로를 믿는 대로 보인다. 당신도 무엇이든 이룰 수 있다. 자신의 한계를 스스로 결정해 버리지 않는다면.

노력과 실력과 긍정의 기운을 믿어야 한다

나는 불행히도 포커페이스를 못 하는 사람 중에 하나다. 표정에 속마음이 다 드러난다는 말이다. 싫은지 좋은지 표정에 다 드러나니 계략이라든가, 정치라든가, 뭔가 머리를 굴려서 좋은 효과를 낼 수가 없는 것은 당연지사다. 화가 나면 감추려 해도 보이고, 싫은 사람에게는 자연스럽게 잘 표현하지도 못하고, 말하자면 '그런 척'을 못 한다.

누군가가 나의 약점 중의 하나가 얼굴에 감정이 다 드러나는 것이라고 했다. 얼굴에 저절로 드러나는 걸 어찌 해야 할지 한동안 고민스러웠다. 얼굴을 뜯어 고칠 수도 없고, 감정을 숨기는 훈련을 할 수도 없고……. 이런저런 고민을 하다가 나만의 방법을 찾게 되었다. 그냥 다 좋아하자. 진심으로 좋아하고, 진심으로 믿어 버리자. 그러면 그들이 나의 진심에 감동할 거야. 얼굴에 드러나니까.

나의 예상은 적중했다. 순간순간 진심으로 좋아하고 믿어 주며 대하는 나를, 거의 대부분의 사람들이 좋아했고 급속히 친해졌다. 하지만 너무 믿었기 때문에 가끔 뒤통수도 맞았고, 가끔 배신도 당했고, 그래서 상처도 많이 받았다. 그래도 얻는 것이 잃는 것보다 훨씬 크고 좋기에 난 아직도 모두를 믿는다. 짧은 시간이더라도 같이 있는 시간 동안에는 그 누구보다도 진심으로 다른 사람을 대하는 것은 정말 좋은 태도이다. 하지만 아무도 아주 진심으로는 믿지 않아야 한다. 그 말은 항상 최악의 상황에 이를 극복할 수 있는 여지를 가지고 있으라는 뜻이다.

전 회사에서 있었던 일이다. 새로운 한국인 사장이 부임하면서 타부서로 옮길 것을 제안받았다. 조건은 영업에 대한 경력을 좀 쌓은 후, 2년 뒤에 다시 본사의 더 높은 자리로 불러 준다고 했다. 불러올릴 수 있는 명분을 만들어 달라고 했다.

해당 부서는 지방 사무소에 있었기 때문에 왕복으로 약 3시간 정도의 출퇴근 시간을 감수해야 했다. 본사에서 배치된 사람이라는 이유로 상당한 배척을 당했다. 아무도 일을 가르쳐 주지 않았고, 그저 소총 하나(일종의 회사소개서 같은 자료를 그렇게 불렀다.) 들고 영업이나 나가라고 했다. 심지어 회사의 해당 부서가 제공하고 있는 서비스가 뭐가 있는지, 가격은 얼마인지, 누구를 만나야 하는지도 알 수 없었다. 꽁꽁 숨겨 놓고 보여 주지도 않는 기초 자료를 애걸하듯 받았다. 하지만 한 번도 해 보지 않은 그래서 더욱 좋은 공부가 될 수 있다는 생각으로 참 열심히 했다. 그리고 꽤 괜찮은 성과도 만들어 냈다.

그렇게 2년이라는 시간이 거의 다 흘러갈 즈음, 본사로부터 아무런 소식이 없는 듯하여, 사장님께 연락을 드렸다. 말씀하신 2년이 다 되어 가는데, 저는 어디로 가게 되는지를 여쭈었다. 그리고 들은 한마디는 "내가 그랬나?"였다. 그때 받은 충격은 이루 말할 수 없었지만, 지금은 너무도 감사한다. 아무도 믿지 말아야 한다는 큰 교훈을 얻었고, 본인의 인생은 스스로 개척해 나가야 한다는 것을 이 일을 겪고 나서 뼈저리게 느꼈다. 이때의 일은 한국 지사장 자리로 회사를 알아보고 있을 때에도 많은 도움이 되었다. 눈에 보인다고 해서, 귀에 들린다고 해서 절대로 내 모두를 걸지는 않았다.

외국계 회사의 문화는 대체적으로 매우 합리적이다. 그렇기 때문에 한국적인 사고로 사람을 이해하고 받아들이다가는 곤경에 빠질 수도 있다. 예전에 한국 지사장 자리를 두고 인터뷰를 했던 OOO회사의 아시아·태평양 대표에게서 인도와 중국에 먼저 투자하기로 해서 한국 지사를 설립하지 않기로 결정했다고 이메일이 왔는데, 수년이 지난 후에 업체로부터 몇 가지 소식을 듣게 되었다. 그들은 리스크를 안고 아무것도 없는 나를 고용하는 것보다는 인수 합병할 업체를 찾는 것이 더 현명하다고 결정했는지, 내가 보내 준 한국 시장에 대한 분석 자료를 가지고 업체들을 찾아다니며 인수합병을 할지 검토하고 다녔다는 것이다. 그 사실을 알게 되었을 때는 순간 배신당한 느낌이었지만, 그것은 배신이 아니라 그들도 최선의 의사결정을 하기 위해 이리저리 알아보았을 뿐이다. 그리고 '나'는 그들에게 최선이 아니었던 것뿐이다.

NSF도 마찬가지다. '나'의 고용을 확정 짓기 전에 추가 비용과 리스크를 감수하는 것보다는, 현재의 내부 인력을 통해서 이 시장을 키워 나갈 수 있는지 여러 가지 각도에서 검토하고 확인하는 작업을 진행했었다. 그러고 나서야 나를 뽑기로 결정하게 된 것이다. 나중에 그 사실을 알게 되었을 때 처음에는 섭섭했지만, 외국계 회사는 대기업처럼 많은 인력을 고용하여 분업하는 형식이 아니라, 한 사람이 여러 가지 일을 해낼 수 있는 멀티플레이어가 되어야 하기 때문에, 한 사람 한 사람의 고용에 매우 신중할 수밖에 없다는 것을 이해하게 되었다.

최선의 의사결정을 위한 그 어떤 조사가 있을 수 있다는 것을 항상 유념했으면 한다. 우리는 우리가 모르는 사이에 상당한 경로를 통해서 우리를 평가하고 있으며, 차선으로는 절대 선택되지 않는다는 것을. 그래서 더욱더 항상 진정으로 필요한 사람이 되기 위해 노력해야 한다는 것을 잊지 않았으면 좋겠다.

모두를 진심으로 믿어라. 그리고 아무도 진심으로 믿지 마라. 너 자신의 노력과 그것으로 얻어진 너의 실력만 믿어라.

주변에 보면 왠지 운이 좋은 사람들이 있다. 그래서 이왕이면 일이 잘 풀리고, 운이 좋은 사람들 곁에 있으면 그 기운이 전달될 수도 있다고 말하기도 한다. 아무리 노력을 하고, 실력이 있더라도, 운이 없다면 결국은 아무것도 이루지 못할 수 있는 것 아닌가. 나는 그 좋은 기운이라는 것이 몸에 배어 있어야 그 역할을 발휘한다고 생각한다.

"Kathy를 만나면 하루가 즐거워."

전 직장 상사가 아침에 나를 만나면 하는 말이었다.

"Kathy는 항상 환하게 웃어서 보는 사람이 즐거워진단 말이야."

당신을 만나면 그 사람이 하루 종일 즐거워진다는 데 얼마나 좋은가.

대부분의 많은 사람들이 긍정의 힘을 믿는 이유는, 세상을 살면서 누구나 만나게 되는 위기를 지혜롭게 극복할 수 있는 힘이 '긍정'에서 나오기 때문이다. 그리고 긍정적인 사람은 대체적으로 운이 좋은 편이다. 당신도 우울한 사람보다 유쾌한 사람과 함께 있는 것이 좋지 않은가? 유쾌한 사람과 있다면 나쁜 일보다는 좋은 일이 더 많지 않은가? 그렇다면 당신 자신이 유쾌한 사람이 되어 보자.

나는 지금도 나를 좋아해 주는 사람들의 좋은 기운이 지금의 나를 만들고 있다고 생각한다. 그리고 나를 운이 좋은 사람이라고 여기게 만들어 준다.

함께 있으면 유쾌한 사람이 되라. 그리고 좋은 사람들을 주변에 많이 두어라. 그러면 그 긍정의 기운이 당신을 더 잘하게, 당신이 더 잘되게 만들어 줄 것이다.

나는 프로다: 프로가 일하는 방식

내 주변에 참 많은 사람들이 내게 찾아와 인생 상담을 하곤 한다. 그중에서 내 나이 또래의 직장인이 나에게 찾아와 '어떻게 해야 회사에서 인정받을 수 있는지' 물었던 기억이 난다. 그는 다람쥐 쳇바퀴 돌 듯 반복되는 일들에 대한 의미를 상실하고 있었고, 가끔씩 던져지는 한번도 해 보지 못한 일에 대한 상사의 기획안 요구에 지쳐 있었다. 그래서 나는 물어보았다. 프로와 아마추어의 차이가 무엇이라고 생각하는지.

회사에는 직급이 있다. 여러 가지 다양한 직급 체계가 있겠지만, 기본적으로 외국계 회사에서는 매니저부터 중간관리자라 할 수 있으며, 그 직함에 맞는 책임이 주어지게 된다. 그렇다면 무엇을 기준으로 매니저가 되는 것일까? 우리 회사의 경우는 근속연수가 된다고 매니저 직함을 부여하지는 않는다. 매니저는 더는 아마추어가 아니기 때문이다.

프로라 함은 혼자서 하나의 일을 시작부터 끝까지 책임질 수 있는 사람을 말하며, 아마추어는 누군가의 도움이 없이는 하나의 일을 완결 지을 수 없는 사람이라고 생각한다. 즉, 상급자의 검토 과정 없이,

내 손에서 시작해서 내 손에서 끝낼 수 있어야 비로소 프로가 된다는 것이다. 회사에서 인정하는 프로가 된다면, 일에 대한 모든 책임을 매니저 자신이 질 수 있으며, 회사는 어떤 일이든 믿고 맡길 수 있게 된다.

그렇다면 어떻게 일해야 프로로 인정받을 수 있을까?

단순 업무를 하더라도 항상 프로젝트처럼 수행해라.

학교에서도 사회에서도 프로젝트를 접해 본 사람은 많을 것이다. 프로젝트라 하면 뭔가 어렵고 무겁게 느껴지겠지만, 프로젝트의 기본은 기승전결이다. 무턱대고 본론만 하는 것이 아니라, 서론 본론 결론의 형태를 띠어야 한다는 것이다. 통상 우리가 서론에는 무엇을 말하는가? 가장 중요한 핵심은 현재에 대한 상태 파악(As Is)을 기반으로, 이를 통해 무엇을 '궁극적으로' 얻으려고 하느냐(To Be)를 파악해서 본론을 진행하는 것이다.

대부분의 사람들은 자신이 하고 있는 업무 수행력은 좋은 편이다. 하지만 시작과 끝이 미진한 사람들이 많다. 무엇을 하기 위함인지, 무엇을 얻고자 하는 것인지, 어떤 결론을 기대하고 진행하는 것인지 항상 확인해라. 모든 업무를 프로젝트처럼 수행하는 것은 어렵지 않다. 순간순간 목표와 결론을 어느 정도 염두에 두고 업무를 수행하게 되면, 반드시 그 약간의 차이로 완전히 다른 평가를 받게 될 것이다. 우리가 소위 말하는 '그릇이 큰 사람'이 될 것이며, '큰 그림'을 볼 수 있는 사람이 될 것이다. 그렇게 보이는 당신을 긍정적으로 평가하는 사람들이 당신에게 무궁무진한 기회를 제공하게 될 것이다.

당신이 회사 워크숍을 준비하라는 업무를 지시받았다고 가정하자. 이번 워크숍에서 무엇을 할까를 고민하기 전에, 워크숍에서 얻고자 하는 것이 무엇인지, 즉 목표가 무엇인지 검토하고 확인해야 한다. 이를 파악하기 위해서는, 현재 회사의 상황에 대한 상태를 검토하고, 그 상태를 개선할 수 있는 방향으로 워크숍의 목표를 잡는다. 즉, As Is를 파악하고, To Be를 목표로 설정하라는 말이다. 예를 들어, 회사의 성장으로 인해 부서 간의 이기주의가 많아지고 의사소통에 어려움을 겪는다면, 부서 간의 장벽을 없애고 직원들 모두를 하나의 조직원으로 통합시키기 위한 프로그램을 고려한다. 또는 직원들의 과도한 업무로 휴식이 필요한 시점이라면, 놀이와 휴식 위주로 프로그램을 짜게 된다. 10주년 행사 등과 같이 특별한 이벤트가 있는 경우, 회사에 대한 자부심을 배양해 주기 위한 방법을 고민해 볼 수 있다.

이처럼 프로젝트성 접근 방법으로 '현재'를 검토하고, 이를 근거로 기대하는 결론을 위해 주어진 업무를 기획하고 집행한다면 기대하던 결론을 얻을 확률이 훨씬 높아지게 되며, 이러한 접근 방법을 통해 회사로부터 '일 잘하는 사람'으로 인정받을 수 있을 것이다.

나만의 차별점 만드는 비결

생각보다 회사 내에는, 회사의 전반적인 사업 흐름이나 현황, 앞으로의 타깃과 회사가 가고자 하는 방향 등, 회사의 핵심 인사들이 회사 운영과 의사 결정의 판단 근거로 삼고 있는 정보들이 너무도 많다. 그런데 대부분의 사람들은 자기에게 주어진 업무 말고는 도통 관심을 가지지 않다 보니, 승진의 기회가 와서 매니저 이상의 관리자급이 되더라도, 실제로 관리자로서의 능력을 보여 주기까지는 또 다른 시간과 노력이 배로 든다. 당신은 분명 관리자가 될 것이다. 시간의 편차는 분명히 있겠지만, 이것은 변하지 않는 사실이다.

항상 주변의 자료를 눈 여겨 보고, 검토 분석하는 습관을 가져라. 언젠가 당신이 하게 될 일이라는 것을 절대 잊지 말고.

〈생활의 달인〉이라는 프로그램을 볼 때마다 느끼는 것이지만, 어떤 일을 하더라도 그 일 자체를 뭔가 다르게 해내는 사람이 있다. 이는 자기만의 가치를 만들어 낸 것이라고 난 생각한다. 심지어 복사한 장을 하더라도, 그 복사물이 어떤 용도로 어떻게 쓰일 자료인지 눈 여겨 볼 수 있는 것 아닌가. 내게 볼 수 있는 권한이 주어진 회사의 기밀자료를 보고도 그것이 얼마나 중요한 자료이고, 어떻게 쓰이는 자료이며, 무엇을 확인하기 위해 그 자료를 보는지 눈 여겨 보는 것만으로도, 얼마나 많은 지식이 만들어지는지 꼭 알아야 한다.

우리의 배움은 언제나 어디서나 존재할 수 있다. 눈 너머로 본 자료, 들은 말, 주변에 일어나는 일들에 귀 기울이고 관심을 가진다면 엄청난 간접경험들을 해 볼 수 있을 뿐더러, 어느 날 나에게 직접 다가오는 미션이 생길 때, 수행할 수 있는 힘이 생기게 된다. 내가 지금 하는 일 그리고 앞으로 하게 될 일을 가치 있게 여기고 가치 있게 수행하다 보면 주변 사람들이 나 자체를 가치 있게 보게 된다. '저 사람이 하는 일은 뭐가 달라도 달라.'라는 평가를 만들어 내기도 한다. 그리고 말한다. 될 성싶은 나무라고……

예전 일을 돌이켜 보면, 주변에 있는 사람들은 대부분 그 당시의 내 직업을 좋아하지 않았던 것 같다. 첫 직장에 입사했을 때 "양경희 씨처럼 똑똑한 사람이, 우리 회사에는 좀 과분한 것 같아."라고 했고, 두 번째 직장에서도 비슷한 얘기를 들었다. 그리고 한국에 귀국해 잠시 강남 J어학원에서 한 달간 General English 강의를 했을 때도, 학생들은 "선생님, 왜 이런 일 하세요?"라고 했고, 입사했던 스위스 회사에서도 "Kathy는 이런 일 할 사람이 아닌데……", 지방 사무소로 좌천되어서도 "큰일 할 사람이 여기에서… 쫏쯔."라고 했으며, 이제 여기 NSF에서도 "더 큰물에서 놀 사람 같은데……"라고 한다.

참 재미있는 일 아닌가? 나는 어떤 일을 해도 그보다 더 멋진 일을 할 사람이라니……. 예전에는 그 말들이 너무나 스트레스였지만, 결국 지금의 내 자리는 그 말들이 만들어 준 것이다. 내게 NSF라는 회사를 알려 준 사람도 "이런 일 하실 분 아닌 것 같아요. 한 회사의 '장급'은 되셔야 할 것 같은데……"라고 하면서 나에게 기회를 주었으니까.

그렇다면 왜 사람들은 나에게 그렇게 말을 했을까 생각해 보면, 나는 어떤 일을 하든 '내가 하면 하나라도 다르다.'라고 보여 주고 싶었고, 실제로 그렇게 모든 업무를 수행했다. 그리고 그만큼 노력해서 만든 산물에 대한 자신감과 '나니까!'라는 가치를 스스로 만들기 위해 행동했다.

당신이 하는 일을 가치 있게 만들어라. 그러면 당신도 가치 있는 사람이 된다.

나만의 리더십 만들기

우리 회사는 각기 다른 분야의 전문가들이 모인 조직이다 보니 각자의 색깔이나 목소리가 참 다르다. 그만큼 관리하기가 쉽지 않은 조직이기도 하다. 하지만 지금은 어느 누구의 지시사항이나 감시 감독도 없이, 각자 하나하나가 자기 주도(self-managing)하에 스스로의 업무를 너무도 훌륭히 수행하고 있으며, 이를 인정해 주는 회사에 대한 만족도가 높아지는 만큼, 대외적인 평판은 좋고, 실적은 지속적으로 성장하고 있다.

나는 참 운이 좋게도, 정말 여러모로 다른 네 분의 상사를 가까이에서 겪으면서 나만의 리더십을 만들었다.

첫 번째 상사는 재무회계(Finance) 출신 프랑스 국적의 대표로, 지나치리만큼 꼼꼼했다. 그러다 보니 업무 지시 스타일은 A부터 Z까지 할 일을 정해 주고, 확인 검토하는 방법을 택했다. 그분을 통해 나는, 아침에 출근하면 매일 아침에 'To Do List(할 일 목록)'를 작성하는 법을 배웠으며, 작은 하나의 실수도 없게 하는 꼼꼼함과, 기한(Deadline) 이전에 완료하기 위해 시간을 활용하는 방법, 그리고 어떤 지시사항도 누락하지 않는 완벽함을 배웠다.

두 번째 상사는 현장 검사원(Inspector) 출신 호주 국적의 대표였다. 이분은 반대로 단 한 번도 내가 무슨 일을 하고 있는지 진행 상황이 어떠한지 확인하려 한 적이 없었다. 그야말로 나에게 믿고 맡긴다는 생각이 들었다. 그리고 가끔씩 지나가는 말로, 결과를 묻고는 했다. 불시에 어떤 건에 대해 물을지 모르기 때문이기도 했지만, 그분의 나에 대한 신뢰를 깨고 싶지 않았다. 아무도 내 일에 대해 간섭하거나 관리하거나 지시하지 않았고, 오히려 내 스스로 알아서 업무를 수행하게 되었고, 이때 관리자로서의 덕목을 배웠다.

세 번째 상사는 머리가 비상하고, 큰 그림을 볼 줄 아는 분이셨다. 그분의 장점은 사업에 대한 기획력에 있었다. 사업을 최초에 시작할지 여부를 결정하기 위한 제안서 작성부터, 매출 및 비용에 대한 장단기 계획을 수립하는 방법 등을 배웠다. 그분을 통해 사업의 기획부터 실행, 그리고 발전시키는 방법까지 터득하게 되었다.

네 번째 상사는 직원들의 존경을 한 몸에 받고 계시는 영국 분이시다. 상당히 논리적이고, 유쾌하시며, 따뜻한 분이다. 이분을 통해 나는 싸우지 않고 이기는 법을 배웠다. 적을 만들지 않아야 한다는 교훈을 얻었다. 제아무리 좋은 아이디어라고 할지라도 자신의 의견을 관철시키기 위해 수많은 사람들과 싸워야 한다면, 적만 많이 생길 뿐 그 아이디어를 실행할 수 있는 내 편을 확보하지 못하는 것이다. 그러나 어떤 방법이든 상대방과 싸우지 않으면서 원하는 것을 얻는 것은 참으로 어려운 일이다. 이분의 접근 방법대로 5년을 수행하다 보니, 상대방이 어떻게 대응하더라도 결론을 끌어낼 수 있는 스킬을 배우게 되었다.

나는 젊은 여자 대표이다. 그리고 가정에서는 초등학생, 중학생 두 아이의 엄마이기도 하다. 젊기 때문에 의욕이 넘치고 일을 많이 할 수 있는 장점이 있다. 하지만 여자이기 때문에 편견을 견뎌야 하고, 엄마이기 때문에 시간적으로 일에 올인할 수는 없다. 그렇기 때문에 장점이자 단점인 나의 조건과 환경에 적합한 나만의 리더십 스타일을 만들어야 했다.

하나하나 꼼꼼히 모두를 지시하고 검토하는 세세한 리더십은 나에게 맞지 않았다. 그리고 지나치게 꼼꼼한 리더십은 직원들로 하여금 자립심을 만들어 줄 수 없다. 의존적으로 변하게 된다는 말이다. 그러나 우리의 '업' 자체가 꼼꼼히 관리하지 않으면 안 되는 업이기에, 이를 관리해야 하는 중간관리자의 역량이 내게는 매우 중요했다. 그래서 중간관리자가 내가 원하는 방향으로 직원들을 관리할 수 있도록 적합한 경영관리 능력을 개발시키기 위해 모든 노력을 기울였다.

그리고 직원들 하나하나가 주인의식(Ownership)을 가진 자기 주도적인 사람이 되어야 한다고 생각했다. 직원들 하나하나가 회사의 얼굴이기 때문에, 그들을 만족시키지 못하면 고객도 만족시킬 수 없다고 생각한다. 로열티를 가지고 스스로 할 수 있는 여건을 만들어 주어야 하며, 회사는 직원이 열심히 일하고 있다는 것을 반드시 알아야 한다. 그래서 조직 체계를 자기 주도와 모니터링(Monitoring)이 가능하도록 세팅하였고, 각자의 업무 책임과 역할을 명확히 하였으며, 이를 모니터링 해서 적합한 평가를 할 수 있도록 하였다. 각자를 진심으로 존경하는 문화를 지향하도록 하였으며, 스스로 실력을 키우지 않으면 다른 사람에게 폐가 될 수 있다는 것을 깨닫게 해 주고 있다. 로펌이나 세무법인처럼 독립적인 전문가로 인식하게 하고 싶었다.

가정과 회사 일을 병행해야 하는 나는, 가정에서도 회사에서도 유사한 리더십을 보여 주려고 노력했다. 아이들도 자기 주도적으로 학습하고 행동하도록 지속적으로 도와주고 지켜보는 형식을 취하였다. (애들은 그 과정 속에서 좀 힘들어했을지도 모르지만, 지금은 학원 스케줄도 나와 상의 하기보다는 본인들이 알아서 관리하고 최종 허락만 받는 편이다.) 내가 생각하는 가장 훌륭한 리더십은, 관리자가 자리에 없어도 잘 돌아가도록 하는 것이며, 단 회사에 문제가 생기거나 위기가 왔을 때 그것을 해결할 수 있는 능력이 있는 리더십이라고 생각한다.

꿈은 '어떻게 살고 싶다'이어야 한다

여기까지 오게 된 내 얘기를 듣고 나면, 반짝반짝 희망의 눈빛으로 변하는 사람들을 본다. 아주 지극히 평범한 나도 여기까지 올 수 있었다는 것을 알게 되었을 테니까. 그리고 벅찬 가슴으로 마지막으로 조심스럽게 묻는다.

"양 사장님은 아직도 꿈이 있으세요?"

나도 남들처럼 꿈이 많았다. 아니, 내 자신이 정말 하고 싶은 것을 찾았다기보다는 남들이 소위 부러워할 것 같은 직업을 내 꿈이라고 얘기했었다. 어릴 때는 남들이 말을 야무지게 잘한다고 아나운서가 어울린다 하니 아나운서가 되고 싶었고, 고등학생 때는 미술 선생님이 그림을 잘 그린다고 미대를 가 보는 게 어떻겠냐고 하니 화가가 되어 볼까도 했었으며, 의학에 관심이 많았던 나는 외과 의사가 되고 싶기도 했었다. 부모님이 원하는 직업인 대학교수가 곧 내 꿈이라고 생각도 했었고, 돈을 많이 버는 사업가가 되고 싶기도 했었다.

하지만 아나운서의 꿈은 그에 준한 미모를 가지지 못한 현실을 직시하며 꿈을 접었고, 고등학교 시절 진로를 결정할 때 부모님이 미대와 의대를 강력하게 반대하셨기 때문에 화가의 꿈도 의사의 꿈도 접어야 했으며, 대학을 졸업하고 석박사까지 공부를 계속하고 싶었지만, 돈을 벌어야 해서 취업 전선으로 뛰어들면서 대학교수의 꿈도 접어야 했다. 은행지점장이 되고 싶다는 현실적인 꿈을 꾸었지만 입사 취소로 그마저도 포기해야 했고, 생계를 위한 직장 생활을 하며 회사에서 인정받고 다니고 싶다는 소박한 꿈으로 바뀌게 되었다.

그러나 현실은 냉정했다. 나는 그저 눈앞에 있는 평가, 승진, 급여 인상 등에 집중하고 있었을 뿐, 내가 무엇을 하고 싶은지 생각하지 못했다. 초고속 승진도 해 보고, 갑작스러운 좌천 아닌 좌천도 겪었다. 이런 과정들 중에서 조금씩 더 단단해져 갔던 것 같다. 그리고 어느 순간 나는 어떤 사람이 되고 싶은지, 인생의 궁극적인 목표가 무엇인지 생각하게 되었다. 그리고 어릴 적부터 사람들에게 입버릇처럼 했던 말이 생각났다.

'나는 꼭 힘을 키울 것이라고. 그래서 그 힘으로 세상에 옳지 못한 일 또는 고쳐야만 하는 일이 있다면, 그 일들을 꼭 하고야 말 것이라고. 그것이 비록 단 하나이더라도 세상에 기여할 수 있는 큰일이라는 것을 알기 때문에.'

잠시 생계라는 이름으로 잊었던 내 꿈을 지금 그리고 앞으로도 계속 그날이 올 때까지 달려 보려고 한다. 우리 아들은 내게 왜 그 일을 엄마가 하려고 하냐고 반문한 적이 있었지만, 지금은 누구보다도 든든한 지원자로서 나에게 얘기를 한다. 엄마가 그것들을 바꿀 수 있는 힘이 있다면 꼭 엄마가 했으면 좋겠다고. 너무나 자랑스러울 것 같다고.

나는 이제 무엇이 되고 싶다는 꿈을 꾸고 있지는 않다. 이루지 못한 것들에 대한 미련은 있지만, 지금은 어떤 사람이 되고 싶다, 어떻게 살고 싶다에 대한 꿈으로 바뀌어 있다고 말하고 싶다. 그리고 지금은 내 꿈을 이루기 위해, 이제 겨우 첫발을 내디뎠다.

꿈은 어떤 직업이나 자리가 되어서는 안 된다. 왜냐하면 그 자리에 도달하게 되는 순간 더 이상의 꿈은 없어져 버리기 때문이다.

꿈은 어떻게 살고 싶다이어야 한다. 그래야 당신이 있는 어디에 있든, 어떤 환경에 있든, 그렇게 살기 위해 노력하게 될 것이고, 결국은 원하는 그 일을 할 수 있는 자리에 가게 될 것이다.

수다처럼 들릴 수 있는 나의 얘기가 나를 멘토로 삼고 싶어 하는 주변의 많은 분들에게, 그리고 이 세상을 살아가는 젊은이들에게 작은 안내가 되기를 바란다. ❀

내가
하고 싶은 일을 하는 방법

·

신동민

저자 신동민은 최루탄이 자욱한 1980년대 대학에서 뜻하지 않게 경제학을 공부했고, 영업을 좀 더 잘해 보겠다는 엉뚱한 욕심으로 마케팅을 공부하며 주경야독으로 경영학 석사를 마쳤다. 좀 더 깊이 있게 경영학과 마케팅을 공부하고 싶어서 프랑스 그르노블 경영대학원(Grenoble Ecole de Management)에서 신제품 개발 및 혁신을 주제로 경영학 박사학위를 받았다.

삼성에서 영업, 마케팅으로 직장 생활을 시작하여, 영업 현장을 발이 닳도록 누비고 다녔다. 비행기를 실컷 타 보고 싶었고, 전 세계를 마음껏 여행하고 싶은 촌스러운 꿈을 이루기 위해 다국적 기업인 GE의 아시아 본부로 옮겨서, 소원대로 비행기 타고 전 세계 구석구석을 원 없이 다녀 보았다. 오랫동안 중국 상하이와 일본 도쿄에 주재하면서 비즈니스에 대한 폭넓은 시각을 키울 수 있었고, 전 세계 구석구석 비즈니스 현장과 다양한 고객을 만나기 위해 지구를 수없이 돌면서 글로벌 비즈니스를 실전에서 몸으로 배웠다.

GE에서 경영혁신 기법인 식스시그마(Six Sigma)가 태동할 시점에 블랙벨트(BB: Black Belt), 마스터블랙벨트(MBB: Master Black Belt)를 경험하는 행운을 누렸고, 아시아 사업개발/인수합병(M&A) 매니저를 거쳐, GE 헬스케어(GE Healthcare)에서 글로벌 마케팅 임원을 지냈다. GE에서 분사한 글로벌 화학회사 모멘티브 퍼포먼스 머티리얼즈에서 글로벌 비즈니스 총괄임원으로 글로벌 비즈니스와 기업간거래(B2B) 마케팅의 심층적인 실무를 쌓으며 비즈니스의 본질을 체득했다.

오랫동안의 글로벌 비즈니스 경험을 통해 마케팅의 필요성을 절감하여, 혁신(Innovation)과 가치(Value)라는 화두를 가지고 계속 공부하고 있다. 한국형 마케팅과 가치기반 마케팅(Value Base Marketing)에 관한 역작을 경영학도들에게 남기고 싶은 꿈이 있다.

현재 75년 전통을 가진 미국계 화학회사 모멘티브 퍼포먼스 머티리얼스 코리아의 대표이사/사장으로 재직 중이고, 모두가 행복한 회사를 만들겠다는 원대한 희망을 품고 있다.

모멘티브 퍼포먼스 머티리얼스(Momentive Performance Materials Inc.)는 미국 뉴욕 주에 본사를 둔 75년 전통의 첨단소재 전문 기업으로, 주요 산업 분야에 실리콘과 첨단소재를 제공하고 있다. 고객을 위한 맞춤형 기술 플랫폼을 통해 '과학에 기반을 둔 솔루션'을 제공한다. ❀

생각하는 힘을 키우고, 생각의 가지를 넓혀라

우리는 매 순간 무엇인가 생각을 하면서 산다. 때로는 너무 많은 생각을 비우기 위해 명상을 하기도 하고, 조용한 곳을 찾기도 한다. 생각은 우리가 살아 있는 동안 하는 모든 일의 기본이 된다. 생각을 잘할 수 있는 사람이 원하는 것을 얻을 수 있고, 주도적으로 모든 일을 잘할 수 있다.

회사에서 비즈니스 관련 협의를 하거나 마케팅 강의를 할 때 자주 받는 질문이 있다. "마케팅은 어떻게 공부하면 되나요?" 질문하는 성의를 보면 관심과 의지가 있다고 생각되어 최대한 정성껏 답변을 해 주려고 노력을 한다. 그런데 아무리 정성을 다해 답을 해도 정작 질문한 사람들의 반응은 그리 열광적이지 않다. 글로벌 기업에서 마케팅 관련 일을 20년 이상 했고, 마케팅을 전공한 박사라고 하니 엄청난 답변을 기대하며 질문을 한 듯하다. 솔직히 그들이 원하는 딱 떨어지는 정답을 말해 줄 수가 없으니 항상 부담스럽다.

내가 한 답변을 요약하면 '생각하는 힘을 키우고, 생각의 가지를 다양하게 넓히라'는 것이다. 나름 오랫동안의 업무와 공부 경험으로 답변해 주는 것인데, 그들의 마음에 확 와 닿는 답은 아닌지 대략 썰렁한 분위기가 된다. 솔직히 이럴 때는 어떻게 해야 할지 당황스럽다.

그러나 나는 어떤 지식이나 기술적인 방법보다 '생각'에 대한 능력이 정말 중요한 것이라 확신하면서 진심으로 답을 한다. 혹시나 해서 자세를 고쳐서 부연 설명을 하곤 한다. 정말 중요한 것인데, '생각'에 관한 교육을 받은 적이 없는 사람들은 언뜻 받아들이기 어려운

가 보다. 생각하는 힘을 키우라니 무슨 선문답 같은 이야기를 하나 하는 태도를 보인다. 어느 건강식품 광고에서처럼 '이거 참 좋은데 설명할 방법이 없네.'라는 심정이 이해가 된다. 어떻게 설명을 해 줘야 하나 항상 고민을 하게 된다.

세상의 모든 답은 인터넷이나 책 속에 있다고 생각하는 사람들이 너무나 많다. 남이 만들어 놓은 답에 의존하기보다는 나의 답을 찾아내어야 하는데, 자꾸만 남의 것으로부터 답을 찾는 듯해서 안타깝다. 마케팅 책은 결국 남의 사례를 잘 정리해 둔 것에 불과하다. 남의 사례를 배워 나의 방법을 만드는 것이 목적인데 남의 방법에만 관심이 있는 듯하다.

살아가는 데 가장 중요한 능력은 축적된 생각으로부터 나오는 통찰력이다. 통찰력을 키우기 위해서는 생각하는 능력이 가장 중요한데, 그런 능력을 강조하는 교육 환경이 아닌 곳에서 우리는 교육을 받았다. 학교에서 생각이 많은 학생은 종종 잡생각이 많아 공부를 못하는 놈으로 찍히기 십상이다. 그리고 무언가 질문을 하면 쓸데없는 생각만 하는 놈이라고 매도당하기도 한다. 지금 우리 사회는 주어진 정답을 잘 외우고, 정해진 답을 잘 채우는 학생을 원하니 그렇게 자란 사람들만 탓할 일은 아니다. 한편에서는 창의력이나 사고력이 중요하다고 학원에 가서 사고력, 논리력을 배우는 낭비를 하고 있다. 이런 것은 누구한테 이론을 배워서 해결될 일이 아니다. 나의 생각하는 힘을 다른 사람이 가르쳐 줄 수는 없는 일이다.

진짜 비즈니스 공부는 대형마트, 쇼핑몰에서 시작된다

'공부'라고 하면 꼭 책을 읽거나 인터넷 강의를 들으면서 해야 한다고 생각하거나, '공부'라는 말만 들어도 혐오감으로 몸서리치는 사람들이 있다. 우리나라에 근대식 학교가 세워져 현재와 같은 형태의 수업을 통한 공부가 시작된 지는 불과 100여 년의 역사에 지나지 않고, 전 세계적으로도 아무리 길게 보아도 몇백 년의 시간밖에 되지 않았다. 한국에서는 구한말이나 일제 강점기에 세워진 교육기관들을 통해서야 비로소 근대식 교육이 시작되었다. 그런데 마치 수십만 년 인류의 역사를 통틀어서 현재의 교육 체제가 가장 좋고 절대적인 방법인 양 개인적으로 사회적으로 모든 것을 쏟아 붓고 있다. 스스로 배워 깨친 공부가 참된 공부가 되고, 소위 피와 살이 되는 것인데 이를 간과하고 있는 듯하여 참으로 안타깝다.

경영학이나 마케팅 공부를 하는 사람들이라면 마케팅 교과서를 펼쳐 보기 바란다. 솔직히 책에 나오는 사례와 이론들은 예전에 이렇게 해서 성공했다더라 하는 내용을 '케이스 스터디'라는 그럴 듯한 명목으로 소개하는 것이 대부분이다. 심지어 외국 번역서들은 우리가 모르는 브랜드 이야기로 사례를 가득 메우고 있다. 나름 외국 사정에 대해서 밝다고 하는 나도 책을 읽다가 이건 뭐지 하면서 인터넷을 찾아볼 때가 많다. 미국 시장에서 팔리고 있지만, 먹어 본 적도 없는 캔으로 포장된 닭고기 스프 마케팅 사례가 나에게 접목되는 것은 우리 집 강아지에게 스파게티와 파스타의 관계를 이해시키는 것만큼이나 어려운 일이다.

우리가 그런 사례와 설명을 통해서 무엇을 얻을 수 있는가? 예전의 지식과 경험은 생각할 수 있는 토대를 제공해 줄 수는 있으나, 절대 미래를 알려 줄 수는 없다. 마케팅은 미래를 향한 학문인데, 책은 과거를 이야기한다. 결국 미래를 볼 수 있는 능력을 키워야 한다. 그러면 미래를 어떻게 볼 수 있는가?

우리는 미래를 볼 수 있는 점술가가 아니다. 내일 신문을 오늘 미리 받아 볼 수만 있어도 우린 평생 아무 일도 안 하고 충분한 부를 누리며 살 수 있을 것이다. 일본 관광객이 줄어들고, 엄청난 중국 관광객이 몰려와서 명동거리를 지금처럼 가득 채우게 될지 10년 전에는 누구도 상상하기 힘들었다. 그리고 그들이 한국에 와서 엄청난 양의 화장품을 싹쓸이해 갈지는 더욱 예상하지 못했다. 사실 내가 중국에 살던 10여 년 전만 하더라도 중국에서 화장하고 다니는 사람은 정말 찾기 어려웠다. 그때 지금 시장 상황을 예측할 수 있었더라면 아모레퍼시픽의 주식을 엄청나게 사 두었을 것이다. 10년만큼 긴 시간이 아니더라도 지난 1년 만에 4배가 올라 현재 주당 400만 원을 호가하는 황제주가 되었으니 말이다. (참조. 아모레퍼시픽은 5월 8일 액면가를 10분지 1인 5,000원에서 500원으로 분할해 재상장했다. 그래서 시가도 40만 원대로 거래되고 있다.)

어쨌든 사람은 살아가면서 예측하고 계획을 세워야 하는 숙명을 가지고 있다. 좀 더 정확히 예측하고, 잘 실행하는 사람이 원하는 것을 얻을 수 있다. 학문적으로 미래를 예측할 수 있는 능력을 통찰력이라고 한다. 통찰력은 많은 경험과 훈련에 의해서 얻어지는 것이다. 그러면 어떻게 훈련하고 경험을 얻을 것인가?

대학 시절에 나의 눈을 번쩍 뜨이게 해 주신 교수님이 계셨다. 카리스마를 뿜어내는 그 교수님을 범접하기 힘들어서 한 번도 일대일로 만난 적이 없었다. 키가 적어도 나보다 20센티미터는 작으셨던 것 같았는데도 난 그분 앞에만 서면 눈을 제대로 쳐다볼 수가 없었다. 그분의 눈에서 마치 아이언맨의 레이저 불빛이 나오는 듯했다. 아무리 학점을 C, D로 주었어도 항의하러 찾아가는 과친구는 한 명도 없었던 것으로 안다.

그 교수님께서 어느 날 강의 시작과 동시에 학생들이 매일 등하교하면서 버스에서 잠만 잔다고 싸잡아 비난하기 시작했다. 그분의 강한 어투는 마치 멍청이, 돌대가리, 게을러터진 놈들이라고 우리를 비난하는 듯했다. 그런 갑작스럽고 일방적인 공격에 상경대의 커다란 계단강의실을 가득 메운 학생들 대부분은 '그럼 버스에서 무얼 하라고' 하는 황당한 표정들이 되었다. 요즈음처럼 스마트폰도 없는 시절에 흔들리는 버스 안에서 할 수 있는 것은 거의 없었다. 간혹 카세트테이프로 영어 회화 등을 듣기도 했지만 그건 극소수의 경우였다. 그냥 수도승처럼 묵묵히 묵상, 실제로는 선잠에 빠져 있는 학생들이 대부분이었다.

하시고 싶은 본론을 시작하신 교수님은 경제학이나 경영학은 사람이 살아가는 것을 배우는 것이다. 이건 수학이 아니다. 1+1이 2가 아니라 무수한 경우의 수가 나오는 것을 배우는 학문이다. 그러므로 세상의 모든 것이 좋은 배움의 대상이라고 열정에 가득 찬 강변을 하기 시작하셨다.

매일 통학하는 길에도 무수한 배울 거리가 있다는 것이다. 새로운 가게가 생기면 왜 생기는지? 왜 어떤 가게는 망하고 어떤 가게는 흥하는지? 그리고 새로 설치된 광고판은 무엇을 얻으려고 저기 세워 두었는지? 광고 타깃은 바로 설정을 했는지? 저기 새로 짓는 건물에는 무슨 업종이 들어올지? 잘될지? 나라면 어떤 장사를 할 건지 등등 수많은 흥미로운 공부거리들이 있는데 학생들이 너무 생각을 하지 않는다는 것이다. 학교 통학버스도 복잡한 시간대에만 학생이 많고 낮에는 빈 차로 다니는데 다른 활용 방법은 없는 건지 이런 모든 것들을 생각하는 것이 경제학이고 경영학이라는 것이다. 그런데 생각하는 연습을 하지 않으니 아무것도 보이지도 않고, 볼 수도 없다는 것이다. 경제학 이론 수업이었는데 그렇게 잔소리인지 진심어린 충고인지 아리송한 열띤 강변을 두 시간 동안 침을 튀기며 하시고는 그날 수업은 끝났다.

다음 날 아침 등굣길에 우연히 교수님 강의가 생각이 났다. 창밖을 보니 정말 많은 건물들이 올라가고, 새로운 가게가 생기고, 광고판이 바뀌어 있었다. 그리고 시간이 지날수록 모든 것들이 변화하는 모습이 눈에 들어왔다. 어떤 가게는 예상대로 6개월을 못 버티고 망했고, 어떤 가게는 문전성시를 이루었다. 나의 예상과 맞아 떨어졌을 때는 마치 게임에서 이긴 것처럼 흥분되었다. 이런 관찰과 생각하는 습관은 수십 년이 지난 지금도 계속되고 있다.

언젠가 친한 친구와 저녁을 하고 있었다. 그 친구는 프랜차이즈 비즈니스에서 잔뼈가 굵은 요식업 전문가였다. 새로 생긴 레스토랑이라고 해서 갔는데 우연히 그 식당 비즈니스 이야기를 하다가 내가 문득 이 레스토랑은 짧으면 6개월 길면 1년 정도 버티겠다고 했다. 그 친구는 깜짝 놀라면서 요식업 전문가도 아닌 네가 어떻게 그렇게 예측하냐고 물어보았다. 난 간단히 테이블이 몇 개이고, 음식 단가 그리고 추정 임대료, 테이블 회전율, 음식의 원가(보통은 가격의 30~40%), 종업원 수를 계산해 보면 손님이 꽤 많다고 해도 이윤이 거의 없을 듯했다. 그 친구는 음식점 비즈니스를 잘 모르는 내가 어떻게 그런 계산이 가능하냐고 하며 놀랐다. 사실은 자기도 그런 생각을 했다는 것이다. 이 음식점 사장님은 아마 가게를 열 때 이런 계산을 해 보지 않은 것이 아닌가 하는 걱정이 들었다. 지금도 어떤 식당에 들어가면 테이블 숫자와 종업원 수, 그리고 메뉴판의 가격으로 한 테이블에서 나오는 평균 단가를 계산해 본다. 주문한 음식이 나오기 전에 그냥 습관적으로 흥미롭게 해 본다. 그러면 대략 그 식당의 경영 상태를 짐작할 수 있다.

마케팅 얘기로 다시 돌아와서 이야기를 하면 시장을 공부할 수 있는 가장 좋은 곳은 백화점과 대형마트이다. 그곳에는 모든 최신의 첨단 마케팅이 총동원되는 곳이다. 업체들이 펼치는 마케팅 이론의 총아를 그대로 볼 수 있는 전시장이다. 광고판, 전단지, 1+1 프로모션, 진열대 배치, 포인트 카드, 고객들의 동선, 수많은 것들이 그곳에 있다. 그런 마케팅을 역추적하는 것은 상당히 흥미로운 일이다. 왜, 무슨 의도로 저런 마케팅을 하는 것인가? 그리고 저것이 과연 소비자들에게 먹히는가? 흥미로운 시뮬레이션 작업이다. 일이나 공부가 아니라 그냥 관찰하고 생각하면서 즐기면 된다. 이런 경험이 쌓이면 새로 출시한 상품과 홍보만 보아도, 한눈에 멍청한 마케터와 무릎을 탁 칠만큼 훌륭한 마케터의 기획이 상품의 이면에 보일 것이다.

나는 외국 출장을 가서도 꼭 쇼핑몰을 둘러본다. 혼자서 이런저런 생각과 분석을 하면서 반나절은 재미있게 논다. 그러는 동안 해결하지 못해 끙끙대던 문제에 대한 실마리가 순간적으로 떠오르는 경우도 많았다. 뜻하지 않았던 수확을 거두는 것이다. 또한 이런 것은 소소한 쾌감이 된다. 비즈니스와 마케팅을 알려면 시장에 가야 한다.

그곳이 진정한 공부의 장소이고 나의 생각이 자라는 곳이다.

생각이 정리되면 우선순위가 정해지고 머리가 맑아진다

아침에 출근하면 가장 먼저 나를 반기는 것은 넘쳐 나는 이메일이다. 글로벌 기업의 특성상 이메일은 시간을 가리지 않고 전 세계에서 날아든다. 분명 어젯밤 늦게까지 중요한 메일을 걸러서 확인하고 답변을 했는데, 아침에 출근을 하면 그에 대한 답변이나 새로운 제목의 메일이 지구 반대편에서 날아와 또 무언가를 해 달라고 할 때 허탈하기도 하다. 메일박스에 메일이 쌓이듯이 돈이 계좌로 계속 들어온다면 금방 부자가 될 것 같다는 우스운 상상도 해 보았다.

일본에서 글로벌 사업부 총괄임원을 하고 있을 때, 업무가 24시간 연속되는 듯하여 정신적으로 완전히 방전이 된 적이 있었다. 아침에 출근하면 각 지역의 시차 때문에 한두 시간 차이를 두고 중국, 동남 아시아 일이 진행되고, 점심을 먹고 나면 유럽 친구들이 출근을 시작한다. 다시 유럽팀과 이메일과 전화로 한바탕 격한 전쟁을 치러야 된다. 그리고 대충의 일이 마무리되면 퇴근(?)을 한다. 집으로 돌아와 간단히 저녁을 먹고 나면, 지구 반대편에서 미국 직원들이 출근하는 시간이 된다. 미국에서 아침에 출근한 본사팀과 급한 일들을 마무리하고 나면 정말 긴 하루가 된다. 그리고 보통 밤 10시나 11시에 티콘 (Telephone Conference를 줄여서 T-con이라고 한다.)이 시작된다. 이 작은 별 지구에서 아시아, 유럽, 미국이 동시에 통화할 수 있는 시간대는 바로 그때 두세 시간에 불과하다. 이런 전쟁을 치르고 나면 자정이 넘어서 긴 하루가 마감된다. 그리고 한 달에 짧게는 2주, 길게는 3주씩 출장을 다니다 보면, 내가 어디에 있는지 무엇을 하고 있는지 감각이 없어진다. 친구를 만날 시간도 없고, 가족들도 나는 늘 회의하고 출장 다니는구나 하면서 익숙해진다. 참으로 힘든 시절이었다.

무슨 돌파구가 필요했다. 그러지 않으면 곧 죽을 것만 같았다. 어느 날 단단히 마음을 먹고 아침에 운동을 다니기 시작했다. 자정이 넘어서 끝난 전화회의(T-Con)로 파김치가 되어서 몸이 천근만근이었지만, 이른 아침에 몸을 일으키고 스포츠센터로 차를 몰았다. 즐거운 일이 아니라 살기 위해서였다. 언제부터인가 아침에 간단한 운동을 한 후 커다란 탕에 몸을 담그는 시간을 즐기기 시작했다. 조용한 목욕탕에 앉아서 이런저런 생각을 한다. 그러면 생각이 정리되면서, 오늘 해야 할 중요한 일, 그리고 어제 못한 일, 내가 하고 싶은 일들이 이상하리만치 정리가 잘되었다. 정리를 하고 하루를 시작하니 훨씬 가벼운 마음이 되었다. 할 일의 우선순위가 정리되니 막연한 부담감에서 벗어날 수 있었다.

이런 습관은 지속되어 한국으로 귀국한 뒤에도 아침마다 목욕을 간다. 늦게 일어나거나 아침 회의시간에 쫓길 때도 운동은 건너뛰지만 목욕만은 한다. 커다란 탕에 몸을 담그고 오늘 꼭 해야 될 일 세 가지를 생각한다. 매일 반복되는 업무적인 것도 생각을 하지만, 개인적으로 오늘 하지 못하면 정말 후회될 것, 내일 죽는다면 오늘 꼭 해 보고 싶은 것 등을 생각한다. 만나고 싶은 사람, 통화하고 싶은 사람, 꼭 가 보고 싶은 곳, 많은 생각이 오고 간다. 그러다가 점차 생각이 선명해진다. 그리고 찬물로 몸을 헹구고 넥타이를 타이트하게 졸라매고 하루를 시작한다. 짧은 시간이지만 나를 생각할 수 있는 이런 나만의 시간은 엄청난 에너지와 평화로움을 동시에 준다. 사실 목욕을 하면서 실타래처럼 꼬인 문제의 해답도 많이 얻었다.

아침에 눈을 뜨면 목욕탕으로 간다. 나만의 방법이다. 그 시간만큼 은 마음껏 즐긴다. 사실 꼭 목욕탕이 아니더라도 나만의 시간을 가질 장소와 정해진 시간이 중요하다. 핸드폰도 컴퓨터도 없이 오로지 나만을 생각할 수 있는 장소와 시간이 필요하다. 사실 나에겐 목욕 탕 이외에 또 다른 한 장소가 있다. 비행기이다. 전화, 인터넷, 이메일 이 없는 장소는 생각하기에 최적의 장소이다. 그러나 이곳을 매일 이용할 수 없다는 단점이 있다. 최근 비행기에도 와이파이(Wifi)를 설치 하고 있다. 나만의 생각 장소 하나가 사라지는 셈이다. 안타깝다. 장소가 중요한 것이 아니라 매일 일정한 시간을 정해 두고 생각하는 시간을 가지면 인생이 풍요로워진다. 어디가 되든 상관없다. 커피점 이 될 수도 있고, 화장실이 될 수도 있고, 지하철이 될 수도 있다.

일정한 장소에 일정한 시간에 깊은 생각을 하게 되면 흘러가면서 사는 것이 아니라 생각하면서 살게 만들어 준다. 생각하는 것을 일 종의 하루의 의식으로 만들어 두고 익숙해지면 아주 쉽게 할 수 있 는 습관이 된다. 결국 다져진 이런 습관을 통해 내 생각을 가진 단 단한 사람이 되는 것이다.

세상이 흔들리는 것이 아니라 내가 흔들리는 것이다

노동운동가인 하종강 씨가 쓴 책 제목 중에 『철들지 않는다는 것』 이라는 책이 있다. 나이가 들어도 철들지 않고 흔들리는 것은 시대에 상관없이 누구나 겪는 고민인가 보다. 공자의 『논어』에 보면 나이 40을 불혹(不惑)이라고 이야기한다. 마음이 흐려지지 않고 세상의 유혹을 극복할 수 있는 나이가 되었다고 해서 불혹이라고 하지만, 실상은 세상의 유혹에 잘 흔들려서 불혹이라는 우스갯소리가 더 맞는 것 같다. 세상을 살다 보면 무엇이 옳은지 무엇을 하는 것이 바른지 판단하기가 쉽지 않다. 매 순간 선택을 해야 할 때도 점점 더 망설이게 된다. 20대에는 나이가 들면 판단력이 더 좋아지고 현명해질 것이라 기대했지만, 세상 풍파를 겪다 보니 상황은 더욱 복잡해지고, 더불어 판단은 더 어려워지고, 헷갈릴 때가 더 많다. 나도 모르게 아부하는 사람이 더 좋아지고, 돈이 좋아지고, 체면치레하게 되고, 누군가가 대우해 주면 즐거워진다. 그런 것들을 즐기고 탐닉하는 순간 사람은 쉽게 변하게 된다. 무언가 하고 싶은 일을 하고 옳은 일을 하려고 할 때 무모할 정도의 자신감은 어느덧 마음 깊은 곳에 꽁꽁 숨어 찾아내기가 힘들어진다.

시간적 여유가 있는 주말이나 휴일에 목욕탕에서 많이 생각하는 것 중에 하나가 '나는 누구인가?' '무엇을 하고 싶은가?'이다. 생각을 많이 하면 할수록 막연한 생각이 선명해짐을 느낄 수 있다. 생각이 쌓일수록 나를 단단하게 만들어 준다. 나 스스로 단단해질수록 판단은 점점 쉬워진다. 무언가가 꼬인 실타래처럼 복잡하거나 용기가 나지 않을 때 생각으로 단단해진 내가 단호한 결정을 하고 실행할 수 있도록 도와준다. 세상이 혼란스럽다고 탓을 많이 했지만, 결국 세상이 혼란스러운 것이 아니라 내가 혼란스러웠던 것이다. 나의 중심이 잡혀 있지 않으니, 흔들리는 세상 탓을 하고 있었던 것이다.

나는 매일 생각하는 시간을 갖는다. 무엇을 하고 싶은가? 왜 해야 하는가? 난 이런 것을 나만의 시간을 통해 찾는다. 생각을 거듭하다 보면 뿌옇게 보이던 것이 점점 손에 잡힐 듯이 다가온다. 그리고 그 생각은 점점 단단해진다. 단단해진 나의 생각은 어려움을 이겨 나가는 힘이 된다. 이런 힘이 없다면 매일 매일 흔들리는 삶을 살아갈 것이다. 어떨 때는 두렵기도 하다. 10대에 흔들리고, 성년이 된 20대에 흔들리고, 사회인이 된 30대에도 흔들리고, 40대인 불혹에도 흔들리고, 도대체 언제까지 흔들린다 말인가? 하지만 더는 불안해하지 않기로 했다. 변화하는 환경에 불완전한 인간이 흔들리는 것은 당연한 것 아닌가. 내 마음의 단단한 추를 하나 가지고 있으면 흔들리더라도 중심으로 돌아올 수 있다. 오뚝이처럼 좌우로 흔들려도 한 번은 중심을 지나지 않는가. 그것을 알면 된다. 중심으로 돌아오지 못하고 쓰러지지만 않으면 된다. 그러려면 마음의 무게추가 있어야 한다. 마음의 무게추는 생각을 통해서 단단해지고 커진다.

학생들을 만나 보면 힘든 시절이라고 이야기한다. 충분히 공감이 간다. 요즈음 같은 어려운 환경에서 앞을 생각하면 답답하고 암울하기도 할 것이다. 이런 상황일수록 흔들리지 않는 단단한 자기 생각을 가져야 한다. 불안감에 스펙이나 남들에게 내세울 수 있는 것을 더 쌓으려고 노력하는 것보다는 생각과 마음이 단단해져야 중심을 잡고 나의 길을 갈 수 있다. 값진 인생을 사는 방법은 남의 기준에 맞춘 나의 모습이 아니라 나의 길을 가는 것이다. 결국 내가 행복한 것이 진정한 행복이지 남이 부러워하거나 박수를 친다고 해서 행복하지는 않다. 세상이 말하는 잣대로 나의 행복을 재단하면 남이 원하는 인생을 살게 된다. 남의 인생으로 살지 않으려면 나의 진지한 생각이 필요하다. 힘든 시기를 이겨내는 방법은 단단한 나를 갖는 것이다.

취업을 할 때 어떤 회사를 가는 게 좋을지 누구나 고민이 많다. 사실 적성과 좋아하는 것보다는 사회적으로 사람들이 말하는 그럴 듯한 회사에 원서를 넣는 경우를 많이 본다. 사실 나도 그랬다. 졸업을 목전에 두고 연거푸 입사 면접에서 떨어지고 마음이 초조해졌다. 그래서 채용 공고가 나는 모든 곳에 원서를 넣기 시작했다. 컴퓨터가 없던 시절이라 원서를 모두 손으로 써서 내야 했는데 손이 통통 부을 정도로 원서를 산더미처럼 쓴 기억이 있다. 이미 간절히 가고 싶은 회사 같은 것은 없었다. 누구라도 받아 주기만 하면 감사하겠다는 마음으로 원서를 냈다.

우스운 이야기지만 백화점, 은행, 증권사, 무역회사, 광고회사 등 일관성 없이 무차별 지원을 했고, 심지어 방송사 기자까지 응시를 해 보았다. 방송사 면접은 아직도 내 기억에 생생히 남아 있다. 운 좋게도 마지막 실기 인터뷰까지 가게 되었고, 커다란 스튜디오에서 카메라를 보고 원고를 읽고 답변하는 인터뷰가 마지막 관문이었다. 사투리를 쓰고, 한 번도 그런 것을 해 본 경험이 없는 내가 카메라 인터뷰를 통과한다는 것은 상식적으로 불가능이었다. 그렇지만 절박함은 무엇이든지 닥치는 대로 하게 했다. 방송사 면접을 마치고 나와서 허탈한 마음과 더불어 내 자신이 한없이 초라해 보였다. 소신도 줏대도 없이 현실에 매달리는 나를 차마 눈뜨고 볼 수 없었다.

그날 경험 이후 진지하게 많은 생각을 하게 되었고, 취업 전략을 다시 세웠다. 기나긴 인내의 기간을 거쳐서 몇 군데 최종 합격하게 되었다. 그리고 다시 한 번 진지하게 생각을 하게 되었다. 과연 내가 잘 할 수 있는 것은 무엇이고, 무엇을 하고 싶은가에 대한 성찰이었다. 나름 기준을 세워야 했다. 경제학과 출신으로 금융권은 당연 고려 대상이었지만, 사무실에 가만히 앉아 근무하는 것과 숫자를 들여다보는 것은 두 가지 모두 적성에 맞지 않았다. 그래서 급여가 높고 복지가 좋다고 소문난 금융권 합격을 포기하고 나니 모두들 정신 나갔다고 했다. 친구들은 나의 선택을 이해하지 못했다. 그러나 아무리 조건이 달콤해도 열정적으로 할 자신이 없었다. 결국 나는 의료 장비 제조업체의 영업직으로 입사를 했다. 앞으로 발전 가능성이 있는 산업이고, 외근하는 직종이었고, 해외 비지니스의 잠재력을 가진 곳이었다. 그러나 제조업체 영업직은 당시 별 볼일 없는 한직으로 인식되었다. 그 주관적인 선택이 20년이 넘는 직장 생활 동안 내가 하고 싶었던 일을 원 없이 해 볼 수 있게 해 주었고, 소위 고속 승진도 가능하게 해 주었다. 미친 듯이 일하며 매일 살아 있을 수 있었다. 다시 선택을 한다고 해도 그렇게 할 것이다

　시련을 통한 생각할 수 있는 시간과 나만의 기준은 나를 바른 선택으로 이끌어 주었다. 세상 사람들이 좋다고 하는 기준에 현혹되지 않고, 나의 선택을 따라간 길은 후회 없는 직장 생활을 만들어 주었다. 진지한 생각을 통한 치열한 고민의 흔적은 흔들리지 않는 나를 갖게 해 주었다. 어려운 환경은 개인이 바꾸기에는 역부족이다. 그러나 희망적인 것은 내 생각은 내가 어떻게 해 볼 수 있다는 것이다. 한 번 더 진지하게 생각해 보길 바란다. 흔들리지 말고, 나는 무엇을 잘하고 무엇을 원하는가를? 그리고 선택은 내가 한다. 그러면 결국 그 선택은 후회 없는 선택이 된다.

훌륭한 인맥은 폭이 아니라 깊이에 있다

흔히들 사람이 살아가는 데 인맥이 중요하다고 한다. 인맥이 중요하다는 말에는 이의가 없지만, 인맥이라는 말이 오남용되고 있다. 그냥 많은 사람들을 아는 것을 좋은 인맥을 가진 것으로 착각하는 사람들이 많다. 많은 사람들을 만나고 많은 인맥을 쌓는 것은 중요하지만, 그에 앞서 내가 다른 사람에게 무언가를 줄 수 있는 사람이 되지 않으면 인맥은 지속될 수가 없다는 사실을 간과하고 있다.

최근 정재계에서 막강 인맥을 자랑하던 사람들이 너무나 쉽게 무너지는 것을 볼 수 있다. 더구나 그렇게 자랑하던 인맥이 화근이 되어 돌이킬 수 없는 일이 벌어지는 것도 신문지상에서 너무 쉽게 볼 수 있다. 같이 저녁 먹고, 서로 상부상조한다는 미명 아래 도와준다고 해서 훌륭한 인맥이 형성되는 것은 아니다. 서로의 이익이 충돌할 때 그런 인맥은 비수가 될 수도 있다. 훌륭한 인맥은 그 폭이 아니라 깊이에 있다. 내가 정말로 힘들 때 진정한 인맥은 드러난다. 그리고 상대방이 어려움에 처했을 때 그 깊이가 드러난다. 정말 훌륭한 인맥은 상대의 처지와 상관없이 지속되어야 인맥이라고 할 수 있다. 핸드폰 연락처에 수천 명의 이름이 있고, SNS에 엄청난 숫자의 친구가 있다고 하더라도 그 모두가 인맥이라고 생각해서는 곤란하다.

인위적으로 인맥을 쌓는 것보다 자신이 다른 사람에게 매력적인 사람이 되고, 도움을 줄 수 있는 사람이 되어야 한다. 그래야 진정한 인맥이 생기는 것이다.

나는 그렇게 사교적인 사람이 못 되어서 능수능란하게 많은 사람과 교류하지 못한다. 비즈니스 하는 사람으로서 치명적인 약점이라는 이야기를 많이 들었다. 아무리 고치려고 노력해도 마음대로 되지 않았다. 모임 같은 곳에서 사람들에게 미소 짓고, 악수하고, 좋은 말하고 해도 그건 나의 진정한 모습이 아니라는 생각을 지울 수가 없었다.

글로벌 비즈니스를 하다 보면 비즈니스 모임이나 파티장을 많이 가게 된다. 참 곤혹스러운 자리이다. 스탠딩 파티에서 칵테일이나 와인 한 잔을 들고 사람들과 건성건성 이야기를 나누다가는 얼마 지나지 않아 슬그머니 그 자리를 빠져나온다. 익숙하지 않을 뿐더러 내가 아닌 나를 보는 느낌을 넘어설 수 없기 때문이다.

어떤 사람들은 한두 번만 만나도 형님 동생하고, 말도 스스럼없이 낮추는데, 나는 나보다 나이가 한참 어리고 오랫동안 같이 일을 한 직원들한테도 말을 쉽게 낮추지 못한다. 사교적인 면에서 개인적으로 참 고민스러운 부분이다. 낯가리고, 쉽게 어울리지 못하는 타고난 성격을 고치기에는 너무나 힘들다.

그래서 난 적은 사람을 깊게 만나려고 한다. 그리고 그들에게 최선을 다하려고 노력한다. 그들이 나를 어떻게 생각하는지 잘 몰라도 내가 그 사람을 나의 지인이라고 생각하면 아낌없이 최선을 다하려고 한다. 내 손에 들린 칼을 반드시 한 번 써야 하는 상황이 온다면 칼자루를 거꾸로 잡고 나를 향해 찌를지언정 상대방에게 칼끝을 겨누지 않을 마음을 갖는다. 시간이 지나면 어떤 상대이든지 간에 나의 이런 마음을 알아준다. 누가 알아주든 말든 나만의 진정성을 지키려고 노력한다.

힘들 때마다 나에게 손을 내밀어 주는 사람들이 나타났다. 아무런 내가 없이 기꺼이 도와주었다. 진정으로 이해하고 도와주는 사람들은 큰소리를 내지 않는다. 그들은 마치 나의 곤란함을 자기 일처럼 조용히 도와주고 생색을 내지도 않았다. 주변에 내가 그렇게 해 줄 사람이 있는가? 손해를 보면서도 기꺼이 나에게 손을 내밀어 줄 사람이 있는가? 그렇다면 당신은 진정한 인맥을 가지고 있는 것이다.

사람이 우연을 필연으로 만들어 준다

세상은 우연으로 가득 차 있다. 오늘 아침 지하철을 놓친 것도 우연이고, 승강기에서 고등학교 동창을 만난 것도 우연이고, 이 회사를 다니고 있는 것도 어쩌면 우연이 작용한 것이다. 누구나 기막힌 우연에 관한 이야기를 하나씩을 가지고 있을 것이다.

"삶은 우연의 연속이다."라는 유명한 말이 있는데, 이 말은 스탠포드대학교 심리학 교수인 크럼볼츠(Krumboltz) 박사의 사회학습이론의 핵심이다. 크럼볼츠 박사는 수백 명에 이르는 직장인들의 커리어를 분석한 결과, 우연의 사건이 사람의 커리어에 큰 영향을 미친다고 결론짓고 이를 '계획된 우연(Planned Happenstance)'이라 정의하였다.

이 이론은 1999년에 발표되자마자 큰 주목을 끌었다. 우연은 우연인데 그 우연이 계획된다는 것이다. 우연과 계획은 상호 상충하는 개념인데 조합을 이루고 있다. 계획된 우연은 사람들이 생각한 방향으로 여러 가지 우연이 작용하여 계획된 결론을 만들어 낸다고 한다. 특히 직업 선택에서 그동안 적성검사나 직무능력검사 등을 통해서 최적의 직업군을 선택하고 그에 맞는 능력을 길러서 직업을 얻었을 때 성공한다는 이론이 일반적이었는데, 계획된 우연을 발표한 저자들은 이를 완전히 뒤집는 논문을 발표하여 논란을 일으켰다. 직업 선택에서 우연이 많은 작용을 하고 그런 우연은 계획(planned)되어 있는 경우가 많다는 것이다.

아마 많은 대학생들이나 회사원들 중에 원래 생각했던 전공이나 회사가 아닌 곳에 현재 위치하고 있는 사람들이 많을 것이다. 그리고 현재 상황을 선택한 동기를 생각해 보면 아주 우연한 계기나 사건 때문인 경우가 많다. 물론 소신대로, 계획한 대로, 원하는 곳에 있는 대단한 사람들도 있겠지만, 그런 사람들보다는 대다수는 예상하지 못한 곳에서 예상하지 못했던 일을 하고 있는 경우가 많을 것이다. 40대, 50대에게 현재 회사나 직업이 본인들이 20대에 예상한 것과 같은가라는 질문을 한다면 많은 사람들이 아니라고 답변할 것이다. 나는 지금 미국계 화학회사의 한국법인 사장으로 일하고 있다. 경제학과 경영학을 전공한 내가 화학 회사에 근무할 것이라는 것은 나 역시 오래전에는 꿈에도 생각하지 못했다.

어느 날, 이런 많은 우연들 사이에 '사람'이 관계되어 있다는 것을 깨달았다. 한국 GE에서 마케팅 팀장으로 근무하던 시절 전직을 하려고 사표를 제출했다. 직장인들이 갖는 비슷한 고민들을 안고 씨름하다가 마침내 전직을 결심했다. 새로운 일을 해 보고 싶었고, 매너리즘에서 탈출하고 싶었다.

사표를 제출하고 전직을 준비하던 중, 어느 날 홍콩에서 근무하는 선배로부터 전화 한 통을 받았다. 사표를 내었다는 소문을 들었다면서 이런저런 이야기를 물어보았다. 사실 사표를 낸 상태였기 때문에 부담 없이 이야기를 했다. 그리고 며칠 후 싱가포르에서 아시아·태평양 지역을 총괄하시는 회장님으로부터 전화를 받았다. 왜 이직하려고 하는지, 하고 싶은 일이 무엇인지를 물어보셨다. 그분이 한국 사장으로 근무하실 때 지방 영업사원으로 근무했었는데, 신입사원과 사장의 거리는 정말 멀었고 어려운 분이었다. 아무리 시간이 지났지만 부담감은 여전했다. 이미 회사를 떠나려고 마음먹었으니 예의는 갖추었지만, 왜 떠나려고 하는지 무엇을 하고 싶은지 등등 하고 싶은 이야기를 솔직하게 다했다. 그리고 며칠 후 회장님께서 다시 전화를 하셔서 자네가 이런 일을 찾아서 회사를 떠나려고 했으니, 현재 회사에서 비슷한 일을 맡길 테니 열심히 해 보라고 하셨다. 이미 옮길 회사의 최종 오퍼를 받아둔 상태여서 곤란했지만, 회장님의 권유를 거절할 명분이 별로 없었고, 무엇보다도 한번 해 보고 싶은 일이었다. 이런 우여곡절을 통해 한국법인을 떠나 아시아 본부로 옮겨서 새로운 일을 시작하게 되었다. 그 이후에 회장님의 직속부하(DR: Direct Reporter)가 되고 나서 편하게 이야기를 할 기회가 있었다.

"회장님, 그때는 저를 잘 모르셨을 텐데 왜 저를 발탁해서 자리를 만들어 주셨습니까?"라는 질문에 "열심히 할 사람이 필요해서."라는 간단한 답변 이후에 "DM(회사에서는 나의 영문 이니셜로 이렇게 부른다.), 신입 때 나한테 이런 기회 달라고 편지 쓴 것 아닌가?"라고 물으셨다. 그때야 기억이 났다. 10년도 훨씬 더 전인 신입 시절에 회장님이 한국 사장에서 아시아 총괄사장으로 승진하여 싱가포르로 옮겨 가실 때 짧은 손편지를 쓴 적이 있었다. "열심히 해서 사장님처럼 한국을 넘어 전 세계를 상대로 비즈니스를 해 보고 싶다. 좋은 롤 모델이 되어 주셔서 감사하다." 대강 이런 내용이었다.

왜 그런 편지를 썼는지는 기억은 잘 나지 않지만, 젊을 때 하고 싶은 일에 대한 열망의 분출이었을 것이다. 오랜 시간이 지나고도 새파랗게 젊은 신입 직원의 의지를 기억해 주시고 기회를 주신 분에게 누를 끼치지 않기 위해서, 정말 정신없이 아시아 각 나라를 누비고 다녔다. 어설픈 영어(우린 서바이벌 잉글리시라고 한다.)와 짧은 비즈니스 경험을 극복할 수 있는 것은 발로 직접 다니는 방법밖에 없었다.

특히 짧은 영어는 같은 일을 하는 데도 몇 배의 노력이 필요했다. 어학연수 한번 안 갔다 온 순수 국내파가 말하는 경상도식 영어는 넘어야 하는 엄청난 벽이었다. 전화 통화로 50%를 이해한다면 직접 만나서 이야기를 하면 70~80%를 이해할 수 있고, 긴 시간을 이야기할 수 있으니 무조건 만나는 수밖에 없었다.

그렇게 시작한 아시아 비즈니스 경험은 글로벌 사업부 총괄임원이 되는 디딤돌이 되었다. 시간이 흐르고 내가 승진을 해서 우리 팀원을 뽑을 때, 돌이켜 생각을 해 보니 예전 회장님은 엄청난 위험을 감수하시고, 아시아 비즈니스 경험이 없는 나를 발탁하신 것을 깨닫게 되었다. 이직 결심, 사표, 소문, 전화 통화 그리고 비즈니스 상황, 여러 가지의 우연이 나에게 엄청난 기회를 주었다. 물론 나의 가슴 속에 넓은 세계에서 마음껏 비즈니스를 해 보고자 하는 열망이 가득했던 것도 중요하게 작용했을 것이다. 그런 모든 것들이 어느 순간 합체되면서 어떤 돌파구를 만들어 낸 것이다. 그리고 결정적인 것은 오래 전에 쓴 편지 한 통이 인생의 전환점이 되었고 그 중심에는 사람이 있었다.

아시아 비즈니스를 오랫동안 하다가 글로벌 마케팅 임원으로 승진을 했다. 직장 생활을 하는 동안 꿈 중의 하나였던, 다국적 기업 글로벌 마케팅 임원이 되었다. 꿈을 이룬 행운아 중의 한 명이 된 것이다. 꿈은 원래 이루고 나면 별것이 아닌 것이 된다.

업무에 익숙해지고, 정신없이 세계를 돌아다니던 어느 날 GE 내에 다른 비즈니스로 옮기면 어떻겠냐는 제의를 본사 인사팀으로부터 받았다. 여기서도 결정적으로 여러 사람들이 물심양면으로 도와주어 GE의 화학 계열사인 GE Advanced Materials로 옮기게 되었다. 내부 인터뷰를 거치는 동안 케미컬 사업부에서는 케미컬 사업 경험이 전혀 없는 나를 아시아 비즈니스 책임자로 선정하는 데 강한 의구심을 표했다고 한다. 그러나 결정적으로 헬스케어에서 케미컬 사업부로 옮겨간 선배가 케미컬 사업부 CEO에게 나를 '어떤 비즈니스라도 잘할 수 있는 사람'이라고 적극 추천해 주었다. 마침내 헬스케어 비즈니스에서 케미컬 비즈니스로 옮기는 대모험을 단행한 것이다. 물론 어느 쪽이 더 좋은 결과를 만들었을지는 과거로 돌아가 양쪽을 다시 시도해 보기 전에는 모른다. 그러나 분명한 것은 모험을 통해 다양한 영역의 사업을 경험하면서 글로벌 비즈니스 전문가로서의 기본을 쌓을 수 있었다는 것이다.

내가 살아오면서 거의 모든 우연과 좋은 발전은 주변 사람들이 진심으로 도와주었기 때문에 가능했다. 지금까지 그랬고 앞으로도 그럴 것이라 믿는다. 나도 이제는 진심으로 사람들이 원하는 것을 이룰 수 있도록 도와주려고 한다. 받은 것을 돌려줄 때가 되었다고 생각한다. 그런데 진정으로 원하는 것이 있을 때 도와줄 수 있다. 그 사람 자신이 무엇을 원하는지 모르거나 원하는 것이 없다면 아무리 노력해도 도와줄 수가 없다. 결국 나의 강력한 희망과 주변의 사람들이 자석처럼 떠다니는 우연과 우연을 끌어당겨 필연으로 만들어 주는 것이다.

만나는 사람의 범위가 나의 크기를 제한할 수 있다

평일에는 거의 매일 다양한 분야에서 일하는 사람들을 만난다. 회사 직원들과는 주로 점심을 같이 하지 저녁은 잘 하지 않는다. 사장으로서 직원들과 저녁을 하고 소주도 한잔 하면 좋겠지만, 긴 저녁 시간 동안 이야기를 하다 보면 결국 업무 이야기로 흘러가거나 훈계 또는 업무 지시를 하게 된다. 그래서 예정된 행사가 아니면 직원들과 저녁 자리는 많이 갖지 않는다. 대신 다양한 분야의 사람들을 만나려고 노력한다. 유사한 업계에 있는 분, 비록 난 사업간거래(B2B) 산업에 있지만 소비재를 하는 분, 금융권에 계신 분, 전문 지식을 가진 변호사, 회계사를 만나고, 다양한 세미나를 찾아다닌다. 왜 그렇게 바쁘게 돌아다니느냐고 질문을 받기도 한다. 나는 다양하게 만나는 그분들에게 많은 것을 배운다. 만나는 분들마다 그분들의 고유한 경험과 소위 내공을 가지고 있다. 그분들께서는 기꺼이 그분들의 경험을 나누어 주신다. 이를 통해서 나는 세상 돌아가는 것을 이해하고, 좀 더 넓은 관점으로 세상을 볼 수 있다. 이런 배움은 회사를 장기적으로 이끌어 가는 데 좋은 초석이 된다.

우리 회사 직원들에게 누차 강조를 한다. 회사와 가정에 충실한 것도 중요하지만, 다양한 무엇인가를 해 보라고 권유한다. 그 이유는 직원 개개인의 다양한 경험들이 모여서 회사의 역량이 되는 것이다. 대부분의 글로벌 기업들이 다양한 전공자와 경험을 한 사람을 채용하는 것도 비슷한 맥락이다. 비슷한 경험을 가진 사람들과 비슷한 생각을 가진 직원들만 모인 회사는 발전도 없고, 편향된 판단을 범해 위험하기까지 하다.

예전에 들은 이야기 하나를 하자면, 모 대기업에서 25년을 근무한 고참 부장이 임원 승진에서 연거푸 누락을 해서 회사를 떠나게 되었다. 소위 말하는 명퇴(명예퇴직)을 하게 된 것이다. 그때 그는 회사에서 작은 소동을 부렸다고 한다. 대학을 졸업한 후 신입사원으로 입사해서 밤낮없이 회사에서 죽도록 일했고, 심지어 가족들로부터 회사와 결혼했냐는 비난을 받을 정도로 회사 일에 매진했는데, 이제 회사에서 그런 자기를 버린다는 항변이었다고 한다. 심정은 충분히 이해가 간다. 억울하고 조직에 대한 배신감으로 치를 떨 만하다. 그런데 그분의 생활을 살펴보면 아침에 일어나서 회사에 출근하고, 밤늦게까지 회사에서 주어진 일을 하다가 퇴근을 한다. 심지어 주말에도 출근을 하고, 일요일이면 피곤한 몸으로 꼼짝도 할 수 없었고, 일 년 내내 변변한 휴가 한번 갈 수 없었다. 그분이 대화하고 만나는 사람은 같은 사무실에 근무하는 회사 동료밖에 없었다. 기업의 경영 환경은 지난 25년 동안 엄청나게 변화했다. 그런데 그분은 본인의 사무실이 자기 인생의 모든 것이었다. 외부 환경 변화에 대한 이해는 전혀 할 기회가 없었던 것이다. 심지어 저녁도 같은 사무실 동료와 먹고, 회식도 회사 동료와 했다. 이런 생활환경 아래에서는 외부 환경 변화에 대한 이해는 전혀 불가능하다. 기업 입장에서는 큰 그림을 이해하는 사람을 승진시켜 임원이 되게 했을 것이다. 어찌 보면 당연한 결정이다.

그런데 안타깝게도 사회로 나온 전직 부장의 상황은 그것으로 끝이 아니다. 아직 50대 초반인데 앞으로 20년은 더 경제생활을 해야 하는데 세상에 대해서 전혀 아는 것도 없고, 이를 도와줄 친구나 지인도 없다. 대책 없는 현실이 기다리고 있는 것이다.

학교에서 강의를 할 때 학생들에게 권유하는 것 중의 하나도 이런 것이다. 도서관에서 공부를 열심히 하는 것도 중요하지만, 도서관 밖, 학교 밖에서 많은 것을 보고 배워야 한다는 것이다. 좋은 토익 점수가 당장 취업 서류 전형 통과에는 도움이 될지 몰라도, 젊은 시절 그런 시험들에만 과도하게 시간을 투자하는 것은 너무 많은 기회비용을 치르는 것임을 알아야 한다. 긴 인생을 살아가는 데 토익 몇십 점 더 받는 것보다 중요한 것이 너무 많다. 학교 밖으로 영역을 넓히기가 어렵다면 하다못해 다른 과 학생, 대학원생 등이라도 만나라고 권유한다. 우리가 만나는 사람의 범위가 나의 크기를 제한할 수 있다는 점을 이해해야 한다. 편하고 익숙하다고 매일 같은 과의 친한 친구들과 같이 공부하고, 밥 먹고, 커피 마시고, 술 마시면 그게 세상의 전부가 된다. 다양한 경험을 가진 사람들의 이야기를 듣고 배우고 나누어야 그릇이 커진다. 내가 모르는 미지의 세계에 대한 생생한 경험을 가진 사람이 들려주는 재미있는 이야기를 마다할 이유가 없다. 그런 모든 경험은 나에게 축적되어 에너지가 되는 것이다. 차곡차곡 쌓인 경험과 에너지는 긴긴 인생을 행복하게 살 수 있는 원동력이 된다.

지식과 경험이 있어야 교류할 수 있고 인맥이 생긴다

처음 누군가를 만나고 난 후 다시 만나고 싶은 사람은 누구인가? 사람은 누구나 비슷한 생각을 가지고 있을 것이다. 인격적으로 상당한 매력이 있거나, 풍부한 경험과 지식을 가지고 있는 사람을 다시 만나고 싶을 것이다. 그런 사람들은 다른 사람을 편하게 해 주고, 대화를 풍부하게 해 준다. 그렇다면 그 사람의 상대자인 나는 어떤 사람인가? 나도 과연 처음 만난 사람이 나를 다시 보고 싶어 할까? 진지하게 생각을 해 보아야 한다.

어떤 모임에서 처음 만나 명함을 교환하면서 인사를 나누고 '다시 또 뵙겠습니다.'라고 인사를 하고 헤어졌다. 그리고 다시 연락이 되어 저녁 자리를 가지게 되었다. 사회적으로 인정받는 위치에 있는 분이라서 좋은 이야기를 많이 들을 수 있을 것이라 기대를 하고 약속 장소에 나갔다. 그런데 식사를 하면서 대화를 해 나가는 동안 계속해서 고개를 갸우뚱하게 되었다. 이분의 말에는 진정성이 없고, 자기가 현재 하고 있는 일에 대한 자랑으로 일관되었고, 이 사회에서 알려진 사람들의 이름을 나열하면서 다 자기가 잘 알고 있고 부탁만 하면 모든 것이 해결될 듯 이야기를 이어나갔다. 도대체 왜 나를 만나자고 했는지 이해할 수 없었다. 정성스럽게 준비된 음식이 마치 돌을 씹는 듯 괴로운 시간이었다. 아마 2시간 남짓 이야기하는 동안 내가 말을 한 것은 15분도 채 되지 않았을 것이다.

좋은 시간이었다고 건성으로 인사를 하고 집으로 돌아오는 동안에 많은 생각을 하게 되었다. 그분은 왜 나를 만났을까? 도대체 무슨 말을 하고 싶었을까? 결론을 낼 수는 없었지만, 아마도 주변에 자기 이야기를 들어주는 사람이 없었거나, 자랑하고 싶고, 자기 이야기를 하고 싶어서 나를 만나지 않았을까 하면서 나름 결론을 내었다. 그리고 다음에 연락이 왔을 때는 다른 일정을 핑계로 정중히 만나는 것을 미루게 되었다. 그분은 또 어디에서 나를 잘 안다고 하실지도 모를 일이었다.

주변에 많은 지인들은 만날 때마다 새로운 주제와 흥미로운 이야기를 해 주고 상대방을 배려해 주어서 항상 보고 싶은 분들도 많다. 결국에는 태도와 콘텐츠가 건강한 인맥을 유지해 주는 것이다. 와인 모임에 참여하려면 와인에 대한 기본적인 이해와 경험이 있어야 서로 좋은 만남을 가질 수 있다. 야구의 게임 규칙을 모르는 사람이 야구인들 모임에 참여할 수는 없다. 나의 지식이나 경험이 상대방의 대화를 맞출 수 있어야 하고, 상대방에게 새로운 정보를 줄 수 있어야 반겨 주는 사람이 되는 것이다. 이런 기본적인 지식이나 경험이 없다면 최소한 겸손하게 열심히 들어주는 자세라도 갖추어야 한다. 많은 인맥을 찾기보다는 많은 사람들이 찾는 사람이 된다면 인맥은 저절로 구축되는 것이다. 인맥의 기본은 내가 어떤 사람인가에 달려 있다.

간절히 원하면 도와주는 사람이 나타난다

간절히 원하는 것이 있는가? 이것을 오늘 못 하고 내일 죽으면 너무 아쉬워서 눈을 감지 못할 것이 있는가? 이런 질문에 답을 할 수 있다면 살아 있는 것이다. 난 매일 살아 있으려고 몸부림을 친다. 어제와 같은 오늘, 오늘과 같은 내일을 살아가기에는 인생이 너무 짧다.

가끔 대학에 강의를 가서 캠퍼스를 걷고 있는 학생들을 보면 마음이 안쓰럽다. 지성과 낭만의 캠퍼스가 아니라, 마치 치열한 취업 전쟁터 같은 느낌 때문이다. 강의 시간보다 조금 일찍 도착하여 캠퍼스를 걸어 본다. 옛날 대학 시절을 느껴 보고 싶은 유치한 발상일 수 있지만, 학교는 항상 기분 좋은 느낌이 있는 곳이다. 학교 건물들은 예전보다 훨씬 세련되었고, 현대적으로 변모했다. 그런데 길가 좌우에 늘어선 현수막을 보면 가슴이 답답하다. 대학의 낭만보다는 취업, 면접, 회사 설명회 등의 현수막으로 가득 찬 길 양쪽을 보면 마치 경주마 트랙처럼 보인다. 앞만 보고 달리도록 설계된 트랙 말이다. 현실을 부정하고 살 수는 없으니 현실을 따라야 한다. 현실을 인정하지 않을 수가 없다는 생각에 마음이 아프다.

예전 대학 신입생 때처럼 잔디밭에서 막걸리 한잔 하면서 유치한 논쟁을 벌이던 것은 이제는 아득한 옛날이야기가 되어 버렸다. 민주주의가 어떻고, 자본주의가 어떻고, 군사독재가 어떻고 그런 것을 논할 것이라고는 기대하지는 않지만, 가장 자유로운 영혼을 가진 캠퍼스의 활기를 느낄 수가 없다. 대학 1학년부터 취업을 위해서 전력 질주하는 학생들에게 낭만을 논하는 것은 사치일 수 있다. 이렇게 만든 나를 포함한 기성세대들의 통렬한 반성이 필요한 대목이지만, 기성세대들은 오히려 어린 학생들을 경쟁으로 내몰고 있는 현실이 더욱더 안타깝다. 하지만 현실은 현실이다. 그러나 변하지 않는 것도 있다. 결국 이 세상은 나를 중심으로 돌아간다. 내가 없으면 이 세상도 없는 것이다. 그러면 나는 나를 찾아야 한다. 나를 찾는 방법은 나의 내면에 귀를 기울어야 한다. 조용히 내 마음이 하는 소리를 잘 들어야 한다. 내가 하고 싶은 것은 무엇인가? 남이 나에게 원하는 것이 아니라, 내가 원하는 것이 무엇인가를 들어야 한다. 그리고 내 마음이 원하고 말하는 대로 따라가면 최소한 후회와 원망은 하지 않는다.

대학을 졸업하자 운이 좋게도 나는 삼성에 입사를 할 수 있었다. 지금과는 비교가 되지는 않겠지만, 그때도 지방대학을 졸업해서 대기업에 취직하기가 녹록치는 않았다. 정말 운이 좋았다고 생각한다. 회사에 입사한 이후 서울 본사에서 근무를 하기 시작했다. 경상도 촌놈이 마침내 서울에서 근무를 하기 시작한 것이다. 설레는 하루하루였다. 그러던 어느 날 근무하던 회사 인사과장이 호출하여 나를 예정에 없던 부산으로 근무지 발령을 내겠다고 했다. 도저히 받아들일 수가 없었다. 당시 지방 발령이라는 것은 좌천이나 다름없었고, 입사 1년차인 나는 잘한 일도 잘못한 일도 없었다. 그런데 내가 왜 부산 지사에서 근무를 해야 하는지 신입사원인 나는 이해를 할 수가 없었다. 겁이 없던 신입사원은 부서장을 찾아갔다. 당시 영업본부장은 사실 신입사원에게는 엄청나게 높은 자리에 있는 분이었다. 그렇지만 갑자기 지방으로 발령 낸 이유를 꼭 물어보고 싶었다.

"본부장님, 왜 제가 부산을 내려가야 합니까? 입사할 때 인사과에서 서울에서 근무할 것이라고 했고, 그래서 집을 구해서 이사도 했는데 왜 갑자기 부산으로 내려가야 합니까?"

그런데 전혀 예상하지 못한 답변을 들었다.

"당신 고향이 그쪽이니 그곳에 가서 근무하는 게 좋지 않나?" "제고향은 부산이 아니라 대구입니다." "아, 그래. 그럼 고향에 가까워서 좋겠네. 거기 비슷한 곳 아닌가?"

더 이상의 대화는 필요하지 않았다. 솔직히 퇴사할까 수십 번 생각을 했었지만, 주변 선배들이 언젠가 한번은 지방 근무를 해야 되니 일찍 하는 것도 좋다는 충고를 해 주었다. 나중에 안 일이지만 사실은 누군가는 가야 하기 때문에 내가 받아들이는 것이 모두를 위해서 좋은 일이었다. 나를 위한 조언이 아니라 그들을 위한 조언이었다.

몇 날 며칠 동안 고민에 고민을 거듭하다가 일단 한번 해 보자는 생각을 하고 부산으로 가기로 결정을 했다. 부산으로 내려가는 기차 속에서 수만 가지 생각을 하였다. 고향인 대구역, 동대구역을 지나는 짧은 순간에는 도저히 마음을 가라앉힐 수가 없었다. 솟아나는 눈물을 참고 또 참고, 참았다. 마음은 참담했지만 현실을 받아들이기로 했다.

그렇게 시작한 부산 지사에서의 영업 업무는 참혹했다. 시장점유율은 꼴지에 가까웠고, 수억에서 수십억 하는 최첨단 의료 장비를 판매해야 하는데 영업 경험도 없었고, 장비에 대한 최소한의 지식을 가르쳐 줄 사람도 없었다. 단지 내가 할 수 있는 일은 고객이 될 만한 병원의 문턱이 닳도록 드나드는 일밖에 없었다. 만나 주지 않으니, 약속 없이 찾아가서 병원 대기실 구석의 딱딱한 플라스틱 의자에서 하염없이 기다리는 일이 나의 하루 일과였다. 언제 만나 줄지 모르니 그냥 기다리는 일의 연속이었다.

어떤 날은 진료실 앞에 붙어 있는 '잡상인 출입금지'라는 글귀를 하염없이 바라보다 집으로 돌아오기도 했다. 내가 잡상인인지 아닌지 정말 심각하게 고민했다. 또 어느 날은 병원 대기실에서 장비 카탈로그를 보며 하염없이 앉아 있는데, 나이 지긋한 경쟁사 영업이사가 옆에 다가오더니 나를 가소롭다는 듯이 쳐다보며 여기 병원은 우리 영업 구역이니 포기하고 돌아가라는 소리를 하였다. 어이가 없는 일이었다. 몇 분 후 코빼기도 볼 수 없었던 담당 의사가 문을 열고 나오더니 "형님 오셨습니까?"라면서 그를 방으로 데리고 들어갔다.

회사 규정상 과도하게 접대할 돈도 없었고, 인맥도 없던 신출내기 영업사원은 사면초가였다.

어느 날 최악의 사건을 경험하게 된다. 어느 병원에서 간호사한테 현관 밖으로 쫓겨났는데, "소금 뿌려라."라는 소리가 안에서 터져 나왔다. 양복 왼쪽 깃에 꽂혀 있는 삼성이라는 회사 배지가 너무 초라해 보였다. 울분을 삭이지 못한 채 회사에 돌아와 선배한테 물으니 그 병원은 몇 해 전 우리가 판매한 장비 문제로 소송을 할 만큼 상당히 관계가 나쁜 병원이었다. 그런 것도 모르고 고가의 신 장비를 팔겠다고 적진에 뛰어들었으니 신병에게는 얼마나 가혹한 상황이었겠는가.

그러나 살아남아야 했다. 이미 결혼도 했고, 갓난쟁이 딸아이도 있었다. 여기서 물러서면 다른 일을 하더라도 포기할 게 뻔했다. 새로운 시장을 개척하기로 마음을 다지고 또 다졌다. 아무도 가지 않는 지방의 작은 병원, 신축 병원을 샅샅이 뒤져서 다니기 시작했다. 워낙 자주 방문하니 병원 관계자들이 장비 살 때 꼭 연락할 테니 그만 와도 된다고 했다. 그래도 또 가고 또 갔다. 시골 인심으로 그분들은 몇 시간씩 운전해 온 나를 보고 미안해서 밥을 사 주기도 했다. 당장 장비를 구매할 예산이 없다는 것을 알면서도 그곳을 갔다.

사실은 아침에 사무실을 나서면 갈 곳이 없었다. 요즈음처럼 커피 전문점이 있는 것도 아니었고, 영업사원들의 아지트인 사우나는 죽어도 가기 싫었다. 그런데 시간이 지나고 밥 사 주던 그분들께서 종종 전화를 주셨다. 옆 동네 학교 동기 또는 선배가 근무하는 병원에 장비를 산다더라, 어디 어디에 신축 병원을 짓는다더라 하는 황금 같은 정보를 흘려주셨다. 그런 정보들은 다른 경쟁사보다 한발 앞서 영업을 시작할 수 있게 해 주었다. 영업에서는 먼저 들어가는 사람이 매우 유리한 입장에 선다. 특히 대형 장비의 경우는 건물 설계를 장비에 적합하도록 작업을 해 두면 반쯤은 이긴 게임이 된다. 몇 년이 흐르고 이제 지방이나 도심 외곽에 있는 병원들은 모두 우리 장비로 채울 수가 있었다.

영업 실적이 현격히 좋아졌지만 본사에서 나를 서울로 불러 줄 생각은 눈곱만큼도 없는 듯했다. 누군가는 지방에서 그런 실적을 만들어야 하는데 굳이 나를 이동시킬 이유가 없었던 것이다. 앞이 보이지 않는 암담한 현실이었다.

그때 미국으로 MBA를 하러 가야겠다고 마음을 먹고 시험 준비를 하기 시작했다. 그러나 지방 도시 변두리에서 전세를 살고 있던 내 형편으로는 직장을 그만두고 유학을 떠난다는 것이 현실적으로나 경제적으로나 거의 불가능한 무모한 도전이었다. 현실의 벽은 답답하기만 하였다.

그러던 차에 우연히 대학 은사님을 뵙게 되었는데 내 이야기를 들으시고는, 내가 졸업한 대학의 대학원을 다니는 것이 어떻겠냐고 권유하셨다. 사실 졸업한 대학에 별로 애정도 없었는데 다시 같은 학교의 대학원을 다녀야 한다는 것이 별로 내키지도 않았고, 부산에서 대구를 일주일에 세 번씩 수업을 들으러 간다는 것도 엄두가 나지 않았다. 그러나 무언가를 하지 않으면 계속 버티기가 너무 힘들었다. 그리고 학부에서 경제학을 전공해서, 경영학 특히 마케팅 쪽은 너무나 지식이 빈약했다. 영업을 하면서 열심히 하는 것 이외에 좀 더 잘할 수는 없을까 하는 생각은 있었지만, 공부를 해야 되겠다는 생각을 하지는 못했다.

우연히 부모님이 계시는 대구 본가에 가는 길에 학교를 들렀다가 교수님 생각에 덜컥 대학원 입학 등록을 했다. 교수님 추천도 있었고, 야간 대학원에 입학하는 것은 생각보다 쉬웠다.

일 년 동안 정말 죽도록 학교를 다녔고, 새로운 것을 배운다는 데 흠뻑 빠져 있었다. 그러나 일 년이 지난 후 장거리 통학으로 몸도 지치고, 나의 경제적 형편으로는 국내 대학원 학비마저도 너무 부담스러웠다. 주변 사람들이 쓸데없는 짓 하러 다닌다, 잘난 척한다 등등 안 좋은 소리를 많이 해서 더 힘들었다.

대학원에 계속 다니는 것을 두고 며칠 밤을 새워 고민에 고민을 하였다. 결국 그만두는 것은 아까우니 일단 휴학을 하자라는 마음으로 학교에 휴학 원서를 내러 갔다. 학교 주차장에서 아내와 몇 번을 더 고민했다. 사실 말이 휴학이지 포기하는 것과 마찬가지였다. 대학원 교학과에서 휴학원을 작성하고 있는데, 경영대학원 담당 교직원이 인사를 하면서 방학인데 어쩐 일이냐고 물었다. 휴학을 하러 왔다고 하니, 놀라면서 "다음 학기에 장학금을 받게 되는데, 휴학을 하면 장학금을 받을 수 없어요."라고 했다. "대학원에 장학금이 있어요?" "네, 전공학과에 일등을 한 학생 한 명은 장학금을 받아요." "정말 휴학하시게요?".

일단 등록금을 면제받는다는 말에 휴학원을 쓰던 볼펜은 거기서 멈추었다. '그래 이건 나에게 죽을 때까지 해 보라고 누군가가 신호를 보내는 것이다.'라는 생각에 작성하던 휴학원을 찢어 버리고 돌아왔다. 항상 세상이 나를 힘들게만 하는 것은 아니구나. 이렇게 세상이 나를 도와주기도 하는구나 하는 긍정의 빛을 보았다.

나는 아직도 새마을호 기차(당시에는 KTX가 없었다.)의 도시락을 잊지 못한다. 일주일에 세 번씩 부산에서 대구로 통학을 할 때 저녁밥 먹을 시간이 없었다. 저녁밥을 먹을 수 있는 유일한 시간은 부산에서 대구로 가는 1시간 남짓 기차를 타는 시간뿐이었다. 이때를 놓치면 밤 12시까지 주린 배로 지내야 했다. 기차를 타자마자 식당 칸으로 가서 제일 싼 도시락 하나를 사서 먹으며, 리포트를 쓰고 논문을 읽다 보면 금세 동대구역에 도착했다. 그래서 나는 지금도 그때 질리도록 먹은 도시락을 별로 좋아하지 않는다. 어쩌다 도시락을 먹으면 잘 체하는 징크스를 가지고 있다.

무사히 대학원을 졸업하고, 마침내 서울로 발령을 받았다. 서울에 있던 동료 중에 죽어도 부산에서 근무하고 싶다는 사람이 있어 이번에는 서울로 밀려 올라왔다. 과정에 상관없이 나에겐 행운이었다. 서울 영업팀에서 근무하고 있을 때, 본사 마케팅팀에 결원이 생겼는데, 회사의 특성상 경영학을 전공한 사람은 경리, 회계 부서원을 제외하고는 거의 전무한 상태였다. 당연 경제학 전공에 대학원에서 경영학을 공부하고, 영업 현장을 경험한 나를 마케팅 부서로 추천해 주었다. 어렵게 다닌 대학원이 이런 기회를 줄지는 꿈에도 생각하지 못했고, 마케팅 부서에서 일하게 될 줄은 전혀 생각을 못했던 내게 엄청난 기회가 온 것이었다. 나 스스로 축복이라고 생각했다. 대학 은사님, 대학원 교직원, 대학원 동기생, 모든 분들이 나에게는 은인이었던 것이다. 심지어 나를 힘들게 하던 사람들도 다 고맙게 느껴졌다. 대학원에서 죽도록 공부한 마케팅을 드디어 실무에 써 볼 기회가 온 것이다. 견디는 힘이 나에게 뜻하지 않은 길을 열어 주었다.

포기하지 않는 한 원하던 일은 언젠가는 이루어진다

고등학교 졸업 전 대학입학 학력고사를 칠 때 나는 불어불문학과에 지원을 했었다. 왜 불문과를 가려고 했는지 정확한 동기는 기억나지 않지만, 작가가 되거나 프랑스 유학 후 교수가 되려고 하는 막연한 동경이 있었던 같다. 고등학교 때 독일어를 제2외국어로 해서, 불어를 전혀 몰랐지만 불어불문과에 지원을 했다. 합격할 만큼 성적은 넉넉했고, 담임선생님도 아무런 의견이 없이 알아서 하라고 했다. 부모님도 무관심했는지 아니면 아들의 의견을 존중했는지 아무런 이견 없이 원서를 냈다. 그런데 답을 한 칸씩 내려서 기입하는 실수를 한 것도 아닌데 어떤 이유에서인지는 모르지만 어이없이 시험에서 떨어지고 말았다. 아무런 생각을 할 수가 없었다.

입시에 떨어지고 재수 학원을 다니고 있는데, 사악한(?) 우리 담임선생은 학교의 대학 합격률 상승, 후기 전형 수석입학 가능성 그리고 장학금 등의 사탕발림으로 후기 전형 시험을 한번만 쳐보라고 유혹했다. 물론 합격만 하고 안 다녀도 된다는 말도 잊지 않았다.

아버지 몰래 후기 입학시험을 보러 버스를 타고 머나먼 캠퍼스로 시험을 치러 갔다. 상경대, 법대만 후기 전형 학생을 선발해서 꿈에도 생각하지 않았던 경제학과에 시험을 쳤다. 합격해도 전혀 다닐 생각은 없었지만, 생각지도 못한 여러 가지 상황으로 나는 그 학교를 다녀야만 했다. 그래서 난 얼떨결에 생각지도 않았던 경제학도가 되었다. 운명의 장난이라는 것이 이런 것이다라고 보여 주는 듯했다.

중국 상하이에 주재하면서, 아시아 비즈니스 총괄을 하고 있을 때 엄청난 양의 출장을 다녔다. 여느 때와 같이 비행기에 올라서 좌석

앞주머니에 있는 기내 잡지를 뒤적이고 있는데, 프랑스 그르노블 경영대학원에서 경영학 박사과정 학생을 선발한다는 한 페이지 광고를 보았다. 잡지를 앞 포켓에 다시 꽂아 두었는데 마음이 요동치기 시작했다. 프랑스, 20여 년 전 내가 그렇게 가고 싶어 했던 프랑스. 마치 꿈을 꾸는 듯이 마음은 이미 프랑스에 가 있었다. 잡지를 다시 꺼내어 슬며시 광고 페이지를 찢어 냈다. 몇 번을 접어서 안주머니에 넣어 두었는데, 그 한 장의 종이가 나의 가슴을 계속 흔들어 대는 듯했다. 출장길에 수없이 꺼내 보았다. 프랑스 캠퍼스에 서 있는 내 모습이 너무나 생생했다. 출장에서 돌아와서 학교에 연락을 했더니, 마침 경영대학장이 상하이에 출장을 와 있다고 원한다면 면접을 보게 해 주겠다고 했다. 결국 프랑스행 비행기에 몸을 싣고, 파리에서 TGV(프랑스의 고속열차)를 타고 이름도 들어보지 못한 프랑스 남부의 그르노블로 달리게 된다.

내 마음속에는 20년이 넘도록 프랑스가 있었던 것이다. 머리로는 잊었는지 모르겠지만, 내 가슴속에는 그 불씨가 살아 있었던 것이다. 20대의 새파란 청년이 서 있고 싶어 했던 그 프랑스에 흰머리가 듬성듬성한 40대를 바라보는 비즈니스맨이 그르노블 역에 내렸다. 힘들고 기나긴 박사과정이었지만, 그 과정에서 내가 얻은 가장 큰 것은 박사학위가 아니라 원하는 것을 잊지 않고 살면 반드시 한 번은 기회가 온다는 것이다. 언제 어디서 올지는 모른다. 그러나 잊는 순간 그 기회는 영원히 사라진다. 잊지 않으면 반드시 내 곁에 온다. 그 때 움켜쥐어야 한다.

한국 GE에서 아시아 본부로 일을 옮긴 후 처음 맡은 일은 유럽의 오스트리아에 있는 회사 인수 작업이었다. 내가 합류했을 때는 이미 인수 작업이 거의 마무리가 되어 가고 있었고, 인수한 비즈니스를 어떻게 빨리 기존 GE비즈니스에 합병하는가 하는 작업만 남아 있었다.

나는 인수한 회사의 아시아·태평양 비즈니스를 책임지게 되었다. 사실 말이 비즈니스 책임자(GM)의 역할이지 아무것도 없는 백지 상태였다. 기존 GE팀들은 신규 비즈니스에 별로 관심이 없었고, 기존 회사의 조직도 없었다. 소위 맨땅에 헤딩이라고 이야기해야 될 것 같았다. 우리에게는 돌파구가 필요했다.

각 나라의 대리점을 정비하고 기존 GE팀과도 통합을 위해 미친 듯이 뛰어다니고 있었다. 그런데 다른 지역과는 달리 유독 동남아시아에서 어려움을 겪고 있었다. 인수한 회사의 브랜드 인지도도 약하고, 기존 팀의 지원이 없으니 성과가 잘 나오지 않았다. 특히 인도네시아에서 반드시 해야 하는 계약 건이 있었는데 진도가 나가지 않았다. 아무리 현지 직원들을 독려해도 정체 상태였다.

어느 날 인도네시아 대리점 사장으로부터 급한 전화가 왔다. 결정권을 쥐고 있으면서도 거의 만날 수가 없었던 의사로부터 만나겠다는 연락이 왔다는 것이다. 그런데 문제는 병원이 있는 인도네시아 수도 자카르타가 아니라 산속 휴양도시 어디에서 만나자는 연락이 왔는데 와서 도와줄 수 있겠는가라는 내용이었다. 지도를 보아도 도대체 어딘지 알 수가 없었다. 일정을 고려해 볼 때 가야 할지 말아야 할지 엄청난 고민이 되었다.

일단 가겠다는 답변을 하니, 인도네시아 수라바야(Surabaya; 인도네시아 제2의 도시)에 오면 그때 현지 직원들이 나와 같이 이동할 것이라고 했다. 너무나 설박한 계약 건이어서 모든 일정을 취소하고 자카르타행 비행기에 몸을 실었다. 현지에서 알아서 잘 처리하라고 하고 물러나 있기에는 한 건의 계약이 너무 절박했다.

자카르타에 도착을 하니 열대 폭풍이 몰아쳐 대부분의 비행기가 취소되었고, 바깥은 앞이 보이지 않을 정도의 폭우가 내리고 있었다. 자카르타에서 수라바야로 가는 국내선 비행기는 기약 없이 지연되고 있었다. 저녁 시간이 지나고 현지인들은 탑승을 포기하고 공항을 떠나기 시작했다. 그러나 나는 갈 곳이 없으니 마냥 기다리는 수밖에 없었다. 최악의 경우에는 공항 대합실에서 밤을 새워야 했다.

국내선 공항에는 아무런 시설도 없었고, 밤은 깊어 갔다. 대합실에 사람은 점점 줄어들어 몇몇이 남아 있을 뿐이었다. 마침내 비행기가 출발한다는 방송이 나오고 탑승을 시작했다. 마지막까지 남아서 탑승한 승객은 3~4명이 고작이었다. 승무원 숫자가 훨씬 많았다. 비행기에 탑승을 하니 상당히 큰 비행기였다. 폭풍우 중이지만 이 정도 비행기라면 안심이라고 생각했다. 탑승 후에도 하염없이 기다리다가 드디어 이륙 허가가 나고, 비행기가 움직이기 시작했다. 승무원들은 필요한 것이 없냐고 물어보고 일찌감치 사라졌다. 승객이 없으니 어디선가 쉴 요량이었던 것 같았다.

비행기가 이륙하는 동안에도 폭우는 계속되고 사방에 번개가 번쩍거리고 있었다. 이륙 후 기내는 거의 소등 상태였고, 나도 긴장을 풀고 잠을 청하고 있었다. 불 꺼진 비행기 내부는 마치 유령의 집 같았다. 작은 붉은 불빛들만 보이지 암흑이나 마찬가지였고, 창밖에는 번쩍이는 번개만 보였다. 비행기는 쉴 새 없이 좌우 상하로 요동치고 있었다. 갑자기 엄청난 충격이 느껴진 후 비행기는 급격히 하강하기 시작했다. 피가 모두 머리로 쏠리는 듯했고, 내 엉덩이와 발은 공중에 떠 있었다. 순간 죽음의 공포를 느끼기에 충분한 시간이었다. 그리고 잠시 후 기장은 엔진에 문제가 생겼다는 기내 방송을 했고, 자카르타로 회항을 해야 한다고 했다. 얼마 지나지 않아 한 개의 엔진에 문제가 있으나, 나머지 엔진에 문제가 없어 다시 수라바야로 향한다고 방송을 했다. 수라바야 공항에 랜딩할 때까지 엄청난 공포를 견디어 내야 했다. 이를 계기로 상당히 큰 액수의 생명(재해)보험을 들었다. 언제 죽을지 모르고, 이렇게 길에서 혹시 죽음을 맞이하더라도 가족들이 편히 살 수 있도록 해 주어야 한다는 생각이었다.

수라바야 공항에 도착하니, 공항에서 현지 직원들이 장시간 기다림에 지친 초췌한 모습으로 나를 맞아 주었다. 이미 자정을 훌쩍 넘긴 시간이었다. 미리 준비된 승용차를 타고 급히 칠흑 같은 어두운 거리를 달리기 시작했다. 한참을 달린 후 갑자기 차에서 내리라고 했다. 난 깜깜한 밤에 어리둥절해졌다. 순간 혹시 반군이 있는 지역은 아닌가? 납치되는 것은 아닌가? 순간 별의별 생각을 다 하게 되었다. 서투른 영어로, 길이 험한 산길이어서 따로 준비된 4륜구동 SUV로 갈아타고 간다고 했다. 비몽사몽 간에 엄청나게 흔들리며 산길을 또다시 내달렸다.

드디어 새벽 무렵이 되어 자그마한 호텔에 도착했다. 체력이 바닥난 상태였지만, 안전하게 도착을 했다는 안도감이 밀려 왔다. 그리고 이내 현지 직원은 내가 만나려고 한 고객이 로비의 바에서 기다리고 있다고 했다. 그 고객은 유럽계 의사로 인도네시아에서 꽤 큰 병원 체인 소유주의 사위였다. 그는 불면증으로 밤을 지새우고 있던 중이었다. 완전히 초췌한 몰골로 그와 대화를 시작했다. 거의 밤을 새워 머리가 맑지 못했고 상대방이 초면이라 긴장감은 절정에 달했지만,

의외로 대화는 싱겁게 끝났다. 그가 제시한 조건은 내 권한에서 쉽게 들어줄 수 있는 것이었고, 오히려 우리가 협조 요청을 해야 될 사항도 많았다. 그런데 왜 여기까지 오라고 했을까? 궁금했지만 많은 생각을 하기에는 너무나 피곤했다.

날이 밝아지기 시작하고 호텔방으로 돌아와 샤워하고, 아침 커피를 하기 위해 로비로 내려가는 길에 그 고객을 다시 만났다. 같이 커피를 하면서 이런저런 이야기를 나눴는데, 그는 까다로운 조건을 협상하려는 것이 아니라, 글로벌 회사인 GE에서 자기를 어떻게 대우하는가를 시험해 본 것이었다. 일단 아시아 사업부 책임자가 그곳까지 자기를 찾아왔고, 흔쾌히 자기 조건을 들어준 데 대해 흡족해했다. 그리고 기대했던 계약은 자카르타에서 돌아가서 할 테니 직원을 보내라고 했다.

그 이후 그 고객은 동남아시아 곳곳을 뛰어다니며 우리 장비 홍보를 위해서 세미나를 해 주었고, 이는 엄청난 직간접적인 광고, 홍보가 되었다. 우리 영업이나 마케팅 직원보다 훨씬 많은 역할을 해 주었다. 이를 계기로 우리는 동남아시아에서 발판을 마련할 수 있었다. 만일 내가 어떤 이유에서든지 그날 그곳을 가지 않았다면, 우리에게 동남아시아는 영업 환경이 어려운 지역으로 남아 있었을 것이고, 두고두고 비즈니스의 발목을 잡았을 것이다. 순간의 결단과 실행이 나를 수렁에서 구해 준 것이다.

할까 말까 망설일 때는 하는 것이 정답이다. 그래야 후회를 적게 한다. 나는 이를 계기로 할까 말까의 망설임이 있을 때, 이유가 정당하다면 무조건 하고 본다. 복권을 사야 복권에 당첨될 확률이 0.0001%라도 있는 것이다.

실행하는 힘을 가져야 한다. 작은 것부터 실행하는 연습이 필요하다. 안 되는 이유, 못 하는 이유 100가지는 쉽게 설명할 수 있다. 그러나 주변을 둘러보면 내가 원하던 것을 이미 해 보았거나 실행하고 있는 사람들이 많이 있다. 작지만 다른 점은 그들은 했고 난 생각만 한다는 것이다. 정말 간절하다면 할 수 있는 힘이 나온다.

일상에서 생각하는 힘을 키우면 통찰력이 생긴다. 그리고 이런 통찰력은 상황을 정확하게 파악하게 하고 예측할 수 있는 능력을 준다. 또한 내가 진정으로 원하는 것을 분명하게 해 주는 기본이 된다. 확고하게 원하는 것을 품고 있다면, 누군가가 나타나서 도와주고, 작은 실행이 원하는 것을 얻을 수 있게 해 준다. 이런 과정들이 반복된다면 어떤 상황에서도 자기가 원하는 삶을 살아가는 지름길이 될 것이다. 남이 원하는 삶이 아니라 나의 삶을 살아가는 것이다. ✿

선택의 순간:
임계점과 변곡점에서

최영구

저자 최영구는 서울대학교 토목공학과를 졸업하고 고려대학교 공학대학원에서 강구조공학(剛構造工學)을 전공했다. 정치적으로 암울했던 1982년에 대학에 입학했고, 사회적 의식에 눈을 떠 빈번한 학내 시위의 단골 참가자가 되었다. 1980년 발생한 광주민중항쟁의 진실을 알게 되면서 그 당시 많은 사람들이 그랬듯이 본격적으로 학생운동에 투신하여 활동했다. 대학 3학년 때 공과대학 학생회장을 하였고, 당시 간선제였던 학생회를 직선제인 민주적인 학생회로 이관하는 데 나름의 기여를 했다. 대학 4학년때 민주화라는 시대적 과업에 기여하겠다는 일념으로 서울 시내 5개 대학과 연합하여 73명의 학생들과 함께 서울 미문화원을 점거하여 3일간 농성을 한 주동자 중의 하나였으며, 그 결과 2년여간 감옥살이를 하여 부모님의 마음을 아프게 했다.

이후 복학하여 간신히 대학을 졸업하였고, 이런저런 운명으로 건설회사 근무, 중소기업 CEO 등을 하다가 현재의 라이카 지오시스템즈 코리아(유) 대표로 2004년부터 근무하고 있다. 업무상 필요에 의해 측량 및 지형공간 정보 기술사를 취득하였고, 자녀는 1남 1녀를 두고 있다. GCCA에서는 네트워크분과 위원장으로 활동하고 있다.

라이카 지오시스템즈 코리아(유)는 스위스에 본사를 두고 있으며, 200년 전통의 기술력을 가진 스위스 라이카 지오시스템즈의 한국 지사이며, 최고의 정밀함과 정확도를 가진 측량 및 측정 장비를 국내에 공급하고 있다. ❀

민주화 운동의 격랑을 넘어 세상을 만나다

"스님 30년 만에 뵙네요. 그동안 잘 지내셨습니까?"

어색한 합장을 하면서 30년 만에 재회한 옛 동지는 아담한 절간의 주지스님이 되어 있었다. 서울미문화원 점거농성사건 30주년을 맞이하여 이제는 50줄을 넘어선 옛 친구들과 광주 국립5·18민주묘지를 참배한 후 전남 화순의 용암사를 방문하여 그동안 잊혔던 옛 동지인 중현 스님을 오랜만에 재회한 감회는 모두가 남달랐다. 대부분 생활인으로 나름 열심히 살아가는 다른 사람들과는 달리 중현 스님은 교도소 생활 후 노동운동가를 거쳐 출가를 결심한 후 연락을 끊었기 때문에 그동안 소식을 듣지 못했었다. 그런데 우연하게 30주년 기념행사 장소인 광주 부근의 사찰에 주지스님으로 계시다는 소식을 행사 전날 알게 되어 감격적인 조우를 하게 된 것이다. 우리는 이런저런 얘기꽃을 피우면서 그동안의 세월을 다시금 돌아보게 되었다. 예전에는 같은 뜻을 가졌지만 세월이 만든 굴곡이 참 다양하구나 하는 생각을 다시 한 번 하게 되었다.

"군사독재 정권을 효과적으로 타격하려면 광주학살의 배후에 있는 미국을 공략하는 게 좋겠다. 그러면 미국이 군사정권을 지지하는 연결고리를 끊을 수 있고, 광주학살을 보다 더 많이 국민에게 알리는 좋은 계기가 될 수 있다. 이는 민주화를 앞당기는 분명한 한걸음이 될 것이다."

1985년 초 서울대학교 부근에서 당시 함운경, 홍성영, 장영승과 더불어 학생운동 4년을 어떻게 마무리할 것인가를 논의하고 있었다.

당시 학생운동을 하던 나름 골수분자들은 4학년이 되면 시위 주동자가 되어 구속되는 것을 관례처럼 여겼고, 이는 우리가 원해서가 아니라 시대가 우리를 그렇게 만든 것이었다. 당시 광주 민중항쟁은 광주사태, 좌익분자에 의한 소요, 소수 극렬분자에 의한 폭동 등으로 그 실체가 철저히 숨겨져 있었고, 다양한 경로를 통해 알게 된 진실은 실로 충격적인 것이었다.

미국은 당시 미군의 통제하에 있던 한국군 이동을 묵인 방조하여 대량 학살의 빌미를 제공하였고, 이후로도 군사정권을 지지하는 입장에 있었다. 이를 알리기 위해 의기투합한 우리는 연세대, 고려대, 성균관대, 서강대와 대학 연합으로 거사를 하기로 논의하였다. 미 대사관 점거를 먼저 논의했으나 경계가 삼엄하여 자칫 점거 자체가 실패할 수 있다는 우려가 있어 상대적으로 느슨한 서울미문화원을 점거하기로 결정하였다.

이후로 약 한 달 동안 집에 들어가지 않고 계획을 점검했고, 거사일을 5월 22일로 정하였다. 거사일 하루 전 현장 답사를 갔던 나는 갑자기 경비 병력이 늘어난 것을 보고 우리의 계획이 누설되었을 가능성을 제기하여 점거 계획 취소를 심각하게 고려하게 되었다. 한 달 동안의 계획이 물거품이 될 거라는 생각에 매우 허탈한 순간이었다. 그러나 신문을 보니 북한의 적십자단이 방한해서 맞은편 소공동 롯데호텔에 머물고 있는 게 확인되었고, 이 때문에 경비가 강화되었다는 결론에 도달했다. 논의 끝에 하루 뒤인 5월 23일 거사를 다시 강행하기로 결정하였다.

운명의 1985년 5월 23일. 서울대, 연세대, 고려대, 성균관대, 서강대 5개 대학 연합 73명의 학생이 서울 미문화원을 일시에 점거하여 농성을 시작하였다. "광주학살 책임지고 미국은 공개 사과하라."라는 슬로건을 걸고 3일간 농성을 하게 되었는데, 우리의 기대 이상으로 파장은 매우 컸다. 연일 신문지상의 톱을 장식했고 광주민중항쟁은 전 국민의 관심사가 되었다. 72시간의 단식 농성 후 어느 정도소기의 목적을 달성했다는 판단과 경찰이 강제 진압할 경우 저항하는 과정에서 폭도로 매도될 수 있다는 생각, 북한이 우리를 이용할수도 있다는 생각 등 장시간의 토론 끝에 자진 해산하기로 결정하였고, 그렇게 거사를 끝내게 되었다. 그 이후는 예상하듯이 구속과 기나긴 교도소 생활이 우리를 기다리고 있었다.

"학생, 곧 나갈 것 같아."

담당 교도관이 불현듯 나타나서 조용하게 말을 건넨다. 밖에서는 서울대 박종철 고문치사사건, 경찰 최루탄에 의한 이한열 열사 사망사건 등이 있었다는 사실을 어렴풋이 들어 알고 있었고, 당시 전두환 대통령의 4·13호헌조치에 반발하여 전국적으로 6월민주대항쟁이 벌어지고 있다는 소식도 대강은 들려왔다. 결과적으로 노태우 후보는 6·29선언을 하면서 직선제 개헌을 받아들일 수밖에 없는 상황에 처하게 되었고, 부수적으로 정치범 석방을 결정하게 된다.

서울고법에서 3년형을 선고받고 강릉교도소에서 복역 중이던 나는 아직 형기가 1년 정도 남아 있는 상황에서 역설적으로 저항의 대상이었던 군사정권의 후계자에 의해 풀려나게 되는 상황을 맞이하게 되었다. 이후 실제로 출소하기까지의 약 2주간은 정말 군대 말년처럼 시간이 가질 않았다. 2년여를 지내 온 교도소 생활이 주마등처럼 머리를 스쳐 갔고, 때론 나의 나약함에 좌절하기도 하고 때론 분

노에 잠을 못 이루기도 하는 고된 생활이 곧 끝난다고 생각하니 이제 무엇을 갑자기 해야 할지 혼란스러웠다.

몇백 권의 책을 벗 삼아 살아온 2년 동안, 나름대로 책 속에 있는 세상은 대충 다 알았다는 자만심도 있었는데, 현실이 닥치니 막상 준비가 안 된 자신을 발견하게 되고 스스로 흠칫 놀랐다. 약 2주 후 부모님께서 강릉으로 오셨고, 1987년 7월 가석방 출소를 하게 되었다. 2년 만에 보는 바깥세상의 햇빛은 눈이 부셨다. 강릉 버스터미널에서 부모님과 함께 고속버스를 타고 서울로 향하였다. 대관령 고개를 굽이굽이 오를 때 도로변에 피어 있는 아름다운 꽃들을 보며 결국 나는 참았던 눈물을 터뜨리고 말았다.

인생은 자기 맘대로 잘 안 된다

나는 사실 글로벌 기업의 한국 대표라는 자리에 잘 어울리지 않는 사람이다. 글로벌 기업 한국 지사의 대표 정도가 되려면 보통 MBA 정도는 해야 하고, 외국에서 공부한 유학파이거나 어떤 계기로 외국과의 인연이 있는 사람이 하는 경우가 많다. 글로벌 기업에서 다양한 경력을 쌓으면서 경쟁에서 살아남아야 하며, 대표가 되기 위한 운도 어느 정도는 따라 줘야 한다. 외국어를 유창하게 잘하는 것은 물론 기본이며 외국 문화도 잘 알아야 하고 커뮤니케이션 스킬, 프레젠테이션 스킬이 출중해야 한다. 나는 이것들과는 다소 거리가 먼 사람이다.

오히려 글로벌 기업을 적대시하는 환경에서 대학 생활을 보냈으며 기업에 대한 관심보다는 역사, 체제, 국가, 민주주의에 대한 담론을 더 즐겼다. 그래서 아직도 가끔가다 나의 정체성에 의문을 가질 때가 있고, 내가 너무 현실에 적당히 타협하고 사는 게 아닌가 하는 자괴감이 들 때가 있다. 학생운동으로 2년여를 교도소 생활을 하고도 이후 이 경험을 한국 사회에 더 기여할 수 있는 방향으로 개인을 승화시키지 못했다는 죄책감이 아직도 있으며, 그러기에 이 글을 쓰는 내내 과연 내가 자격이 있을까 주저했다.

현실적으로 별로 내세울 게 없기 때문에 난 스스로 내 자신의 부정적인 면을 많이 보게 된다. 나 같은 사람의 희생이 있었기에 그나마 이 정도 민주화된 세상에 살고 있다는 알량한 자부심도 있지만 사회운동을 이런저런 이유로 포기하게 되는 과정, 건설회사 취업과 현장 생활, 아는 분을 모시고 작은 건설 회사를 창업했다가 망하는 과정, 중소기업 CEO를 잠시 하다가 소유주가 고의부도를 내는 바람에 어려운 생활을 했던 몇 년간의 과정, 그리고 현재의 글로벌 기업 대표를 하게 되기까지의 인생을 뒤돌아보면 결코 순탄하게 살아오지만은 않은 것 같다.

우리 사회는 아직도 많은 불편한 진실을 갖고 있으며 최근의 세월호 사건을 보면서 우리 사회가 아직도 멀었구나 하는 생각에 눈물도 많이 흘렸다. 그리고 그 와중에 사회에 별로 기여한 것도 없이 나 혼자 그냥 먹고 살았구나 하는 생각에 불편한 적도 많았다. 하지만 그런 경험 속에서 국내 기업 또는 글로벌 기업에서 앞으로 꿈을 펼칠 젊은 사람들에게 그나마 약간의 도움이라도 될 수 있다면 다행이라는 생각으로 이 글을 쓰게 된 것이다.

많은 사람들이 얘기하듯이, 인생은 자기 맘대로 잘 안 된다. 자기가 가고 싶다고 그 길로 꼭 갈 수 있는 것도 아니며 가기 싫어도 가야 할 길이 있다. 살다 보면 임계점과 변곡점이 있을 때가 있다. 임계점이란 어떤 온도가 되면 물이 갑자기 끓듯이 어떤 일을 꾸준히 하다가 그 결과 다른 상태로 변화하는 것이다. 승진을 하거나 더 좋은 회사로 이직하거나 하는 게 그 예일 것이다. 변곡점은 어떤 일을 하다가 다른 일을 하게 되는 경우일 것이다.

나는 임계점과 변곡점을 다 겪은 것 같고, 사실 내가 글로벌 기업에서 일하게 될 줄은 별로 생각해 본 적이 없다. 그런데 그동안 감추어져 왔던 나의 내면의 소리에 귀 기울이고 이를 통해 이걸 받아들여야 한다는 생각이 든 이후 이 일에 최선을 다해야겠다고 다짐하였다.

주변의 사람들을 관찰하다 보면 어떤 사람은 별로 똑똑하지도 않고 성격도 좋은 편이 아닌데 운이 좋거나 줄을 잘 잡아서 승승장구하는 사람이 있다. 반면 정말 똑똑하고 인간성도 좋으며 통찰력이 있는 아까운 사람인데도 세속적으로 잘 안 풀리는 사람도 많은 편이다. 임계점과 변곡점에서 어떤 선택을 하느냐에 따라서 삶은 많이 달라지는 것 같다. 불행한 것은 이 상황에서 이것이 정말 내가 갈 길인지 아닌지를 판단하기가 어렵다는 데 있고, 자신 이외에는 누구도 그 답을 줄 수가 없다는 것이다.

자기를 관찰하는 것이 힘이다

인생이 맘대로 안 된다는 전제하에, 그럼 이런 불확실성 속에서 어떻게 살 것인가 하는 문제가 늘 우리의 고민이다. 강릉교도소의 독방 생활에서 내가 할 수 있는 것은 책을 읽는 것뿐이었다. 사회과학 서적을 시작으로 한국 사회의 방향성을 찾기 위해 노력했고, 이를 위해 내가 할 수 있는 일이 무엇일까 고민했다. 하지만 내가 읽고 싶었던 사회과학 서적은 대부분 반입이 금지된 불온서적(?)류였기 때문에 나의 탐구생활은 한계가 있었다.

1년이 채 못 되어 슬슬 이런 것들이 지겨워지기 시작했다. 그때부터 문학서적을 주로 읽기 시작했고 이것은 또 다른 세계였다. 사회과학 서적에서 보지 못했던 인간에 대한 탐구란 주제를 새로 발견한 기분이었다. 고전에서부터 시작해서 현대 소설까지 닥치는 대로 읽었다. 어느 정도 시간이 흐르자 미술사 예술사가 더 재미있어졌고 좀 더 지나자 만화와 무협지가 제일 재미있어졌다.

대충 다양한 서적을 섭렵해 나가면서 자연스럽게 '그럼 나는 어떤 인간일까? 나의 존재 이유는 무엇일까? 나는 나를 제대로 알고 있는 걸까? 진짜 내가 좋아하는 것은 무엇일까? 나는 어떻게 살아야 할까?' 등등을 고민하게 되었다. 누구 하나 같이 토론할 사람 없는 독방 생활에서 거의 절대 고독과 마주하면서 나의 내면을 탐구하느라 시간을 보내는 일이 잦아졌다. 필기도구가 허용되지 않았기에 나는 그런 생각들을 머릿속에 하나하나 정리하면서 기억할 수밖에 없었다. 지금 생각하면 그때의 나의 내면 탐구가 나의 인생에 정말 도움이 되었다는 생각이 들 때가 많다.

겉으로는 일이 잘 안 풀릴 때가 많지만 자기를 잘 관찰해서 자기가 어떤 사람인지 어느 정도라도 파악하고 있으면 문제를 해결하고 길을 찾는 데 도움이 될 수 있다. 나는 이제 사회에 막 진출하려는 사람들에게 외적인 스펙과 능력을 쌓는 것도 중요하지만 자기에게 끊임없이 질문을 하면서 자기를 잘 관찰하고 이를 스스로 정리하는 것도 매우 중요하다고 얘기하고 싶다. 그것이 고도의 철학적 개념이든 천박한 이기주의이건 중요하지 않다. 이건 누가 해 줄 수 있는 게 아니고 자기만이 할 수 있는 일이다.

이렇게 자기를 정리하고 주변 사람들에게도 그런 인식을 심어 주면 그들이 나를 이해하게 되고 그래야 기회가 왔을 때 그 기회를 잡을 수 있는 확률이 많아진다. 사업 얘기를 좋아하는 사람을 만나면 자연스럽게 사업 얘기를 하게 되고, 노는 것을 좋아하는 사람을 만나면 어떻게 같이 잘 놀까 고민하게 된다. 그러다 보면 외연이 확대되어 사업의 기회, 또는 놀 기회가 더 많아진다.

일반적으로 행복한 사람이란 자기가 진정으로 좋아하는 일을 하면서도 어느 정도의 사회적, 경제적, 도덕적 인정을 받는 사람이라고들 얘기한다. 글로벌 기업 CEO 중에서 사회적, 경제적 혜택을 많이 보는 사람이 꽤 있겠지만 자기와 맞지 않아서 고민하는 사람도 없지 않으며, 이 경우 만족도는 현저히 떨어진다. 반면 자기가 너무 좋아하는 일을 하고는 있지만 사회적으로 인정받지 못하거나 물질적으로 너무 궁핍해서 고민하는 사람도 없지 않다. 어떤 경우이건 마음대로 안 되는 인생의 여러 변곡점에서 중심을 잡고 헤쳐 나가려면 자기 성찰이 반드시 필요하다고 생각한다.

상대방을 잘 관찰하는 것은 더 큰 힘이다

나를 관찰하는 것을 넘어 상대방을 잘 관찰하는 것도 필요하다.

나는 각종 회의나 협상 테이블 등에서 상대방의 얘기를 듣고 우선은 이해를 하려고 노력한다. 의견이 분분할 때도 많고 자기 입장만 고집하는 사람도 더러 있지만 그럴수록 저 사람은 왜 저런 생각을 하게 됐을까 그 배경을 궁금해한다. 그리고 그 입장에서 역지사지로 생각하고 그 사람의 입장을 이해하려고 노력한다. 사실 이게 말이 쉽지 실천은 쉽지 않다. 그러나 그렇게 하다 보면 윈-윈 할 수 있는 해법이 불현듯 떠오를 때가 많다. 과거에 나는 다른 사람을 어떻게 하면 설득을 잘할 수 있을까, 어떻게 하면 내 주장을 관철할 수 있을까를 더 많이 연구했다. 하지만 어느 순간 그것이 매우 잘못된 것이었다는 생각을 하게 되었다. 사람은 누구나 다 다른 사람으로부터 인정받고 싶어 한다는 데일 카네기의 말도 있듯이, 그 사람의 의견을 마음속으로부터 인정하는 순간부터 대화는 시작되어야 한다. 그 사람을 제대로 인정하려면 상대방을 관찰하지 않으면 안 된다.

자녀 교육에도 이런 방법을 사용하여 어느 정도 효과가 있었다고 나는 생각한다. 사실 직장 생활을 하면서 잦은 저녁식사와 술자리 때문에 자녀를 관찰할 시간이 많지 않다. 그게 지속되면 자녀와 대화가 단절되는 지경에까지 이르는 경우가 많다. 나는 나 나름대로 자녀를 관찰했으며, 자녀들이 무엇을 좋아하는지 어떤 성향을 가지고 있는지 꾸준히 의식적으로 관찰했다. 술자리가 끝나고 늦게 귀가를 해도 자녀와 함께 할 틈새 시간이 되면 오늘 누구를 만났고, 그 사람을 관찰해 보니 이러저러한 생각을 하고 있으며, 장단점은 이러저러하더라는 얘기를 시작으로 우선 흥미를 갖게 했다. 그리고 자연스레 내가 관찰한 자녀의 성향에 대한 얘기를 어려서부터 해 주고는 했다.

우선은 한국 사회를 살면서 피할 수 없는 문과 이과 성향에 대해서 얘기했고, 공부하는 습성, 자녀의 장점에 대해 주로 언급했다. 가급적 비교를 피했으며 네가 좋아하는 바는 이러저러한 것 같으니 그런 점을 잘 살려 보라는 취지의 얘기를 많이 했던 것 같다. 자녀의 입장에서 잔소리라고 생각했을 수는 있지만 내가 관찰한 바에 대해서 대체로 수긍을 하는 분위기였고, 그래서인지 문과 이과를 자연스럽게 별 고민 없이 선택하게 되었고, 나름대로 미래에 대해서 어떤 방향으로 가야 한다는 생각들을 스스로 하게 되었던 것 같다. 항상 자기가 좋아하는 게 어떤 것인지 아는 게 제일 중요하다는 얘기는 약간은 영향을 주었을 거라 생각한다.

　물론 본인들이 열심히 한 결과겠지만 그래서인지 아들은 서울대 경영학과에 재학하고 있고, 딸은 서울대 응용생물화학부에 합격하여 나름대로 본인의 미래를 열심히 준비하고 있다. 자녀 얘기를 하면 한편에선 자랑한다고 비아냥거리기도 하고 한편으로는 부러움의 시선을 받기도 한다.

　학력이 출발점을 좀 앞당기는 효과는 있지만 절대적인 것은 아니라는 생각을 갖고 있는 나로서 굳이 이런 예를 든 이유는, 자녀 둘 다 중학교 때까지의 성적이 그리 좋지 않았지만 고등학교 때부터 많이 달라졌다는 점을 언급해 주고 싶어서이다. 다른 사람을 관찰하면서 얻은 생각, 자녀를 관찰하면서 해 준 얘기들이 약간은 동기 부여가 되었을 것이라는 순전히 나 나름대로의 생각이 있고, 관찰의 힘이 얼마나 중요한가에 대한 좋은 경험적 사례라고 생각하기 때문이다.

누구에게나 실무 능력의 축적기가 있다

1987년 출소 후 약 반년간은 앞으로 어떻게 살 것인가에 대한 고민의 연속이었다. 각종 집회에 참가하고 친구들과 토론하였으며, 이런저런 사회단체에서 아르바이트도 하였다. 당시 세상은 많이 변해 있었고 운동권은 두 편으로 갈려 노선 투쟁을 하고 있었다. 한 쪽의 교조적인 노선에 난 거부감을 가지고 있었고, 또 다른 쪽의 이상주의에 또한 적극 참여할 수 없었다. 일부는 현실 정치권에 몸을 담기 시작하였고, 현실 정치권에 큰 기대를 걸고 있지 않았던 나로서는 이 또한 내가 갈 길이 아니라 생각되었다.

결국 1988년에 정부의 사면 및 복권조치에 힘입어 복학을 하게 되었고 별로 할 일이 없었던 나는 그동안 쳐다보지도 않았던 전공 공부를 시작하였다. 거기서 나는 여태 몰랐던 공학의 매력적인 측면을 발견하게 되었다. 그렇게 4학년을 마치고 졸업을 한 후 사회를 좀 더 알아야겠다는 생각에 취직을 결심하게 되었다. 나 때문에 속을 많이 끓였던 교수님이 어느 날 나를 불러 S와 H건설에 추천서를 써 줄 테니 사회 경험하는 셈치고 한번 시도해 보라는 권유에 이를 받아들이게 되었다. 한 1~2년 사회 경험하면서 내게 맞는 길을 또 찾아야겠다는 생각이었다.

그 당시 대기업은 중복지원을 피하려고 같은 날 면접을 실시했다. 꼭 취직해야 한다는 절실함이 없었기에 어디를 갈까 심드렁하게 생각하던 중 버스 노선상 S건설이 더 가까워 아무 생각 없이 그냥 내렸다. 인성검사인가 하는 테스트를 하고 면접을 보는데, 군대를 왜 안 갔느냐고 질문이 들어왔다. 그래서 군대 대신 감방을 갔다 왔다고 대답했고 결과는 보기 좋게 낙방이었다. 내심 차라리 잘되었다고 생각했다.

추천서를 써 주신 교수님은 그 결과에 나보다 더 분개하셨다. 며칠 후 교수님이 나를 다시 부르셔서 찾아갔더니 동부건설 부장님이란 분이 앉아 계셨다. 선배라는 그분 왈, 그 시대에 그런 일 못한 게 부끄러운 것 아니냐라는 말에 내심 이상한 기업인도 다 있다라는 생각을 했다. 어쨌든 그분의 추천으로 동부건설에 입사하게 되었고 1~2년만 하겠다던 직장 생활을 여태까지 하게 되는 계기가 되었다. 나중에 알고 보니 그분이 내 신원보증을 해 주셨고 문제가 생기면 책임을 지겠다고 하셨다는 얘기를 들었다. 그분은 나중에 동부건설 사장님이 되셨는데, 안타깝게도 동부건설은 건설업계 불황으로 2014년 말에 법정관리에 들어가게 된다.

건설 회사의 현장 업무는 생각보다는 과중했다. 한 달에 이틀밖에 쉬는 날이 없었으며 새벽부터 밤늦게까지 공사를 진행해야 했다. 그 와중에 결혼을 하고 자녀가 생기면서 서서히 운동을 포기하고 그냥 생활인이 되어 가는 내 모습에 무기력감이 늘 있었고, 약간의 자학하는 심정으로 주어진 업무에 그냥 몰두하게 되었다.

한두 개 현장을 경험하면서 어느새 나는 교량 엔지니어로 성장해 있었다. 그 당시 동부건설은 성장기에 있었기 때문에 외국 선진공법을 많이 접목했고 난 그 혜택을 많이 보게 되었다. 또한 회사 선후배들이 정말 좋은 사람들이어서 업무는 고단했지만 일하는 즐거움은 있었다.

내부순환도로 건설 현장에 있으면서 1992년 처음으로 외국에 한 달간 출장을 갈 기회가 생겼다. 현장에서 실시설계를 싱가포르 설계 회사에 의뢰했는데, 이를 감독하기 위해 싱가포르에 파견된 것이었다. 외국이라고는 처음 나가보게 된 나는 상당히 설레었다. 싱가포르 창이 공항에 동료 한 명과 같이 내려 호텔로 가는 택시 안에서 본 이국 풍경은 매우 낯설었다.

다음 날 아침 싱가포르 회사와 회의를 하는데, 부끄럽게도 난 그들의 영어를 거의 알아들을 수 없었다. 물론 말은 더더군다나 안 되었다. 영문 책은 해석할 수 있고 영문 팩스는 끙끙대며 썼지만 듣고 말하기는 또 다른 차원의 문제였다. 이때의 당황스러움이 향후 영어에 지속적으로 관심을 갖게 된 계기가 되었다. 물론 나는 중고등학생 시절 이외에는 지금까지 별도로 영어를 공부해 본 적이 없기 때문에 잘하지는 못한다. 하지만 업무를 계기로 자연스럽게 영어를 접할 기회가 생겼고 나는 그것을 십분 활용했다. 이후 현장에 기술지원 명목으로 호주인이 6개월간 파견되었고, 난 그와 친하게 지내면서 많은 대화를 하였다.

많은 사람이 생각하기에 건설 현장은 대충 저돌적으로 진행될 것이라 생각하지만, 건설 현장만큼 많은 기술적인 도전이 필요한 곳은 없다. 현장 상황과 다른 설계 내용도 많고 설계공법과 달리 시공해야 하는 경우도 많다. 이를 대충 넘어가면 대형 사고로 이어질 수도 있고 흔히 얘기하는 건설 비리로 이어질 수도 있다. 하지만 대부분의 대형 공사를 시행하는 건설 회사 직원은 무수한 기술적인 도전을 극복하고 작품을 만들어 가는 데 온 힘을 쏟고 있다.

어쨌든 이런 상황을 발주처, 감리단, 설계사를 설득해 가면서 공사 기간에 맞추어 진행해 가려면 상당한 논리적 훈련이 필요하다. 왜 이것이 필요한지, 왜 바꾸어야 하는지, 다른 대안은 없는지, 금액의 증감은 어떠한지 등등의 논리적 타당성이 검증되지 않으면 성공적인 공사를 진행할 수 없다. 내 업무는 주로 이러한 기안서류를 만드는 것이었고, 이런 과정에서 상대방을 어떻게 설득해야 하며, 예상되는 반론에 대해 어떻게 대응해야 할 것인지를 무수히 생각해야 했다. 이런 논리적 훈련을 거듭한 결과 기안서류를 만드는 데 있어서 나름대로 인정을 받기에 이르렀고, 내 스스로도 내 실무적 능력이 많이 향상되어 있음을 느끼게 되었다. 당시에는 밤도 자주 샜고 육체적으로 매우 힘들었지만 30대에 열심히 일한 결과는 개인적으로 실무 능력을 향상시키는 데 많은 도움을 주었다.

지금도 나는 어떤 일을 해결하고자 외국인에게 이메일을 보낼 때 가능하면 상황을 잘 요약하고 무엇을 내가 원하는지 정확히 전달하고자 노력한다. 글쓰기가 잘 되지 않으면 커뮤니케이션에 문제가 생기고 그 부정적인 효과는 예상보다 매우 크다. 다행스럽게도 내가 접하는 외국인 동료나 상사 등은 내 설명이 완벽하다는 칭찬을 가끔 하고는 한다. 이런 것이 다 대학 시절 때의 치열한 토론과 남을 이해하려는 노력 그리고 건설 현장에서의 실무 경험에서 나온 것이라고 나는 생각한다.

사람은 일이 많을 시기가 있다. 대략 30대쯤인데 이때 몸이 고달프더라도 실무 능력을 키워 놓지 않으면 나중에 더 높은 자리에 올라가서 많은 어려움을 겪게 된다. 결국 비즈니스도 사람과의 관계를 어떻게 설정하고 어떤 관점에서 논리적으로 보느냐에 좌우되는 것이 많기 때문에 할 수 있을 때 이런 훈련을 많이 해 보는 것이 좋다고 생각한다.

실패하면 누구나 다 힘들다

삶의 과정 속에서 실패를 겪으면 누구나 다 힘들다. 성공한 사람들 대부분의 스토리가 여러 번의 실패에도 좌절하지 않고 이겨내어 마침내 성공하는 것인데, 그것은 성공할 때나 아름다운 것이기 때문에 실패는 안 할수록 좋다는 게 내 생각이다. 실패를 거듭하고 마침내 성공하면 그동안의 좌절이 모두 보상받겠지만 계속 실패만 하는 사람도 많이 있고, 그러면 사람의 의식 속에서 자신감이 점점 소멸되어 간다. 가능하면 실패를 하지 않도록 살아야 한다. 실패가 두려워 아무것도 실행을 하지 못하는 것은 경계해야 하겠지만 실패가 뻔히 예상되는 무모한 도전은 피하는 것이 좋다.

경부고속철도 현장이 내 마지막 건설 회사 경력이었다. 여기서도 현장팀 특유의 끼를 여지없이 발휘하게 되었다. 원래 설계된 공법은 재래식 공법이었는데, 아무리 생각해 보아도 재래식 공법으로는 공사 기간과 공사비를 맞출 수 없었다. 당시 모시고 있던 현장 소장님은 탁월한 안목을 갖춘 정말 존경스러운 분이셨는데, 당시 아무도 몰랐던 이태리 선진기술을 도입하자는 아이디어를 내셨고, 그분을 도와 성공적으로 공법을 변경하는 데 실무적으로 노력했다.

전문용어로 MSS(Movable Scaffolding System) 공법을 PSM(Precast Span Method) 공법으로 변경한 것이었는데, 쉽게 말하면 현장에서 지지대를 설치하고 콘크리트를 타설하여 교량 상판을 시공하는 것을, 공장에서 벽돌처럼 교량 상판을 찍어내고 이를 대형 운반차로 운반하여 교각 위에 거치하는 것으로 바꾼 것이다. 외국에서는 한두 차례 시공한 경험이 있으나 국내에는 경험이 전혀 없는 공법이었다. 사전에 머릿속에서 무수한 시뮬레이션을 실시하고 검증하고 또 검증했지만 첫 실험은 참담한 실패로 끝났다. 교량 상판을 유압잭으로 들어 올리는 과정에서 유압잭 하나가 말썽을 일으켜 갓 제작한 교량 상판에 균열이 심각하게 발생한 것이었다. 이 사태를 어떻게 해야 하나 모두가 전전긍긍하고 있었다. 보수를 해서 그냥 사용하자는 의견과 안 된다는 의견이 팽팽하게 대립하였고 기술적인 판단이 엇갈렸다. 이때 당시 현장 소장님의 눈부신 판단이 빛을 발휘했다.

"깨자."

금액으로 따지면 1억 가까운 공사비가 투입되었는데 그분의 판단은 단호했다. 재시공해야 한다는 편에 있던 나로서는 속으로 쾌재를 불렀다. 어려운 일이 닥쳤을 때는 정도를 가야 한다. 첫 번째부터 잘못된 길을 갈 수는 없다. 품질에 대한 리더의 단호한 태도는 현장 분위기를 일순간에 바꿀 것이다라는 생각을 갖고 있던 나로서는 그분의 판단이 너무 고마웠다. 눈물을 머금고 장비를 동원해서 600톤에 달하는 콘크리트 구조물이 처절하게 깨져 나가는 모습을 보고 있는 순간은 만감이 교차했다.

이후 나의 생활에서 이 경험은 많은 교훈을 주었다. 지금도 어려운 일이 닥치면 그때 기억을 떠올리고 우회하지 말고 항상 문제를 정면 돌파해야 한다는 생각을 하게 된 계기가 되었다. 그때는 잘 몰랐지만 이것이 리스크 관리라는 생각을 지금 하게 된다.

이후의 공사는 매우 순조로웠다. 현장팀의 단호한 의지를 본 발주처는 우리를 신뢰하게 되었고 그래서 너무 순조로웠다. 적자를 예상했던 현장이 흑자로 돌아섰고 공사 기간은 대폭 절감되었다. 모시고 있던 현장 소장님은 당시 정부가 추진하고 있던 신지식인상 후보에도 오르셨고 다른 건설 회사로부터 컨설팅 계약도 수주했다.

그즈음 대만은 한국보다 좀 늦게 고속철도 건설 계획을 준비하고 있어서 대만고속철도공단 관계자들이 거의 스파이 수준으로 뻔질나게 현장을 방문하였다. 이것이 나의 운명을 바꿀 줄은 당시에는 생각도 못 했다. 몇 년 후 대만고속철도가 착공하였고, 한국에서 몇몇 건설 회사가 이를 수주하였다. 우리는 동부건설 경영진에게 본격적으로 대만 고속철도 수주를 건의했지만 80년대 중반 이후로 해외 공사 경험이 없었던 경영진은 주저하다가 결국 입찰에 참가조차 하지 않았다. 그동안 고생하면서 기술적인 완성도를 높여 왔던 우리는 허탈했고 좌절했다.

결국 현장 소장님과 나는 더는 미래가 없다고 판단하여 과감히 사표를 쓰기로 했다. 이후 대만 고속철도 협력 업체 수주를 위해 노력하고 있던 중견 건설 업체에 합류했다가 이런저런 사유로 그만두게 되고, 결국 그분과 몇몇 뜻을 함께하는 사람들과 건설 회사를 창업하게 되었다. 자본금도 거의 없이 출발한 무모한 도전이었다. 기술력 하나만 믿고 대만을 오가면서 컨설팅 계약을 하려고 했지만 현실은 녹록하지 않았다. 대부분 우리의 기술력과 의지에 신뢰를 보냈지만 이제 막 출범한 신생 건설 업체에 선뜻 손을 내밀지는 않았다. 결국은 헐값에 몇 번의 컨설팅을 하는 걸로 대만과의 인연은 끝났다.

이후 국내 교량공사를 하나 수주하여 1년 정도 현장에서 죽을 고생을 했다. 대기업 건설 회사에서 협력 업체와 작업반을 다루던 입장에서 일을 직접 하는 위치로 바뀌니 여러 가지 힘이 들었고, 이건 우리가 가진 장점을 활용하는 게 아니라는 생각이 들었다. 결국 그 현장을 끝으로 우리는 해산하기로 결정했다. 마지막 날 저녁을 먹으면서, 나는 강릉교도소 이후 한동안 흘리지 않았던 눈물이 또 한 번 터지는 것을 막을 수 없었다.

이후 교량용품 및 교량내진용 장치를 수입하여 시공하는 회사에 대표로 취직하게 되었다. 원래 소유주의 주력 회사가 따로 있었는데 자회사를 하나 세우면서 나를 대표에 앉힌 것이었다. 1년 정도를 열심히 일했지만 주력 회사가 기울면서 결국 소유주는 미국으로 도주해 버렸고 내 회사도 결국 부도가 나게 되었다. 또 한 번의 실패를 하게 된 것이다.

이렇듯 실패하면 그 결과는 참으로 참담하다. 좌절감에서 한동안 벗어나지 못했으며 경제적으로도 매우 궁핍했다. 가능하면 나는 감당할 수 있는 실패만 하라고 권하고 싶다. 무모한 도전이었지만 우리는 당시 할 수 있다고 믿었고 실제로 그러기 위해 열심히 일했다. 그러나 결과는 실패였고 그 실패에서 얻은 교훈은 좌절감과 자신감 결핍밖에 없었다. 실패 이후의 얼마간의 실직 생활은 내 자신을 피폐하게 만들었다. 난 건설업이 진절머리가 났다.

우연을 필연으로 만드는 노력

새로운 기회는 우연하게 찾아왔다. 몇 달 동안 실직 상태에서 사업 아이템만 고민하고 있던 어느 날 헤드헌팅 업체로부터 전화가 왔다. 외국인 회사 지사장 자리가 있는데 지원해 볼 의향이 없냐는 것이었다. 나는 헤드헌팅 업체에 등록해 본 적도 없고 그런 회사는 나와는 상관이 없는 회사로 생각하고 있었다. 실패한 건설 업체에서 같이 일했던 동료가 해산 후 자기 이력서를 헤드헌팅 업체에 올려놓았는데 그 동료는 벌써 다른 설계 회사 임원으로 취직이 된 상태였다. 그 친구가 나를 헤드헌팅 업체에 소개해 주었고 그래서 나에게 전화가 온 것이었다.

그동안 건설 업계에 있으면서 외국인 회사와 접촉할 기회가 꽤 있었고 그것이 나에게 맞는 일일 수도 있겠구나 하는 생각을 평소에 갖고 있었기에 전화를 받는 순간 "아! 이건 내 일이다!!"라는 생각이 들었다. 왠지 모르게 자신감이 생겼다.

살다 보면 이런 일이 생긴다. 그것도 우연하게. 하지만 내가 준비가 되어 있지 않으면 그 동료가 나를 떠올리지도 않았을 것이고 채용 과정에서 경쟁자에 밀려 탈락할 수도 있었을 것이다. 이상하게도 전화를 받는 순간부터 채용이 되기까지 난 한 번도 탈락할 거라는 생각을 해 본 적이 없으며 그리고 그렇게 되었다. 당시 한국 라이카는 일본 지사에 소속되어 있었으며 내 상사는 일본 라이카 사장이었다. 나중에 나를 채용한 일본 라이카 사장이 하는 얘기가 당신을 처음 본 순간 이 사람이구나 하는 생각을 했다고 한다. 진심은 서로 통하는 모양이다.

우연히 찾아온 기회이지만 나는 이를 필연으로 만들고 싶었다. 지사장으로 취임 후 일본으로 교육을 갔고 제품에서부터 업무에 필요한 교육을 1주일간 받았다. 교육 마감 하루 전인가, 일본 라이카 사장이 내일까지 교육 소감 및 앞으로의 계획에 대해서 간단하게 리포트를 하라고 요구했다. 저녁을 먹고 2차 맥주 한잔을 더 한 후 호텔에 돌아가니 밤 10시가 넘었다. 난 그때부터 노트북 앞에 앉아 거의 밤을 꼬박 새워 리포트를 만들었다. A4용지 약 30매 분량의 리포트를 다음 날 아침에 건네니 일본 사장이 깜짝 놀라면서 이걸 언제 다 만들었냐고 하였다. 고작해야 2~3쪽 정도를 예상했을 그의 허를 찌르는 작전이었다. 이전 한국 지사장과 관계가 그리 좋지 않았던지라 밤을 새워 가며 성의를 보이는 나의 작전에 그는 말려들었다. 이후 그는 나를 신뢰하게 되었고 심지어 몇 년 전 은퇴하기 전에 일본, 한국 지사를 나보고 다 맡아 달라고까지 하였다. 물론 조직 개편으로 한국 지사가 아시아·태평양 지역 본부인 싱가포르에 소속되면서 물거품은 되었지만 나도 그를 존경했고 그도 나를 아껴 주었다.

살면서 몇 번의 우연한 모멘텀(momentum)이 찾아오고 이때 어떻게 노력하는가에 따라서 운명이 달라질 수 있다. 집중해야 할 때 정말 집중해야 한다. 그리고 만나는 사람의 긍정적인 측면을 계속 보려고 나는 노력한다. 그렇게 되면 상대방도 나를 좋아하게 되고 그러면 더 많은 우연의 기회를 필연으로 만들 수 있다. 그래서인지 나는 운이 좋게도 계속 좋은 상사만 만나 왔다. 지금도 그동안 모셨던 상사들과 가끔 술자리를 하며 좋은 관계를 유지하고 있다. 이것은 나의 행운이라고 생각한다.

아이러니하게도 얼마 전 일본 사장을 새로 뽑을 때 내가 면접관의 한 사람으로 참여하게 되었다. 예전 기억을 떠올려 내일까지 리포트를 써 오라고 요구할까 하다가 결과에 내가 실망할 수도 있고 갑질하는 기분도 들어 내심 피식 웃고 그냥 그만두었다.

작지만 전문성이 강한 기업이 좋다

내가 다니는 라이카 지오시스템즈는 스위스에 본사가 있으며 120년 정도의 역사를 가진 회사이다. 라이카라는 이름을 쓰는 회사는 3개 회사인데, 명품 카메라의 대명사인 라이카 카메라, 의료광학기기 분야의 라이카 마이크로 시스템즈, 그리고 우리이다. 예전에는 한 회사였지만 지금은 모두 분리되어 브랜드명만 같이 쓰고 있다.

우리는 공간 정보와 관련된 대부분의 하드웨어, 소프트웨어를 제작 판매하고 있으며 측량기, 측정기 분야에서 1~2위를 다투는 세계적인 기업이다. 전 세계 매출은 약 2조 원 정도 되며, 약 3,000개의 특허를 보유하고 있다. 각과 거리를 mm단위로 정밀하게 측정하는 토털스테이션이라는 장비와 측량용 GPS, 3차원 레이저 스캐너, 항공카메라, 무인항공기, 휴대용 레이저 거리측정기, 건설 중장비 제어 시스템 등이 주력 상품이다.

내비게이션용으로 쓰는 저가형 GPS는 수십 미터의 정밀도인데 반해 측량용 GPS는 센티미터의 정밀도를 가진다. 측량뿐만 아니라 장대교량 및 초고층 빌딩의 위치 변화를 감지하는 모니터링용으로도 사용된다. 3차원 레이저 스캐너는 1초당 백만 점 정도의 각과 거리를 측정하며 이를 모델링할 수 있다. 복잡한 플랜트 공장, 조선, 건설, 문화재 등의 현재 상태의 데이터를 정밀하고 빠르게 얻을 수 있는 장비이다. 숭례문 화재가 발생했을 당시 본 스캐너로 데이터를 측정하여 복원에 도움이 되기도 하였다. 매우 복잡한 플랜트, 조선, 해양 장비 건설 시에도 없어서는 안 될 장비이다. 항공카메라는 보통 지도를 제작할 때 사용하는 고정밀 카메라이다. 국가 기본도를 제작할 때 반드시 사용해야 하는 장비이며 민간용으로는 현재 한 국내 포털사이트에서 제공하는 항공사진 및 수치 지도를 본 카메라로 취득하였다. 약 1km 상공에서 촬영하면 5cm 정도의 지상 물체를 식별할 수 있는 고정밀 카메라이다.

글로벌 기업은 이렇듯 한 분야에서 아주 독보적인 기술을 갖고 있는 기업이 많다. 애플, 구글과 같은 거대 기업에 근무하는 것도 경력 관리에 도움이 되겠지만 규모는 상대적으로 작아도 자기 분야에서 최고 위치에 있는 기업이 갖고 있는 장점도 매우 많다. 우선은 경쟁자가 많지 않다. 기술적인 장벽이 어느 정도 있어서 후발 주자가 따라오기가 쉽지 않다.

국내 대기업이 한 10년 정도 열심히 노력하면 이런 제품을 만들 수 있다고 생각하지만 국내 시장은 매우 협소하기 때문에 처음부터 글로벌 시장을 염두에 두지 않으면 안 된다. 제대로 된 유통망을 구축하고 마케팅 활동을 하고 기술적으로 따라가려면 천문학적인 투자 비용이 또 들어간다. 그때쯤 선발 기업은 또 저만치 달아나 있다. 그리고 이 모든 것을 감수하고라도 총 시장 규모는 투자 규모에 비해 그렇게 크지 않다. 여기에 작지만 강한 기존 글로벌 기업의 생존 이유가 있다.

인적 자원의 측면에서도 그렇다. 누구나 다 알고 있는 거대 기업에서 살아남으려면 자신만의 독특한 생존전략이 있어야 한다. 나 아니더라도 대체할 수 있는 사람은 도처에 널려 있다. 하지만 특화된 분야에서는 내가 어느 정도의 실력을 갖추고 있으면 나를 대체할 수 있는 사람이 그렇게 많지 않다. 글로벌 기업에서 오래 근무하길 원한다면 규모는 상대적으로 작지만 시장 점유율이 높은 강한 기업을 선택하는 것도 좋은 방법이다.

가끔 직원 채용을 위해 인터뷰를 할 때가 있다. 예를 들어 영업직을 채용할 때 매번 고민하는 게 전문성과 일반성의 균형에 관한 것이다. 쉽게 말하면, 실무 경험이 많고 일을 잘할 것 같으면 영어를 못하고 영어를 아주 잘하는 후보는 별로 영업을 잘 못할 것 같은 느낌이 드는 것이다. 이 경우 영어를 좀 못해도 영업을 잘할 것 같은 사람을 채용하는 게 일반적인 선택이지만 결론부터 얘기하면 둘 다 매우 중요하다. 우선은 영업을 잘하는 게 도움이 되겠지만 결국은 글로벌 기업에서 영어 커뮤니케이션을 제대로 못 하면 금방 한계를 드러낼 수밖에 없다. 매일매일 쏟아지는 영문 문서와 이메일, 외국인과의 회의에서 영어로 스트레스를 받으면 오래 갈 수가 없다. 따라서 영어를 어느 정도 하고 전문 실무 능력도 회사가 요구하는 수준에 있으면 작지만 강한 글로벌 기업에서의 생존율과 지속성은 매우 높다고 말할 수 있다.

글로벌 기업의 문화에 대한 기본 이해

글로벌 기업에서 나름 열심히 해서 성취를 이루고 싶은 사람은 우선 글로벌 기업이 국내 기업과 어떻게 다른가를 파악할 필요가 있다. 요즘에는 국내 기업도 글로벌 기업을 능가하는 회사가 많기에 차별성이 많지 않다고 보지만 내 개인적인 경험에서 본 차이점을 우리 회사의 경우를 들어 보면 다음과 같다.

1) 기업의 정체성이 명확하고 단순하다.

보통 글로벌 기업의 선전 문구는 매우 단순하고 한두 마디로 요약된다. 라이카 지오시스템즈의 경우 모든 로고에 "When it has to be right, Leica Geosystems."이라는 문구가 들어간다. 우리말로 번역할 적당한 문구가 별로 없어 유감이지만 정밀 측량과 측정 기술을 가진 회사로서 이 문구만큼 함축적으로 회사의 이미지를 부여하는 문구는 없다고 생각한다.

2) 기업의 경영상 목표가 명확하고 단순하다.

추상적으로 목표를 설정하는 게 아니라 기업 구성원 모두가 단순하게 이해하고 공유할 수 있는 명확한 목표가 있다. 그런데 그게 그리 단순하지가 않다. 명확하지만 반대로 그렇게 되지 않았을 경우에 예상할 수 있는 불이익도 상당히 있을 수 있다.

라이카 지오시스템즈가 속해 있는 헥사곤 그룹의 경영상 목표를 요약하면 "Number one or strong number two in the market.", "EBIT>OO%" 두 가지이다. 매출 측면에서 모든 제품에서 시장점유율이 1위이거나 아니면 1위를 바짝 뒤쫓는 2위를 해야 한다는 것이며, 그럼에도 불구하고 세전이익을 어느 정도 달성하라는 의미이다. 매출과 이익을 모두 함축적으로 표현한 것이다.

이를 기준으로 R&D 투자, M&A, 제품 방향성 설정, 재편, 인적자원 관리 모든 것이 이루어진다고 볼 수 있다. 예를 들어, 어느 제품이 시장점유율 3위를 하고 있다고 가정하면 이를 1, 2위로 끌어올리기 위해 많은 방안을 강구한다. R&D를 늘릴 것인가, 인원을 충원할 것인가, 아니면 1, 2위 기술을 갖고 있는 기업을 아예 M&A할 것인가가 검토되고 결정된다. 모두가 목표를 명확히 인식하고 있기 때문에 경영진의 결정을 모두가 이해하게 되고 이는 M&A의 경우 향후 시너지 효과의 토대가 된다.

3) 직급이 아니라 직책으로 움직인다.

보통 글로벌 기업의 국내 지사도 대리, 과장, 부장 등의 직급이 있다. 하지만 이는 국내용으로 편의상 붙인 것에 불과하고 대부분 영문 직책을 따로 갖고 있다. 그리고 그 직책이 변하지 않으면 연봉 조정도 거의 없는 편이다. 매년 본사에서 외부 전문 기관에 의뢰해서 직책에 맞는 연봉 조사를 하며, 인플레이션 정도를 감안해 평균 인상률 정도로 인상하는 게 대부분이다. 따라서 승진을 하려면 자신의 직책을 높여야 한다. 시간이 지나고 나이가 든다고 연공서열에 따라서 자동으로 연봉이 올라가지는 않는다. 특히 경력사원으로 입사할 경우, 처음에는 연봉을 낮게 책정했다가 능력을 보여 줘서 차츰 늘릴 수 있겠지 하는 생각은 오산이다. 처음부터 한 5~10년 정도 이 연봉으로 만족해야지 하는 수준에서 자신의 연봉을 협상해야 후회가 없다.

흔히 글로벌 기업은 매우 수평적이고 민주적일 것이라고 생각한다. 어느 정도는 맞는 말일 수 있으나 글로벌 기업의 상하관계는 생각보다 엄격하다. 겉으로는 말단 사원에서부터 대표, 회장에 이르기까지 서로 이름을 부르며 친숙한 것 같지만 자신의 상사는 거의 나의 생사여탈권을 쥐고 있는 경우가 많다.

4) 투명성과 윤리성을 강조한다.

기업마다 다르겠지만 보통 글로벌 기업은 회계상의 투명성과 업무 수행의 윤리성을 많이 강조하는 편이다. SAP와 같은 전사적 자원관리(ERP) 시스템을 통해 실시간으로 매출과 회계를 파악하고 SalesForce와 같은 영업/고객관리 시스템을 통해 정보를 공유한다. 분기마다 사실에 바탕을 둔 회사 상황에 대한 리포트를 직원에게 공개하며, 본사 공장도 원가를 직접 공개하는 회사도 꽤 있다. 윤리적인 측면에서는 매년 "Code of Business Conduct and Ethics"라는 문서에 서명하도록 하여 윤리 의식을 고취하고 경각심을 갖게 한다. 이것이 국내 사정에 잘 안 맞는다고 생각하는 사람도 꽤 있지만 일단 그렇게 선언을 하고 당장은 수주상의 손해를 보거나 해도 꾸준히 이를 실천하면 결국은 비즈니스 파트너나 발주처도 이를 따라오게 된다.

5) 실용적이고, 커뮤니케이션에 많은 투자를 한다.

지금은 많이 달라졌지만 아직도 국내 기업은 높은 사람이 출장을 가면 수행원이 줄줄이 따라가는 경우가 많다. 그리고 대체로 높은 위치에 있으면 아랫사람이 만들어 준 자료를 보고받고 지적하는 것으로 일을 하는 경우가 많다. 글로벌 기업의 경우에는 업무상 해외여행의 기회가 많다. 그러나 보통 사장, 회장이 출장을 가도 혼자 가는 경우가 대부분이며 프레젠테이션할 자료도 거의 직접 만드는 경우가 많다. 그리고 자기 상사가 한국에 와도 공항에 직접 마중 나가는 경우는 매우 드물다. 자기가 알아서 버스를 타거나 택시를 타고 온다. 잘 보이려고 마중 나가겠다고 했다간 그 시간에 네 일이나 하라는 핀잔을 듣기 쉽다. 단거리 여행의 경우엔 높은 지위에 있어도 대부분 이코노미 클래스를 탄다. 그리고 전 세계에 흩어져서 일하고 있는 임원, 직원들과 대화하기 위해 IT 기술을 활용하여 Conference call, Web meeting 등을 수시로 한다. 국제전화비가 상당히 많이 나오지만 커뮤니케이션을 위해서라면 이런 돈은 아낌없이 투자한다. 이런 문화에 익숙해지는 것이 중요하다.

6) 직책이 높아지면 그만큼 일이 많아진다.

같은 회사의 외국인 친구들과 대화를 하다 보면 승진에 대한 열망이 없는 사람도 심심치 않게 볼 수 있다. 연봉도 높아지고 여러 권한이 많아지는데도 마다하는 이유는 그 자리가 꽤 힘든 자리이기 때문이다. 직책이 높아지면 한가하게 도장이나 찍거나 시간적 여유가 많을 것 같지만 보통 글로벌 기업은 그 반대이다. 직책이 올라갈수록 일이 더 많아지고 시간적인 여유도 없다. 잦은 해외여행으로 가정에 문제가 발생할 확률도 높다. 일이 많기 때문에 건강에 문제가 발생할 수도 있다.

힘들게 오른 능선에선 정상이 가깝다

캐나다 맥길대학교의 신경과학자 다니엘 레비틴 교수의 '1만 시간의 법칙'이란 것을 들어본 적이 있을 것이다. 누구나 1만 시간 정도를 투자하면 어느 한 분야의 최고 전문가가 될 수 있다는 것인데, 1만 시간이면 하루에 3시간씩 10년이 걸리는 시간이다. "머리가 좋은 사람은 끈질긴 사람을 당할 수 없고, 끈질긴 사람은 그 일을 좋아하는 사람을 당할 수 없다."라는 말이 있다. 대학을 어디를 나왔건, 첫 직장이 어디였던, 어떤 사람을 만나 왔건, 상대적으로 자기가 열악한 상황에 있더라도 1만 시간 이상 끈질기게 좋아하는 일을 하면 대부분 자기가 원하는 바를 어느 정도는 이룰 수 있다고 본다. 1만 시간을 투자하더라도 제대로 방향을 잡지 못하면 안 하느니만 못할 수도 있다. 이 경우 잘 못하는 것을 잘하려 하지 말고 자기가 잘하는 것을 더 잘하려 하는 방향이 낫다고 생각한다.

등산을 할 때, 모든 사람이 하나의 같은 길로만 가지는 않는다. 어떤 사람은 길지만 완만한 코스를, 어떤 사람은 짧고 가파른 코스를 택하게 되며, 어떤 사람은 길을 잘못 들어 조난을 당하는 경우도 있다. 어떤 상황이든 능선까지만 올라가면 이제는 밑이 내려다보이고 정상이 가까워졌음을 느끼게 된다. 그 능선까지 가는 일이 힘들지 그 다음부터는 그렇게 어렵지 않다. 그리고 정상에 오르면 그 희열은 예상보다 더 크게 느껴진다. 나는 개인적으로 내가 능선 정도에 와 있다고 생각한다. 정상을 향해 더 가고 싶지만 그 정상이 어디에 있는지 아직 잘 알지 못한다. 그리고 그 정상이 더 이상의 승진이나 더 많은 물질적인 것인지는 의문이다. 현재의 회사를 좋아하지만 이것이 나의 최종 목표인지도 잘 모르겠다. 아마 다시 한 번 자신을 깊게 성찰할 시기가 아닌가 싶다.

미국의 언어학자인 조이 레이코프라는 사람이 쓴 책 중에 『코끼리는 생각하지 마』라는 책이 있다. 미국의 가난한 사람들이 부자와 대기업의 이익을 대변하는 보수정당에 왜 투표하는지를 의문의 출발점으로 하여, 많은 사람들이 단순히 가치체계와 그 가치를 떠올리게 하는 언어와 '프레임'에 근거하여 자기 이익과는 반대로 투표한다는 논조의 책이다.

정치적인 것은 차치하고라도 우리는 '프레임'이란 단어에 주목할 필요가 있다. 이념이나 가치체계, 이런 것들은 하나의 완전체를 이루고 있으며, 일단 이 프레임에 갇히면 그것을 벗어나기가 매우 힘들다. 사람의 삶도 마찬가지로 모두가 자유로운 영혼이 되고 싶어 하지만 나름대로의 '프레임'을 갖고 살아간다. 사회생활을 하고 인생의 변곡점, 임계점에 도달했을 때 이 프레임을 한 번 걷어차야지만 보다 자유로운 선택을 할 수 있다.

나는 고등학교 때에는 기독교에 심취하여 선교사가 되겠다는 꿈을 갖고 있었고, 대학 때는 학생운동을 통하여 사회에 기여하겠다는 프레임을 갖고 살았다. 국내 기업과 글로벌 기업을 경험한 지금은 기업이라는 프레임을 갖고 살아가고 있다. 언제 이 프레임을 또 바꾸게 될지는 몰라도 선택을 해야 하는 상황이 오면 최소한 한 번 더 걷어찰 수 있는 용기는 있다고 생각한다. 아마 10년 후쯤에는 아프리카에서 뭔가를 하고 있거나 아니면 어느 잘 알려지지 않은 외국의 소도시쯤에서 커피 한잔 하면서 소소한 여행기나 쓰고 있지 않을까 나름 상상해 본다. ●

아직 늦지 않았다.
절망하지 마라

.

허재영

저자 허재영은 100세 시대를 준비하는 고민 많은 40대 중반으로서, 스위스에 본사를 둔 제본 설비 제작 회사인 뮬러마티니의 한국법인 대표이사이다. 현재의 명함 이전에는 기계 공장의 공원, 점심 도시락 배달원, 특강 강사, 독일과 한국 양국에서의 백수 경험 등, 전형적인 성공 가도만 달려왔다 볼 수 없는 경험들을 여러 가지 해 봤다.

열심히 공부해서 좋은 대학 나오고 좋은 직장 입사가 성공 공식으로 통하던 1980년대와 90년대에 학창 시절을 보냈는데, 자신의 인생 설계를 세우기보단 성공한 사업가였던 부친의 사업을 이어받는 것으로 설정된 삶을 살다가, 서강대 경제학과를 우스운(?) 성적으로 대충 졸업하였다.

부친 사업의 실패와 함께 무일푼이 되고, 오직 가능한 외국어는 부산말 밖에 안 되는 상태에서 31세의 나이에 독일로 건너갔다. 그곳에서 혹독한 인생 공부를 시작하면서 우여곡절 끝에 독일 Kassel International Management School에서 MBA를 졸업하였다. 삼성 유럽 본부와 기아자동차 유럽 본부를 거쳐 팅크웨어의 유럽법인 대표로 30대를 독일에서 보내다가 귀국하여 몇 개월 동안 능률협회에서 대학교 특강 강사로 활동하기도 하였다. ❀

MBA 왜 독일로 갔어요

　지난 세월을 돌이켜 보면 나의 인생은 내 또래의 비슷한 환경에서 자란 사람치고는 좋은 말로는 익사이팅하고 다이내믹한 일로 가득한, 다르게 말하자면 기복이 아주 심한 것이었다. 사실 이 책을 쓰기 위해서 노트북 앞에 앉았을 때 생각하고 있던 주제는 인생이나 직업을 기업에서 쓰는 전략 기획의 툴을 이용해서 설계하고 계획하자라는 것이었다. 그런데 불현듯 지나간 나의 경험에서 그런 경험들이나 성공 사례를 끄집어내려고 보니, 너무나 분명히 내가 살아온 인생이 전혀 그렇지 않다는 것을 알게 되었다. 그래서 쓰던 글을 다 원점으로 돌리고 다시 내가 지금껏 살아왔던 좌충우돌의 인생 여정을 공유하기로 했다.

　글로벌 회사의 한국 대표로 지금 살고 있는 인생을 30대 초반에 계획했을까? 돌이켜 보면 전혀 아니었다. 어떤 타이틀을 위해서 내 자신을 독려하고 몰아붙인 적은 없었다. 통상적으로 팔아먹는 점쟁이 말처럼, 우연한 기회에 길인을 만나 독일로 가서 MBA를 하면서 '나는 한국과 유럽의 문화와 비즈니스를 이어주는 교량 역할을 좋아하고 잘할 것 같다.'라는 것이 그 당시 막연하게 가지고 있던 나의 계획이었다.

　한국에서 대학 교육까지 마치고 5년 정도 직장 생활을 했을 때였다. 대학교 입학 기념으로 제주도에 가족 여행을 갔을 때 말고는 비행기를 타본 적이 없던 나는 비행기를 타고 처음으로 진짜 외국 땅을 밟았다. 내 나이 서른한 살이었던 2001년도 10월이었다. 독일과 같은 알프스 이북의 유럽은 멕시코 만에서 도버해협을 지나 흘러가는 따뜻한 난류의 영향으로 한국하고 비슷한 날씨를 가졌지만, 위도는 한국보다 한참 위라 시베리아와 몽고의 국경쯤 된다. 그러다 보니 아직 10월이었지만 독일 프랑크푸르트 공항의 오후 6시는 이미 한밤중과 같은 밤이었다.

처음 공항에 내렸을 때의 인상은 아직도 머릿속에 하나의 짧은 무비클립처럼 각인되어 있다. 2000년대 초반까지만 해도 서울 거리에서 외국인을 볼 수 있는 것은 이태원의 미군들과 미국에서 선교를 위해 온 몰몬교도들을 제외하고는 극히 예외적이었다. 서울에서는 서양인을 하루에 한 명 보기도 힘들었는데 내가 내린 공항에서는 나를 제외하고 거의 모두 다 서양인이었다. 사람들의 키와 체격이 너무 커서, CG 예산을 쓸 수 없는 저예산 영화 버전의 걸리버여행기의 거인국에 갑자기 실수로 떨궈진 느낌이었다. 전혀 알아듣지 못하는 독일어로 적혀 있는 표지판과 사람들의 얘기를 들을 때는 주변 환경이 어떻게 돌아가는지 전혀 모르는, 30대 초반의 성인이 아니라 세상물정을 모르는 어린아이가 된 느낌이었다. 한꺼번에 밀려드는 여러 생소한 감정에 압도되어 있다가, 마중 나온 독일인 친구와 함께 프랑크푸르트 인근에 있는 그녀의 부모님 집으로 갔다.

'왜 독일로 경영학 석사(MBA)를 하기 위해 갔냐?'라는 질문은 독일에서 한국으로 돌아오고 나서, 나의 이력을 들은 사람들이 거의 하나같이 묻는 질문이다. 대부분의 한국 사람들이 미국에서 MBA를 하고 오고, 무엇보다 MBA 하면 미국을 알아주기 때문일 것이다. 언어도 독일어라는 생소한 언어를 쓰는 나라에서 알려진 거라고는 벤츠, 비엠더블유, 아우디와 같은 명차와 쌍둥이칼(Henckel)을 만드는 나라라는 것을 빼고는 한국 사람에게 친숙하지 않은 독일에서 MBA를 하고 온 것에는 뭔가 특별한 이유가 있을 거라고 다들 생각한다. 실제로 MBA를 마치고 지금까지 13~4년 동안 독일에서 MBA를 한 한국 사람은 나를 제외하고 세 명 만나 봤다. 희소성은 정말 탁월하게 있는 것 같다.

사람들이 "왜 독일로 MBA를 하러 갔냐? 미국으로 안 가고?"라고 물어 올 때, 나는 장황해질 수밖에 없는 개인사에 대한 설명을 해야 한다는 번거로움을 피하고 좀 더 폼 나 보이고 있어 보이는 각색된 짧은 버전으로 이렇게 설명하곤 하였다.

"미국은 큰 매형과 작은 누나가 둘 다 MBA를 한 나라인데, Top10 MBA에 들어가지 못하면 투입된 투자금에 비해 돌아오는 수익이 크지 않은 것 같고, 독일 MBA가 한국에는 알려지지 않았지만, 한국과 독일의 경제 구조의 특성상 교역 비중이 높은 것과 제조업 기반이라는 유사점이 있는데, 한국 사람들 중에 독일로 유학을 가는 사람들은 주로 예술 공부하러 가서 학위 따서 한국에 교수로 돌아오려던 사람이지 기업에 있으려고 하는 사람이 아니다. 그래서 나만의 Niche(틈새) 전략으로 독일을 유학지로 선택했다!"라고 비교적 덜 장황스럽게 설명을 하곤 하였다.

하지만 여기서 사실대로 밝히자면, 틈새시장에 대한 생각도 조금이나마 있었지만, 더 중요했던 것은 독일에 여자 친구가 있었고, 독일 MBA가 미국처럼 비싸지 않았기 때문이다. 무엇보다도 중요했던 것은 그녀가 빈털터리였던 나를 위해서 생활비와 학비를 지원해 주기로 했던 것이 가장 큰 이유였다.

영어 공부: 영어가 좋아서가 아니라 그녀가 좋아서

그녀를 처음 만났을 때, 나의 영어 구사력은 아마도 지금의 초등학교 학생들보다 못한 것이었다. 우리 세대까지 영어 교육은 시험을 위해 누가 써 놓은 문장을 읽고 이해하고 맞는 답을 찾아내는 것이었지 작문을 하고 듣기를 하고 말을 하기 위한 것이 아니었다.

2000년, 30대를 막 시작하던 해의 어느 날, 후배의 커플과 같이 라이브 펍에서 오랜만에 술자리를 하고 있었다. 나와 후배가 열심히 뭔가를 이야기하고 있었고, 후배의 여자 친구는 둘의 이야기가 너무 길어져서 지루해하다가, 옆에 음악을 혼자 듣고 있는 외국인 여성에게 말을 걸었다. 후배 여자 친구는 미국에서 고등학교를 다녔기 때문에 영어를 잘하였다. 후배 여자 친구는 테이블에 합석을 제안했고 별로 거리낌 없이 그 외국인 여성은 합석해서 후배 여자 친구와 내 귀에는 '쏼라쏼라'로 밖에 들리지 않는 이야기를 하고 있었다.

그렇게 같은 테이블에서 따로 술을 마시다, 후배 여자 친구가 집에 가야 한다고 하고, 후배는 꽤 떨어져 있는 버스 정류장까지 여자 친구를 데려다 주고 오겠다고 하면서 나와 이 외국인 여성을 놓고 자리를 비워 버렸다. 그때의 어색함과 당혹스러움이란……

덩그러니 남아 그녀의 이야기에 계속 알아듣는 척하고 '예스'만 남발하다가 그녀는 내가 영어를 아주 잘 못하는 것을 알고 아주 천천히 어떨 때는 종이에 글을 써 가면서 말을 하였다. 다행히 훌륭한 고등학교 영어 교육 덕분에 종이에 적힌 거는 잘 이해를 했다. 하지만 대답은 여전히 예스, 노 또는 단답형 명사 하나 끄집어내서 대답하는 수준이었다. 복잡한 질문을 받을 때는 나의 머릿속에는 '사지선

132

다형으로 물어보면 더 잘 대답할 텐데.'라는 생각이 돌고 있었다.

어렵게 어렵게 그래도 예의상 한 문장은 영어로 표현을 해 보자라고 한 것이, 정말 난데없이 뜬금없는 말이었지만, 그 뜬금없는 말이 의도치 않게 그녀의 마음을 사게 될 줄이야! 내가 표현하고자 하였던 것은, '이렇게 친절하게 영어를 못하는 나와 대화하려고 하는 너의 태도와 따뜻한 마음이 맘에 들고 참 고맙다.'라는 뜻을 전달하고 싶었지만, 문장을 어떻게 만드는지도 모르겠고 문법도 하도 오래 전에 봐서 기억도 안 나고 기억나는 단어로 조합해 입으로 나온 말이 'I like you!'였다.

이 쉬운 문장도 난생처음 젊은 서양인 여성과 마주 앉아 있던 초긴장 상태에 있던 나에게는 머릿속에서 몇 분 동안 필터링된 다음 나온, 주어+동사+목적어가 있는 어렵사리 만든 첫 완성된 문장이었다.

그녀 역시 그 자리에서 약간 놀라는 표정이었지만 아주 밝게 웃으면서 'I like you too!'라고 말하였다. 완벽히 알아들을 수 있었던 이 말에 나의 긴장감은 상당히 사라졌다. 나중에 영어 단어의 미묘한 뜻의 차이를 어느 정도 이해하게 되었을 때, 'like'를 이성에게 마음을 표현할 때 쓴다는 걸 알게 되었다. 그때까지만 해도 'love'만이 그런 뜻으로 쓰는 줄 알고 있었다.

그전까지는 억지로 영어 선생님과 이야기하는 자리에 앉아 있는 심정이었다면, 그때부터는 같은 사람으로 특히 남성으로서 그녀가 얼마나 매력적인 여성인지 보게 되었다. 영화에서나 보던 젊은 서양 여성이 외국을 가 본 적도 없는 토종 한국 남자인 나에게 관심을 가지고 대화를 한다는 것이 놀랍고 신기하였다. 그렇게 그날 저녁에 그녀와 손짓 발짓하면서 종이에 끄적거리며 로빈슨 크루소와 프라이데

이 같이 어렵게 대화를 하며 서로의 연락처를 교환했다.

주말의 설레는 마음을 가지고 월요일 아침에 출근을 하였을 때, 기대하지 않았던 그녀의 메일을 받았다. 너무나 반가웠고 기뻤지만, 세상에 어찌나 장문의 메일을 보냈는지, 그리고 교과서 식의 영어가 아닌 잘 접해 보지 못했던 구어식 영어였다.

고등학교 이후로 10여 년 동안 문법책을 잡아 본 적이 없는 나에게는 해독 불가능한 외계어였다. 외근을 핑계 삼아 얼른 차를 몰고 집에 가서 고등학교 때 보던 문법책과 사전을 가지고 와서 해독을 시작하였다. 자신에 대한 이야기와 무얼 하는지에 대한 내용이었다. 그녀는 프랑크푸르트 공항의 보안담당 내부 컨설턴트(In-house Consultant)였다. 한국이 인천공항이라는 한국에서는 첫 초대형 공항 건설을 시작할 때, 그때까지 공항공사가 초대형 공항의 운용 경험이 없었기 때문에 운용에 대한 자문을 요청하였고, 국제 컨소시엄 컨설팅팀의 일원으로 보안 관련 컨설턴트로 인천공항 개항 전까지 한국에 2년 계약으로 파견을 나와 있었다. 지금 만약 같은 메일을 받는다면 눈대중으로 대충 읽어 내려가도 1분도 안 걸릴 분량이었지만 그때의 느낌은 직장 상사가 영어로 된 계약서를 던져 놓고 '요약본을 오늘 중에 제출 못하면 자넨 모가지야!'라는 압박을 당하는 심정이었다.

점심도 거르면서 문장 하나하나 완성해서 간신히 대략 대여섯 줄짜리 회신을 퇴근 전에 보낼 수 있었다. 옆에서 보는 사람들은 내가 간만에 정말로 열심히 일하는 것으로 오해했을 것이 분명하다. 그때의 느낌은 헤밍웨이가 『노인과 바다』를 퇴고했을 때의 복합적인 느낌이 아니었을까?

오랫동안 쓰지 않았던 뇌는 너무나 지치고 스트레스를 받았지만,

마음만은 너무나 기쁘고 뿌듯하고 뭔가 큰 것을 해낸 것 같았다. 내 자신이 자랑스럽다는 마음으로 저녁을 보내고 그 다음 날 출근하니, 아뿔싸, 이건 웬걸, 어제보다 더 긴 메일을 회신으로 보낸 것이다.

그렇게 매일 매일『무기여 잘 있거라』,『킬리만자로의 눈』,『누구를 위하여 종을 올리나』등등을 퇴고하는 심정으로 메일을 보내면서 나의 영어 작문 실력은 늘어 갔고, 머릿속에서 짧지만 간단하게 의사 표현을 할 수 있는 작문 실력을 가지게 되었다. 그녀와 주말에는 서울에서 데이트를 하고, 평일에는 서로 근무지가 인천과 포항이었기 때문에 퇴근 후에 전화로 이야기하였다. 점점 영어의 듣는 귀가 생기게 되었고 단어 위주의 대답이 아닌 문장으로 대화를 할 수 있게 되었다.

이때 나의 영어에 대한 열정은 토익 같은 영어 시험 점수를 잘 받기 위함은 절대 아니었다. 좀 더 폼 나는 일을 하기 위함도 전혀 아니었고, 순수하게 그녀와 대화를 하기 위함이었다. 좀 더 내가 말하고 싶어 하는 것을 자연스럽고 충분하게 표현하고자 하는 마음이었다.

이렇게 몇 개월을 강한 훈련을 한 덕에, 나의 영어 실력은 해외에서 어학연수를 1년을 다녀온 친구들보다 훨씬 상위의 표현이 가능할 정도의 수준이 되었다. 이제 나에게는 영어가 좋은 점수를 받기 위한 노력의 대상으로 억지로라도 해야만 하는 것이 아닌 새로운 세상을 열어 주는 훌륭한 도구였다. 처음으로 영어가 나를 평가하는 하나의 과목이 아닌 내가 외국인과 의사소통을 위한 도구가 된 것이다.

만약에 거꾸로 영어를 잘하기 위해 외국인 여자를 사귀었다면 영어가 늘었을까 생각해 본다. 어느 정도는 조금 향상이 될 수 있겠지만, 초인적으로 집중하고 단기간에 괄목하게 향상되지는 못했을 것은 분명하다. 이때 내가 얻은 교훈은 성취의 대상만을 쳐다본다면 그건 바벨탑의 끝과 같다라는 거다. 결국 나만의 강력한 동기도 없고 강력한 동기가 없으면 노력도 덜해지고, 탑 쌓는 것이 너무 괴롭고 재미없어지다가 결국 탑 쌓기를 중단하거나 부실 공사로 무너져 버린다는 거다. 영어를 고등학교 때부터 수십 년간 하면서 문장 하나 제대로 완성을 못하던 내가 1~2개월 만에 기본적이나마 의사소통을 하는 것은 영어를 잘하는 것이 성취의 대상이 아니었기 때문에 가능했다. 이때의 교훈은 이후의 의사 결정에 영향을 미치게 된다.

결정된 삶을 산다는 것: 기계 공장에서 기계처럼 일하다

2001년 3월, 인천공항이 개항하면서 그녀는 본 근무지인 프랑크푸르트 공항으로 돌아가게 되었고, 몇 개월 간 스카이프(Skype) 영상 대화 서비스를 통해 이야기를 하였다. 사실 그때만 해도 그녀를 많이 좋아했지만, 같이 살거나 결혼에 대한 생각에서는 현실적인 가능성이 없다고 생각하였다.

집안의 장남이었고, 아버지 회사에서 일을 하고 있었기 때문에, 장남이 가져야만 하는 어떤 한국적 장남의 굴레라는 것을 그녀가 절대 이해하지 못할 거라는 생각을 막연히 하고 있었다. 내가 좋아하는 것보다는 '아버지 시각에서는 어떻게 생각할까?' '아버지께서 과연 좋아하실까 화를 내실까?'라는 것이 더 중요하게 생각되었다. 한마디로 사랑에서도 내가 좋아하는 것보다는 주변이, 특히 아버지께서 어떻게 받아들일까라는 것이 더 중요한 문제였다. 그 정도로 그 때까지만 해도 나의 인생은 나만의 것이 아니라 아버지의 것도 되는 것으로 당연히 생각하고 있었다.

나는 71년도에 태어난 또래 친구들과는 조금 다를 수밖에 없는 어린 시절을 보냈다. 4남매에 셋째로 태어났는데 큰누나 작은누나가 연년생이고 작은누나와 나와는 두 살 터울이 있고 나와 남동생이 연년생이어서 첫째와 막내의 연령차가 다섯 살밖에 나지 않았다. 내가 어느 날 어머니께 딸 둘 낳고 아들 낳는 것을 포기하다가 우연히 나를 가진 거냐고 여쭤 보니, 나와 작은누나 사이에도 아기가 있었는데 유산이 된 것이라고 덤덤하게 말씀하셨다. 듣고 보니 나의 어머니는 5년 동안 말 그대로 임신 상태이셨던 것이다.

유년 시절을 보낸 1970년대는 많은 한국 가정들이 그러하였듯이, 우리 집도 꽤나 못사는 집 중에 하나였다. 많은 부분이 확실히 기억나진 않지만 'ㅁ'자 형태의 가운데가 작은 마당인 공동 주거 시설에서 작은 연탄아궁이가 있는 부엌과 방 하나 그리고 역시 창고를 겸한 작은 다락방이 있는 집이 내가 기억나는 첫 번째 집이었다. 물론, 화장실은 '푸세식'으로 공동 주거 시설에 있는 다른 집들과 공동으로 사용하였고, 화장실에 등이 없어서 밤에 갈 때는 무서우니까 남매끼리 2인 1조가 되어서 하나는 일을 보고 하나는 플래시를 들고 지켜보곤 했다. 이 단칸방에서 4남매와 부모님이 일렬로 주욱 눕고 모시고 살던 친할머니가 횡으로 누워 잘 준비가 되면 아버지가 천정에 달린 30촉짜리 백열등을 돌려 끄곤 하였다.

결혼 전인 1960년대부터 사업을 하셨던 아버지는 내가 초등학교를 들어가기 전까지 항상 금전적으로 쪼들리셨고, 그에 맞춰 어머니께서도 그 상황에서 병아리 같은 4남매들이 굶지 않도록 짤 수 있는 지혜를 다 동원하시곤 했다. 생활비가 항상 부족하였기 때문에 우리 남매의 영양을 보충해 주기 위해 공동 주거 시설의 화단이라고 하기도 뭣한 흙바닥에다 호박을 심고 키우다가 그것을 딸 무렵이 되자 집주인이 자기 땅에서 난 호박이라고 가져가 슬퍼하시던 모습이 그때 어려웠던 시절을 기억하는 기억의 단편이다.

아버지의 사업 기반이 그 당시 70년대부터 집중적으로 육성되던 울산 중화학공업 지역으로 내려가자 따라서 서울을 떠나 울산을 거쳐 부산으로 이사를 가서 초등학교, 중학교, 고등학교를 부산에서 마치게 되었다. 아버지의 회사는 화학섬유 엔지니어링 및 플랜트 제작을 하는 회사로, 한마디로 석유추출물로 실을 뽑아내는 공장을 만들어 주는 회사였다. 부단한 노력 끝에 아버지의 회사가 한국에서 최초로 스판덱스 및 폴리에스테르 공정 국산화를 성공하여 화학섬유 쪽에서는 상당히 이름난 회사로 크게 발전하게 되었다. 이때 나의 어린 눈에도 매번 커져 가는 집의 규모가 놀라웠다. 초등학교를 입학할 무렵 방 한 칸에 일곱 식구가 살았었는데 5학년 때 즈음에는 방이 열 개가 넘고 큰 정원이 있는 저택을 그 당시 부산의 평창동이었던 동래 온천장 식물원 근처에 직접 짓고 살게 되었으니, 정말 격세지감, 일취월장이란 말이 이런 경우를 두고 한 말이었을 것이다.

아버지의 사업이 날로 번창하였기 때문에, 아버지께서는 항상 사업으로 바쁘셨다. 그리고 커져 가는 사업을 미래에 물려받아야 할 장남인 나에게 요구하시는 것이 많았다. 아버지는 이미 머릿속에 내가 어느 정도 컸을 때부터 나에 대한 계획을 세워 놓고 계셨다. 아버지의 계획은 내가 대학을 마치고 아버지와 사업상의 관계가 있었던 일본 가와사키 중공업 본사에서 2~3년 근무를 한 다음, 미국으로 건너가서 MBA를 졸업하고 한국으로 돌아와 아버지 사업의 후계자로 경영 수업을 하는 것이었다.

이런 계획은 사실 화학섬유 업계에서 큰 사업적 관계가 있었던 태광산업의 2세들의 양성 과정을 그대로 나에게 적용하려 하신 것이었다. 태광산업 이 회장 슬하에는 세 명의 아들들이 있었는데, 큰아들은 지병으로 둘째는 사고로 운명하고 경영권을 물려받은 셋째 아들인 이호진 회장은 어머니와 함께 옥살이를 하고 친인척들과 수많은 송사에 휘말려 있으니, 나로서는 그 과정을 그대로 가지 않은 것이 얼마나 다행스러운 일인가!

아버지의 계획은 내가 대학교 4학년 2학기 졸업을 앞둔 1996년 10월에 경영하시던 회사의 부도로 물거품이 되었다. 당시 회사의 규모와 부도액이 컸기 때문에 부산 지역 신문이던 부산일보와 국제신문 그날 자 1면의 헤드라인 기사를 장식하는 사건이었다.

90학번이었던 내가 대학 생활을 하던 때는 한국 경제가 지속적으로 고속성장을 하던 시기였기 때문에 대학만 나와도 일자리에 대한 걱정은 적어도 지금과 같이 크게 하지 않던 시기였다. 학생들의 고민은 일자리를 얻느냐 마느냐가 아니라 얼마나 남들보다 좋은 연봉의 직장을 들어가느냐였다. 삼성그룹으로 신입으로 들어가 삼성전자에 배치된 것을 불만으로 퇴사하는 친구들도 있었으니 지금과는 많이 다른 시대였다. 하지만 한 학번 뒤인 91학번들은 졸업을 할 때 IMF가 본격적으로 와서 취업하기가 무척이나 힘들었으니, 어느 학번이냐에 따라 취업 운도 참으로 많이 갈리는 시기였다.

대학 생활 전체를 집에서 보내 주는 생활비와 용돈으로 아무런 경제적 어려움 없이 보내며, 졸업만 하면 일본으로 갈 생각을 하고 있었다. 일본어도 못하고 영어도 못했지만 '뭐, 아버지가 어찌 알아서 해 주겠지.'라는 생각에 베짱이처럼 놀고먹고 즐기는 데만 시간을 쓰고 있었다. 4학년 마지막 학기에 일어난 아버지 회사의 부도는 나뿐만 아니라 우리 가족 모두에게 커다란 경제적 시련을 주었다.

경제학을 전공한 덕분인지 4학년 마지막 학기 10월에 금융권에 직장을 쉽게 얻을 수 있었다. 그런데 직장 생활을 시작한 지 몇 달 안 됐을 때 아버지가 포항의 한 작은 농공단지에서 사업을 재기하셨다. 결국, 다니던 직장을 그만두고 20대 후반을 포항 시내도 아닌 포항과 영덕 사이에 있는 월포라는 시골에서, 정말 볼품없는 회사에서 보내게 된다. 낮에는 공장에서 프레스와 같은 기계에 붙어서 반복 작업을 하고, 저녁에는 사무실에서 사무 업무를 보면서 친구도 없고 연고도 없는 시골에서 아무 생각 없이 일만 하고 살았다. 아버지는 특히 소유주의 아들이기 때문에 특혜가 아니라 더 박하게 대우받아야지 다른 직원들이 수긍을 한다고 하시면서 연봉을 그전 금융권 직장에 비해 70%나 줄여서 주셨다. 직원 중에서도 나이 차이가 많이 나는 고등학교 갓 졸업한 직원 정도의 급여였다.

그때의 프레스 작업은 아직도 생각만 해도 진저리가 쳐지는 작업이었다. 네 명이 한 조가 되어서 스테인리스 스틸 판을 두 명이 잡고 기계에 넣으면 아파트 3층 높이만한 1800톤 프레스가 금형으로 스틸 판을 '쾅' 찍으면 반대쪽 두 명이 판을 잡아 댕겨서 적재를 하는 작업이었다. 네 명 중에 한 명이라도 실수하면 큰 사고가 날 수 있는 작업이지만, 단순한 작업이기 때문에 육체적으로는 힘들지는 않았지만, 정신적으로 너무 지루한 작업이었다. 하루 10시간 작업을 하면서 머릿속의 지루함을 달래려고 어릴 때부터 지금까지 일어난 과거들을 회상을 하고 또 하여도 한 시간을 보내기가 참 힘들었다.

서울에서 멋진 사무실에서 근무하고 퇴근하고 데이트도 하고, 그럴 대학 동기들을 생각하면 내가 여기서 무엇을 하고 있나 싶어 자신이 많이 부끄러웠고 친구들이 부러웠다. 하지만 아버지의 강력한 카리스마를 거슬릴 배짱도, 나만의 인생에 대한 계획도 없었기 때문에 그냥 참고 적응하려고 하였다.

아버지의 작은 회사는 점점 성장을 하였다. 아버지는 큰 회사를 하실 때 유지하던 인맥들을 통해서, 화학섬유 대기업이 곧 대규모 설비투자를 할 계획이라는 것을 들으시고, 그 일들을 가져오기 위해 그 공단에서 매물로 나온 가장 큰 공장을 인수하기로 결정하였다. 대부분의 간부 직원들이 만류하였지만, 화섬설비 업계의 산업 아이콘과 같았던 아버지의 말에 다들 따르기로 했다. 처음 공장의 몇 배가 넘는 공장 크기와 부지를 가진 공장 인수 및 가동 프로젝트를 아버지는 20대 후반에 불과한 내게 맡기셨고, 나는 아버지를 실망시키지 않기 위해서 그에 맞게 열심히 준비를 하였다. 일반 회사들과는 다르게 공장이 있다고 기계 회사는 돌아가지 않는다. 그 안에는 다양한 목적에 맞는 기계 및 장치들이 들어가야 했다. 돈 없는 작은 회사로서 쉬운 일은 결코 아니었지만, 다양한 가공 기계 구매 및 배치, 전기 배선, 공장 바닥 정비, 공압 라인, 공장 외관 정비 등 기계 가공 공장의 운영 준비를 마치고 공장이 가동되었을 때, 내가 부쩍 성장했음을 느낄 수 있었다.

하지만 대규모 설비투자를 할 것으로 보였던, 대기업이 원사의 품질 문제로 투자 계획을 보류함으로써 은행 빚을 끌어다가 투사하였던 아버지 회사는 다시 큰 어려움을 맞게 되고 얼마 지나지 않아 부도가 나게 된다.

부도가 나기 3주 전 아버지는 집에서 회사에 있던 나에게 전화를 하셔서, "이번 달 말에 돌아오는 어음을 못 막으니, 니가 회사의 자산을 직원들 모르게 처분해서 집안에서 끌어다 쓴 사채를 막도록 해라."라고 하셨다. 아버지는 되도록이면 침착하게 말씀하시려 했지만, 전화 너머 아버지는 이미 사회에 다시 큰 피해를 줄 수밖에 없는 60대 후반의 힘없고 한없이 죄스러워하는 노인이었다. 나한테 전지전능하게 보였던 아버지가, 나의 인생을 쥐락펴락했던 공동 소유주가 그렇게 하루아침에 노인의 모습이 될 줄이야……

부도 전의 3주간은 내 인생에서 지옥 같은 경험이었다. 매일 정상 출근하고 직원들이 동요하지 않게 웃으면서 일했다. 피해를 고스란히 받을 수밖에 없는 납품 업체가 방문하면 아무 일 없다는 듯이 상담을 했다. 그렇게 하루를 보내다가 밤이 되면 아버지를 따라서 그 전 회사에서 이 시골 공장까지 따라온 충성스러운 간부 직원들과 은행에 저당 안 잡힌 자산을 처분하는 것을 계획하였다. 이렇게 하루를 보내고 숙소에 돌아오면, 미래에 대한 두려움과 피해를 받을 수밖에 없는 납품 업체들, 특히 영세한 업체의 사람들을 생각하며 죄스러움에 울면서 밤을 거의 새우다시피 했다. 그렇게 3주를 보내며 법적인 처분이 가능했던 것들을 다 처분하고 부모님을 찾아갔다.

이즈음에 독일에서 나의 사정을 들은 독일인 여자 친구가 '학비와 생활비를 빌려 줄 테니 독일로 와서 MBA 하는 것이 어떻겠냐.'라고 물었을 때, 정말 하늘에서 동아줄이 나를 위해 뚝 떨어져 준 느낌이었다.

두 번째 회사가 부도가 났을 때는 정말 집 안에 남는 것이 아무것도 없었다. 구매 업무를 봤던 나는 바로 빚쟁이들의 표적이 되었고, 전화만 받으면 입에도 못 올릴 살벌한 협박을 받아야 했다. 빚쟁이들을 피해 산속 움막집 같은 곳에 숨어 계시던 부모님을 찾아뵙고, 독일에 가서 공부할 것이란 말씀을 드리고 결국 서울로 올라왔다.

그리 많지도 않던 급여마저 6개월 이상 연체되어 있었기 때문에, 내 수중에 있는 돈은 삼만 원도 채 안 되었다. 출발하기 전날, 서울에서 대학 때 친했던 세 명의 친구들과 함께 학교 앞 단골 식당에서 술 한잔을 하면서 지난 과정을 이야기했고, 이 세 명의 친구들이 독일행 항공권과 현금 87만 원을 봉투에 담아 주면서 내게 힘을 주었다. 아직도 이 친구들과 그때 생활비에서 큰 부분을 선뜻 내줬던 한 친구의 부인에게 깊은 감사의 마음을 가지고 있다. 그리고 그 다음 날 대륙 전체에서 아는 사람이라고는 딱 한 명밖에 없는 유럽, 독일 프랑크푸르트행 비행기에 몸을 실었다.

내 다리로 딛고 일어서 바로 달려 나가다

한국에서 지난 한 달간의 일로 지칠 대로 지쳐 있었고, 전혀 준비되지 않은 상태에서 몸과 옷가지만 들고 떠나왔기에 여행을 온 건지 살기 위해 온 건지 정신이 붕 떠 있었다. 말로만 듣던 아우토반을 차로 달리면서도 두 가지의 서로 다른 생각이 머릿속을 가득 채웠다. 부모님, 특히 아버지만 바라보며 헌신적으로 사신 어머니가 노년에 고생하고 지내실 생각에 걱정과 불쌍하다는 생각을 하다가 또 한편으로는 태어나서 처음으로 완전히 자유롭다는 생각이 들었다. 그 전에는 어떤 결정을 하기 전에 '아버지가 어떻게 생각하실까'가 중요한 것이었는데, 이제는 철저히 내가 결정하고, 내가 행동하고, 책임을 진다고 생각하니 오히려 마음이 더 자유로웠다.

프랑크푸르트에 도착하자마자 그녀의 부모님 집에 저녁을 먹으러 갔다. 그녀의 아버지는 대학교 영문과 교수였고, 어머니는 수의사였다. 독일의 전형적인 인텔리 집안이었는데, 유명한 부촌 지역에 정원이 넓고 잘 가꾸어져 있었으며, 서재에는 책이 빽빽이 꽂혀 있었다. 그녀의 아버지는 직업에 맞게 완벽한 영국식 영어를 구사하였다. 나름 그녀와의 지난 훈련을 통해 기본적인 대화가 가능할 거라고 생각을 했던 나는 그녀의 부모님과 큰 부담 없이 이야기를 나눴다. 그런데 웬 걸… 두 분이 전혀 내 말을 못 알아듣는 것이었다.

영어로 이야기하면 여자 친구가 다시 영어로 말을 해 줘야 이해를 하셨다. 그녀는 한국에서 생활을 했기 때문에, 한국 사람들이 L하고 R, F하고 P를 같은 발음으로 한다는 것을 알고 있었고, 그 발음들이 섞여 있는 문장을 다시 정확한 발음으로 옮겨 주었다. 나의 영어를 다시 영어로 번역하는 것을 보고 발음과 호흡이 얼마나 중요한 것인지 새삼 또 느낄 수 있었다.

마인츠라는 마인강변의 아름다운 중세 도시에 살 곳을 정하고, MBA에 입학하기 위한 준비를 하였다. MBA는 미국 학제기 때문에 TOEFL하고 GMAT 시험 성적이 있어야 입학 지원이 가능하였다. 한국처럼 학원이 있는 것도 아니고 해서 한국에서 가져온 영어 문법 책하고 각 시험의 모의고사 문제집을 가지고 마인츠대학 도서관에 가서 공부를 시작하였다. 시험 수험료는 비싸고, 돈은 얼마 없고, 이

번 해에 지원해서 합격을 못하면 비자 문제도 생겨서 다시 한국으로 돌아가야 할 급박한 상황이었기 때문에, 한 번에 성적이 잘 나와야 했다. 궁하면 통한다더니, 한 번만의 시험으로 입학 지원에 충분한 점수 이상을 받았다. 그 결과 카셀(Kassel)에 있는 MBA에 합격 통지를 받게 되었다.

2002년 5월 입학 전까지 생활을 위해 독어를 배워야 했는데, 이때는 어릴 때 영어를 배우는 것과는 다른 식으로 접근하였다. 말을 하는 것이 가장 중요하였기 때문에 천천히라도 정확한 발음을 하는 것을 목적으로 독어를 연습했고, 비교적 빠른 시간에 일상생활에 쓰이는 독일어를 구사할 수 있게 되었다. 독어 이외에도 모든 것이 서류로 정리되는 독일의 융통성 없는 시스템에 내 자신을 길들여야 했고, 아무도 못 알아듣는 나의 영어 발음도 교정을 위해 매일매일 BBC 방송을 틀어 놓고 책을 소리 내서 읽으면서 그곳 생활에 대한 준비를 하였다. 항상 챙겨 주는 사람이 있었던 삶에서 혼자서 생활하고 살아야 하는 삶으로의 전환이 그리 쉽진 않았다. 엉터리 영어 발음 교정, 기초 독어, GMAT, TOEFL, 장보기, 요리하기, 빨래하기, 입학 전에 주어진 반년간의 시간 동안에 처음 해 보는 것들이었지만 무조건 할 수밖에 없었다. 그런데 궁하니까 되더라는 것이다.

항상 그녀가 바쁜 와중에도 나를 챙겨 줘야 했고, 나중에는 연인 관계에서 누나 동생 관계 비슷하게 서로를 바라보는 것이 바뀌게 된 것을 느낄 수 있었다. 독일 가서 몇 개월 만에 연인 관계를 끝냈지만, 독일의 문화에서는 그것이 바로 인간관계의 끝이 아니기에 아직도 우리는 좋은 친구 관계로 연락하면서 지낸다.

나를 변화시키는 고통스러운 과정을 통해 기본기를 만들다

외국계 회사에서 일하는 한국 대표들은 대체로 어떤 사람들일까 하고 궁금해하실 거다. 외국계 회사의 대표들뿐만 아니라 내가 주변에서 만난 대표들은 제각기 다 다른 성격들을 가졌으면서도 대체로 리더십, 자신만의 경영 철학, 커뮤니케이션 능력을 공통적으로 가지고 있다. 기술적으로는 회사의 자금 상태를 한눈에 보고 판단할 수 있는 기본적인 회계 지식과 영업 및 마케팅에 대한 이해, 회사가 파는 제품이나 서비스에 대한 이해를 가지고 있다.

특히, 외국계 회사의 대표들은 여기에다 영어 또는 다른 언어로 커뮤니케이션할 수 있는 능력을 대부분 가지고 있다. 더불어 외국 기업 문화, 특히 본사가 위치한 국가에 대한 이해도 당연히 가지고 있어야 한다. 왜냐하면, 결국에는 그 이질적인 외국 기업의 가치를 한국적인 시장 정서에 맞춰서 전달을 해야 하고, 한국 시장의 상황을 외국에 위치한 본사에 설득해서 상품이나 서비스의 현지화(Localization)를 해야 하는 위치에 있기 때문이다.

내가 근무하는 회사의 본사가 위치한 스위스의 경우에, 내게 상사가 되는 본사 사장과 임원진과의 대화는 토론에 훨씬 가깝지 일방적인 상사의 의사결정을 따르지는 않는다. 질문하고 나의 생각을 논리적으로 이야기하고 거기서 조율해서 서로가 합의한 것을 실천하는 것이 현재 내 업무에서 중요한 점이다. 그런데 내 경우에는 이러한 필요조건을 맞출 능력은 30대 초반만 해도 눈을 씻고 봐도 전혀 없었다. 외국어 능력, 회사 경영에 필요한 회계 상식, 프레젠테이션 실력, 토론 같은 커뮤니케이션 능력 등이 사실상 전무했다.

살면서 이상한 아이러니 같은 상황들이 종종 생기곤 한다. 그 당시에는 눈치를 못 채지만 지나고 나면 참 아이러니한 경험들이 누구에게나 있을 것이다. 내가 독일에서 MBA를 공부하게 된 것도 나에겐 정말 아이러니한 일이다.

고등학교를 다닐 때, 그렇게 성적이 우수한 학생은 아니었지만 우 밑으로 받은 과목은 거의 없었다. 다만, 상업 과목과 제2외국어였던 독어는 그렇지 않았다. 두 과목의 공통점이라면 가르쳤던 선생님들이 아주 독특하게 학생들을 체벌한다는 것이었다.

너무 어떤 것이 싫을 때 어떤 사람들은 그 싫은 것을 극복하기 위해서 더 열심히 하지만 나 같은 경우에는 한없이 놔 버린다. 그래서인지 상업은 '가'를 받았고, 아마 전교에서 꼴등을 한 것 같다. 그리고 독어는 '미'를 받았다. 상업과 회계가 싫었던 나는, 나중에 대학교를 상과대학으로 갈 때 경영학을 전공할 것인가 경제학을 전공할 것인가 고민을 했는데, 경영학을 전공하면 회계원리가 필수 과목이라고 해서 경제학을 선택하게 되었다. 그런데 입학해 보니 경제학 전공도 회계원리가 필수 과목이었고, 결국 세 번을 재수강해서 D+로 마감을 할 정도로 재능이 없는 과목이었다.

그런 내가 독일에서 경영학 석사(MBA)를 공부하게 된 것이다. 앞서 언급했듯이 MBA는 미국 학제이기 때문에 입학에 필요한 시험들과 실제 수업 진행과 과제 등 모든 것이 영어로 이루어진다. 하지만 일상생활은 독어를 기반으로 해야 했다. 기본으로 독어를 못하면 생활하는 데 아주 불편한 것이 많기 때문에 빠른 시간 내에 생활 독어를 할 수밖에 없었다. 그 지독한 독어 선생 없이 학원에서 배우는 독어는 재미있었다. 자연스럽게 현지 사람들과 소통을 시작함으로써 현지 사람들의 매너와 정서를 이해하기 시작했다.

내가 정말 못하고 몸서리치게 못하고 싫어하는 것 중에 하나가 남 앞에서 발표하는 것이다. 이상하게 사람들과 편한 자리에서는 이야기를 잘하는데, 강단에 나가서 개인 발표나 조별 발표를 해야 할 때는 무지 떨었다. 얼마나 떨었는지 들고 있던 발표 자료가 너무 흔들려서 글자가 잘 보이지 않을 정도였다.

독일에서 MBA를 할 때, 강의 때마다 조별 토론과 발표가 하루에도 두세 번씩 있었다. 같은 클래스에 동양인은 나 혼자였고 다른 학우들은 전부 독일어권(독일, 스위스, 오스트리아)이 중심이 된 유럽인들이었다. 한국에서 대학교를 다닐 때에는 조별 토론이나 발표라는 게 토론 위주보다는 발표할 전체 분량을 1/n로 나눠서 각자 요약하고 요약 작업에 빠진 한 사람이 전체를 한데 뭉쳐서 발표만 하는 방식이었고, 독일에서도 그럴 줄 알았다.

처음 조별 토론을 했을 때, 정말 큰 문화적인 충격을 받았다. 정말 팻대 높여서 침 튀겨 가며 각자의 주장을 하는 것이 아닌가. 나는 이러다가 클래스 분위기 정말 살벌해지겠다고 아주 걱정스럽게 주장들을 듣기만 하고 있었는데, 웬걸, 서로 서로의 아이디어에서 인정할 것은 인정하고 최상의 결과보다는 모두의 최선을 결과로 발표하고 쉬는 시간에는 별 시답지 않은 농담들을 하며 서로 박장대소하며 웃는 것이 아닌가! 나는 특히 서로 팻대 높였던 애들은 서로 머쓱해질 것이라고 생각했는데, 나 혼자만의 생각이었다. 사실 우리 때만 해도 대학 강의가 끝나고 교수가 질문 있냐고 물었을 때 질문 있다고 하는 학생은 극히 드물었다. 질문 자체를 권위에 대한 도전 비숫하게 생각하는 경직된 사회였기 때문이다. 독일에서는 질문이 아무리 바보 같은 것이라도 질문을 많이 하는 학생에게는 좋은 점수가 주어졌다. 수업 참여도가 높다고 보는 것이다.

처음에는 너무나 고통스럽던 발표와 토론이, 억지로라도 격한 토론 문화에 익숙해지려 하고 발표하고 하다 보니 MBA가 끝날 때 즈음에는 결론 없는 평화적인 토론보다는 확실한 의견을 수렴하는 막장 토론이 좋아지고 듣는 것보다는 앞에 나가서 발표하는 것이 좋아지는 부작용(?)도 생기게 되었다.

열릴 때까지 두드려라

MBA를 마칠 무렵, 새로운 현실적인 문제가 발생하였다. 바로 외국인이면 누구든지 현실에서 가장 큰 문제로 대두되는 비자 문제였다. 학생비자로 체류를 하고 있었는데, 당시 독일 외국인법은 모든 학생비자로 체류 중인 외국인 학생은 학위가 끝나는 대로 본국으로 돌아가야 하며, 취업비자 신청은 본국의 독일 대사관에서 귀국 후 1년 후에야 신청이 가능하였다. 나로서는 한국으로 돌아가야 한다는 상황이 암담할 뿐이었다. 살 곳도 없고 정해진 직장도 없고 가진 것은 갚아야 할 '유로' 빚밖에 없었으니 어떻게든 현지에서 취업을 해야 했다.

주변 사람들에게 도움을 청하였다. 교수들, 친구들, 친구들의 친구들, 누구의 집에서 하는 하우스 파티에서든 기차에서 말 걸어오는 사람이든 나의 사정을 이야기하고 도움을 요청하였다. 그러다 친구의 친구가 자신의 또 다른 친구의 아버지가 그 지역 지방 외국인청을 관할하는 고위 지방 공무원이신데, 그분에게 한번 말씀을 드려 보겠다고 하였다. 그분을 뵈러 갈 때는 다들 도와줄 거라고 친구와 친구의 친구 그리고 친구의 친구의 친구가 나와 같이 그분의 사무실로 갔었다. 그분께서 설명하시길 법적으로는 외국인 학생은 무조건 학위를 마치는 대로 돌아가야 하나, 어느 법이나 마찬가지로 예외 규정이 있다고 설명해 주었다.

세 가지 예외 조항이 있는데, 첫 번째는 그 학생이 세계적으로 인정받는 글로벌 기업의 임원인 경우, 두 번째는 그 학생이 정확히 기억나진 않지만 몇 억에 가까운 봉급을 받는 경우, 세 번째가 국가적 이익이 있는 학생의 경우이다. 첫 번째와 두 번째 규정은 그 당시 나의 사정과는 전혀 상관없는 경우여서, 세 번째의 조항으로 접근을 하였다. 세 번째 조항의 경우 그 학생이 독일에서 취업을 하게 되면 독일에 국가적 이익이 되는지의 여부는 독일상공회의소(IHK: Industrie und Handelskammer)에서 판단을 하고, 서면으로 그 추천서를 제출해야 했다. 마침 MBA 학교의 이사장이 독일 전체 상공회의소의 회장을 역임하고 있는 세계적인 의료기기 회사인 B. Braun의 Dr. Braun이었다. 그래서 학장을 통해 추천서를 부탁하고 체류에 대한 걱정은 접고 직장을 찾기 시작했다.

지금도 직원들 중에 어떤 문제에 대해, 도덕적으로는 문제가 없고 방법적으로만 나하고 이견이 있을 때, 지속적으로 다시 가지고 와서 나를 설득하면 결국에는 설득당해 주고, 그런 사람은 나의 마음속에서 포인트를 많이 딴다. 물론 얼굴로는 그렇게 말하지는 않지만.

독일 기업에 취직을 하려고 여러 군데에 알아봤으나, 독일 기업들은 노동비자(Arbeitsvisum)가 있어야 노동계약서(Arbeitvertrag)를 줄 수 있다고 하고, 외국인 노동비자를 발급하는 외국인청(Auslaenderamt)은 회사에서 노동계약서를 가져와야 노동비자를 발급할 수 있다고 하는 것이었다. 닭이 먼저냐 달걀이 먼저냐 하는 꼴이었다.

그래서 이런 데서는 놀라운 융통성을 발휘하는 한국 회사를 찾아갔다. 프랑크푸르트 근교에 있는 삼성 유럽에 면접을 봤을 때, 내가 보스에게 물었던 것은 한 가지였다. '내가 여기서 열심히만 하면 본사 사장도 할 수 있나?' 당연히 그렇다라는 것이다. 그래서 노동계약서에 서명해 줄 테니 바로 돌아오는 월요일부터 출근하라는 것이다. 통상 서류 제출에서부터 비자 발급까지 3개월 정도가 걸리나, 나의 경우는 '독일의 국가적 이익'이 있는 사람이었기 때문에 3주 만에 발급이 되어서 인사팀을 놀라게 하였다. 그렇게 나의 독일에서의 현지 채용인 경력은 시작되었다.

밥줄이냐 자기 존엄이냐: 밥줄을 놓고 도시락 배달을 하다

삼성 유럽 본부에서의 직장 생활은 또 다른 윈도우 열어 주는 계기였다. 내가 하게 될 일은 서유럽과 북유럽 시장의 영업 및 마케팅이었다. 면접 보자마자 출근을 하였고 출근하자마자, 상사는 담당 지역을 순회하는 출장 계획을 짜라고 하였다. 고객들을 직접 찾아가서 인사하고 인간관계를 형성하라는 것이 첫 번째 임무였다. 출장 계획을 회사 돈을 아끼는 마음에서 저가 항공과 민박집 위주로 짜서 갔더니 다시 짜 오라는 것이었다. 직원이지만 삼성을 대표해서 가는 것이기에 좌석도 이코노미가 아니라 비즈니스로 하고 호텔은 별 4개 밑으로는 잡지 말라고 했다. 계획을 다시 짜면서 직감적으로 그냥 인사만 하고 오라는 것이 아니구나를 느낄 수 있었다.

출장 전까지 고객별로 최근 5년간의 아이템별로 주문 트렌드를 정리하고 전임자 이메일과 인터넷 기사에 나온 고객사의 동향을 정리해서 출발하였다. 영국과 프랑스, 스웨덴에 있는 고객사를 방문하면서 제품에 대한 지식도 없던 때라서 내가 무슨 말을 하는지도 모르고 떠들 때였지만, 잘 정비된 영어로 발표를 하고 논리적 토론을 통해 결과를 내고 있는 자신을 보게 되었다. 고객사의 담당자들 하고는 학교에서 사귄 친구들처럼 서로 문제가 있을 때 사정을 이해해 주고 친구처럼 관계를 발전시켰고, 거래량도 지속적으로 확대를 해나갔다.

내가 만약 삼성이 아니라 조직이나 기업문화를 제대로 갖추지 못한 곳에서 실무를 배웠으면 아마 다른 결과가 나왔을 거라고 생각한다. 특히, 경력이 없는 사람을 교육할 때에는 잘 갖춰진 인사 체계가 그만큼 중요하다는 것을 이때 많이 느꼈고, 지금도 삼성에서 그 혜택을 받은 것을 고맙게 생각한다.

내가 삼성을 떠나게 된 것은 내가 가진 신분적인 차별 때문이었다. 나는 입사할 때부터 진급이나 대우에서 한계가 있는 현지 채용인이었다. 입사하기 전에는 몰랐지만, 그때 나의 상사는 내가 열심히 하면 본사 사장까지 된다는 말로 나를 회유하였으나, 실제로는 그와 너무 달랐다. 지금 한국에서 문제되고 있는 정규직, 비정규직 차별하고 유사하다고 보면 된다.

본사에서 파견 나온 주재원들과의 대우에서도 차이도 크지만, 아무래도 주재원들은 현지 언어나 문화적 차이에 대한 이해가 낮기 때문에 실무적인 것은 현지 채용인이 해야 한다. 현지 채용인은 배경에 따라 세 부류가 있는데, 나같이 한국에서 태어나서 자라다 유학나와서 취업한 경우와, 한국 사람이지만 부모가 이민 와서 독일에서 자란 경우, 세 번째는 독일 현지인인 경우다. 현지 채용인의 대우는 똑같은데, 주재원들 입장에서 제일 부리기 편한 게 나 같은 한국에서 온 사람들이다. 우선 말이 통하고 군대 경험이 있어서 상명하복 관계로 대해도 되기 때문이다. 그러나 한국말이 안 되는 독일 교포나 현지인들을 부리는 데에는 문화와 언어의 차이가 있기 때문에 누가 갑인지 모를 정도다. 이 나라 사람들은 토론에 달인들 아닌가!

일은 내가 하는데 영광은 주재원이 받고 문제가 생기면 나 같은 한국 출신 현지 채용인이 욕먹는 이상한 구조였다. 내가 어찌할 수 없는 구조였다. 사무실에서의 불평등은 사무실에서 남기고 끝낼 수 있지만, 사무실 밖에서의 불공정한 대우는 참고 생활하기 힘들게 만들었다. 해외법인에서는 특히 본사 출장자 접대가 주요한 업무 중 하나였는데, 한국인 현지 채용인들은 본사에서 출장자가 나오면 운전기사 또는 하인과 같은 격이 되었다. 말은 '본사 출장자들을 care한다'였지만, 하인과 같은 care를 받으면서 남을 care한다는 게 말이나 되는 표현인가? 출장자들이 자주 나올 때는 거의 매일 그 사람들 저녁 식사는 물론 밤 생활까지 care를 해 줘야 했고, 많이 나오는 달에는 보름 이상 출장자가 있었다. 이 사람들이 주말에는 할 일이 없었기에 주말이면 관광 코스를 데리고 다니면서 관광 가이드 역할까지도 했다.

그 당시 대부분의 한국 회사들이 그렇듯이 사무실 회식은 정의되지 않은 업무 시간이다. 회식 참석을 못 하겠다고 말하면 상사가 이유를 묻는데, 분위기가 마치 회사가 아주 바쁜 피크 시즌에 휴가 쓰겠다고 말할 때와 비슷했다. 더구나 나는 미혼이었기 때문에 회식에 참석 못 하는 이유로 둘러댈 만한 게 별로 없었다.

반강제로 회식에 참석하게 하고 끝까지 남아서 술을 마시게 하면서, 회식 끝나면 당연히 상사의 집이나 본사 출장자의 호텔까지 음주운전으로 차를 몰게 하였다. 그 상태로 집까지 운전하고 오는 것이 부담스러워 사무실이나 상사 집에 차를 세워 놓고 택시를 타고 간 다음(독일은 택시비가 비싼데 15분 정도만 타고 가도 5만 원 정도나 나온다.) 택시비를 청구하면 경비 결재를 안 해 주는 등, 상사가 기분 좋아서 인정하면 업무의 연장이고 강요에 의한 것이지만 인정하지 않으면 그냥 개인 지출로 써야 하는 일들이 많았다. 엉뚱한 일로 이 상황에서 탈출할 수 있게 되었는데, 그날도 회식 후 상사를 집까지 태워다 주고 내 집으로 돌아가는 길이었다. 그런데 그만 독일 경찰에 음주운전으로 걸려서 10개월 면허 정지가 되었고, 그 바람에 이런 사역에서 벗어나게 되었다. 물론 개인 돈으로 당시 소득으로 봤을 때 거액이었던 300만 원에 가까운 벌금을 낼 수밖에 없었지만.

택시비야 돈으로라도 메우면 되는 것이었지만, 회식 때 상사가 술에 취했을 때, 한국에서 80년대나 하던 상사의 일방적이고 비인격적인 행동은 자괴감에 빠지게 만들었다. 회식 2차 자리에서 뺨을 기분 나쁘게 살살 때린다든지, 머리채를 잡고 가볍게 흔든다든지, 신체적 가해의 기준을 보면 진단서도 끊을 수 없는 정도지만 정신적 가해는 심장에서는 여러 번 폭발이 생기는 그런 수준이었다. 세계 일류 기업이고 아무리 관리를 철저히 하는 삼성이더라도 다른 어디나 마찬가지로 전체 이미지에 안 맞는 사람은 존재하는 것이다.

한번은 주점에서 다른 직원들이 다 일어나서 노래를 하고 있는데, 살짝 내 머리채를 잡고 흔드는 것이 아닌가! 전에 여러 번 당했기 때문에 상상 훈련으로 준비를 해 두었다. 어떻게 팔을 꺾어 버릴 것인지. 상상 훈련을 잘 해 놔서 그런지 머리채를 잡히자마자 1초도 안 돼 있는 힘껏 뒤로 상사의 팔을 꺾고 나는 그 자리에서 나와서 집으로 가 버렸다. 지금 생각해 보면 그 상사도 자신이 부하 직원으로 있었을 때 그렇게 당했던 피해자가 아닐까 생각한다. 하지만, 그건 분명히 잘못된 행위라는 것을 본인도 알고 있었을 것이고, 내 입장에서는 그런 대우를 받기 위해 독일까지 가서 어렵게 공부한 게 아니지 않는가?

그 다음 날 사직서를 한국어, 영어, 독일어 세 버전으로 들고 출근을 했는데, 상사는 나를 따로 로비에 불러서 그 전날 일을 전혀 기억하지 못하는 것처럼 이야기했다. 하지만 망신당한 상사가 그냥 잊을 리는 없을 테고, 그래서 여기서 숨만 쉬고 살 것인가 아니면 다른 환경에서 나의 능력을 발휘할 곳을 찾을 것인가를 놓고 고민을 하게 되었다. 그때 마침 기아자동차 유럽 본부에서 주재원들이 하던 유럽 법인 산하 소지역 법인 및 국가법인 영업관리 업무를 현지 채용인 위주로 전환하니 와서 일해 보자는 제의를 받게 되었다. 물론 뒤도 안 돌아보고 자리를 옮기었다.

영주권이 없는 외국인이었기 때문에 회사를 옮기더라도 노동비자를 새로 신청을 해야 했다. 내가 일할 영업부에서는 먼저 출근을 하고 취업비자 신청을 병행하자고 하여 출근하였으나, 인사팀에서 취업비자 전에 출근하면 법적인 문제가 있다고 반대를 하면서, 인사팀에서 나의 취업비자 신청을 진행할 테니 기다리라고 하였다. 3개월 정도 걸릴 것을 예상했기 때문에, 한 달 동안에는 유럽 곳곳을 찾아다니는 역사 기행을 하였다. 여행에서 돌아오니 아직 두 달이나 더 기다려야 하는 상황이었다. 할 일도 없고 생활비를 벌어야겠다는 생각에 주변에서 한식당을 하는 친구와 작은 사업을 같이 시작하기로 했다. 유럽 비즈니스를 하는 한국 회사들은 대부분 프랑크푸르트에 몰려 있어서 프랑크푸르트 시내 주변에는 한식당이 많다. 그래서 한국 직원들 대부분은 주변의 한식당에서 점심 저녁을 먹을 수 있었다. 그런데 공항 근처 물류 센터에 있는 항공 물류 관련 회사에서 일하는 한국 사람들은 주변에 한식당이 없기 때문에 항상 점심에 대한 고민이 많았다.

식당의 점심 장사야 얼마나 빨리 자리를 돌리냐가 관건이니, 밥은 친구 식당에서 만들고 나는 아이스박스에 회사별로 밥과 반찬과 국을 넣고 배달하는 일을 50 대 50 배당으로 같이 하기로 했다.

아침 10시면 친구 식당 주방에 가서 밥하고 그날 메뉴를 만드는 것을 돕고 11시면 주문한 회사별로 일회용 용기에다 담아 아이스박스에 회사별로 넣은 다음 공항까지 20킬로 정도를 운전해서 점심시간에 맞춰 사무실마다 방문해서 배달을 하였다. 6~7개 정도 회사를 매일 배달을 하였는데, 그 회사들이 바로 옆에 붙어 있는 게 아니고 항공물류센터들이기 때문에 서로가 많이 떨어져 있어서 가장 빠른 동선으로 다들 점심시간이 시작할 때 즈음 배달을 해 주는 것이 관건이었다.

처음 밥 배달 일을 시작했을 때, 주변에서는 너는 한국에서 좋은 대학을 나오고 독일에서 MBA까지 하고 삼성에서 일하던 놈이 왜 그런 일을 하냐는 핀잔을 듣곤 했다. 비자가 없는 상태에서는 뭘 하든 불법이었기 때문에 핀잔주는 사람들도 그냥 그런 내 모습이 통념하고 안 맞아서 그러는 것일 뿐이었다. 하지만, 밥 배달할 때 나는 좋았다. 보통 김치찌개가 2만 5천원쯤 하는데, 그 비싼 한식을 공짜로 친구 가게에서 만들다 남은 것으로 때울 수 있었으니까.

독일의 찻집이나 식당이나 서빙을 하는 사람들은 팁으로 먹고 산다. 매일 6~7개 회사들에 점심을 배달하면서 어떤 회사는 현관에 도착을 하면 아이스박스를 받아 주며 고맙다고 인사하고 자기들이 밥하고 찬을 꺼내서 알아서 먹을 테니 나중에 가는 길에 찾으러 가라고 하면서 팁도 듬뿍 주는 회사가 있는 반면에 어떤 회사는 쳐다보지도 않고 회의실 테이블에 밥하고 반찬의 뚜껑을 다 까고 가라고 하면서 팁도 한 푼도 안 주는 회사도 있었다. 멀쩡하게 생긴 30대 중반 남자가 가죽 잠바에 청바지 차림으로 밥 배달하니 관심을 줄 만할 것도 없는 사람이라고 아마도 봤을 거다. 그냥 누가 봐도 불법 외국인체류자였던 것이다.

3개월이면 나올 줄 알았던 비자가 인사팀 인력의 퇴사와 입원 등으로 7개월이나 걸려서 나왔다. 한두 달 할 줄 알았던 밥 배달을 반년을 한 것이다. 밥 배달 수입으로는 생활이 안 되니, 저녁에는 친구 식당에서 맥주 따르는 일도 병행하게 되었다. 지금도 생맥주나 병맥주를 잔에 따를 일이 있으면 그때의 일이 생각나곤 한다. 세월아 네월아 기아 쪽만 기다릴 수 없으니 한국 쪽에 독일에 법인을 낼 만한 회사에 무수히 연락을 하였다. 기아차 유럽법인에 오랜 기다림 끝에 출근을 시작하고 얼마 뒤에 내비게이션 전문 업체인 아이나비가 연락을 해 왔다. 유럽 진출을 하니 유럽법인 대표를 해 볼 생각이 없냐고.

30대 중반에 대표를 하다

당연히 현지 채용인이란 신분에 갇혀 있어서 답답해하던 나에게는 원하던 일이었다. 퇴사를 하겠다고 했을 때 많은 주변 분들이 '왜 기아자동차 같은 대기업에서 편하게 있으려고 안 하고 앞날이 어찌 될 줄 모르는 중소기업으로 자리를 옮기느냐'라고 물을 때, 나는 '삼성에도 있어 봤는데 기업의 앞날보다는 내 앞날이 더 중요하더라.' 하고 미련 없이 불확실한 중소기업으로 옮겼다.

다시 앞날에 대한 기대와 두려움을 가지고 30대 중반에 법인 설립부터 착수하였다. 직원들도 뽑고 사무실도 계약하고 사무실 레이아웃도 짜고, 회사 운영에 필요한 가구에서부터 내비게이션 제품의 AS에 필요한 기구와 장비들까지 갖추면서 하나하나씩 내가 소유한 회사는 아니지만 내가 처음부터 만드는 회사라는 자부심을 가지고 준비를 해 나갔다. 내비게이션은 전자제품이기 때문에 한국에서 배로 운송을 할 수가 없다. 전자제품은 특성상 가격이 출시와 동시에 떨어지는 성향이 있기 때문에 항상 물류비가 나오더라도 항공으로 운송해야 한다. 당연히 항공 물류를 하는 회사들 입장에서는 최고의 고객이 전자제품 회사이다.

그렇게 나는 밥 배달하는 을의 입장에서 매일 점심 때 보던 사람들을 이제는 갑의 입장에서 한 회사씩 회의실에 불러 미팅을 하였다. 정말 놀라웠던 것은, 내 얼굴을 빤히 쳐다보고 웃으면서 미팅하는 상대들이 나를 아무도 기억해 내지 못한다는 것이었다. 나는 이 사람들이 어떤 메뉴를 좋아하고 부하직원들을 어떻게 대하는 것까지 다 기억하는데, 나에게 친절했던 사람들이든 막 대했던 사람들이든 아무도 기억해 내지 못했다. 당연히 친절했던 회사에 기회를 주었다. 밥 배달하는 사람에게까지 친절하면 서로가 친절할 거고 그럼 직원들도 더 일을 잘할 것이라는 믿음이 있었다. 이때 그 후로 사는데 있어서 각인된 교훈을 얻을 수 있었다. '잘 나가는 사람 옆에서 눈 마주치려고 하는 것보다 그렇지 않은 사람들을 인정해 주고 인격적으로 대하고 도와주자.'라는 것이다. 지금도 어려움에 있는 사람들을 볼 때, 그 사람들의 눈에서 그때의 내가 보인다.

아이나비가 유럽 시장에 뛰어들었을 때, 내비게이션은 얼리어답터 시장의 특성을 갓 벗어난 무섭도록 빨리 성장하는 시장이었다. 주요 전자제품 회사들은 각자의 브랜드로 출시를 하였고, OEM을 주로 하다가 처음으로 브랜드를 가지고 유럽에 진출하였기 때문에, 당연히 유럽 사람들에게는 브랜드 인지도가 0이었다. 한국은 점점 대형 화면으로 가고 있었지만 유럽은 당시 3.5인치가 대세여서 과거에 팔았던 3.5인치로 처음 진입을 하려고 하였다. 만나는 주요 유통들은 브랜드 인지도가 없으니 가격을 떠나 판매가 어렵다고 하였고, 이런 주요 유통 본사 담당자를 만나기 위해 정말 정신없이 독일 전역을 동분서주하였다. 고용된 대표지만 내 회사와 같은 심정이었다.

프랑크푸르트에 사무실이 있었고, 주요 유통 본사들은 뮌헨, 하노버, 베를린, 취리히와 같은 왕복 1,000킬로가 넘는 데 있었다. 본사에서 만든 내비게이션 소프트웨어가 가끔 현지 사정과 충돌이 있었기 때문에 어차피 가야 할 길 비행기로 다니지 않고 차로 다니면서 제품을 테스트하였다. 차량 앞 창문 아래에 3개, 위에 3개, 선루프에 1개의 내비게이션을 달고 시속 200킬로로 아우토반을 달리며, 어떤 주는 일주일 5일 동안에 5,000킬로를 차량으로 다니며 테스트를 병행하였다. 만약, 7개 중에 하나라도 같은 결과를 내지 않으면 가까운 곳에 차를 세우고 그 지점의 좌표와 이상 현상을 메모하고 다시 갈 길을 가곤 하였다. 새벽 5시에 출발해 9시에 미팅을 하고 오후 3시에 사무실에 와서 업무를 보면서, 기계 공장에서 기계처럼 일하다 전자제품 회사에서 전자 인간처럼 일하는 나를 발견하였다.

시장에서 4.3인치로 이동을 하자 3.5인치로 고전했던 본사는 4.3인치로 제품 준비를 하였으나, 나는 비슷한 제품으로 가는 'Me too 전략'보다는 'Me only 전략'으로 가야 한다고 본사를 설득했고, 유럽 시장에는 아직 출시가 안 됐지만 한국에서는 일반적인 7인치 대형 화면에 유럽형 디지털 TV 기능을 넣은 제품을 출시하자고 설득했다. 다행히 본사가 논리를 인정하고 7인치를 내놨을 때, 시장의 반응은 뜨거웠다. 한국하고는 다르게 레저 산업이 발전한 유럽에 내비게이션과 멀티미디어 기능이 결합된 제품은 여러 유통에서 수요가 있었다. 미리 유럽 최대의 유통망들과 차례로 계약을 하고 제품 개발이 완성되기만을 기다리고 있었다.

하노버 Cebit박람회에서 내비게이션 관련 최대 부스 중의 하나로 참여할 만큼 투자도 아끼지 않았다. 그러나 내비게이션에는 크게 중요하지 않았던 MP3 기능에 대한 라이선스 계약을 본사가 실수로 제대로 계약을 확인하지 않고 출품한 것이 문제가 되었다. 제품은 독일 법원에 판매 중지 명령을 받게 되었다. 판매 중지 명령을 받은 판매 법인은 존속의 이유가 없어진다. 본사는 유럽법인을 닫고 본사에서 해외 수출을 하자고 하였으나, 몇 년간 열정을 다해서 시장을 뚫었고, 내가 뽑고 훈련시킨 현지 직원들을 본사의 실수로 결국 내가 내보내야 한다는 상황에서 나만 본사로 가서 일한다는 것은 용납이 안 되었다. 결국 회사를 그만두었고, 그간의 법인 설립과 운용에 대한 경험을 살려 새로이 독일에 법인을 내려는 회사들을 위한 현지 법인 설립 컨설팅을 시작하였다.

The show must go on

노총각으로 30대 후반으로 가면서 일로는 풀리지 않는 개인적인 문제가 있었다. 도무지 짝을 찾기가 너무 힘들다는 것이었다. 프랑크푸르트 주변에는 한국 사람들이 많았지만, 결혼하신 분들 아니면 학생들이었다. 그렇게 짝을 찾다가 순전히 나이에 맞는 상대를 찾아서 이때 아니면 결혼 못 한다는 심정으로 결혼을 질러 버렸다. 다른 실수들도 많이 했지만, 이 결정이 내가 지금까지 살아오면서 저지른 가장 큰 실수였다. 곧, 모든 배경과 마음까지도 나에게 거짓으로 대한 전처와는 짧은 결혼 생활을 끝내게 되었다. 둘 다 한국 국적자였기 때문에 독일 법원에서 이혼이 안 되어서 한국으로 나올 수밖에 없었다.

마흔 살이 되어 10여 년 만에 다시 한국으로 왔을 때에는 모국에 온 느낌이 아니었다. 한국도 많이 변했고 나도 역시 그러했다. 독일에서는 모습이나 말에서 누구도 부인하지 못하는 외국인이었지만, 한국에서도 역시 얼굴만 한국 사람이지 생각하는 방식은 외국 사람과 마찬가지였다.

독일로 떠난 지 10여 년 만에 한국에 돌아왔지만 상황은 떠날 때와 크게 다르지 않았다. 미래가 불확실한 새로운 무대에 빈털터리였다. 거의 수중에 쥐고 있는 돈도 100만 원 안팎으로 비슷했다. 여자를 만나 독일로 가서 겨우 내 몸 하나 일으켜 세웠는데, 이번에는 여자를 잘못 만나 한국으로 다시 들어와야 했으니 기구하다면 기구한 여정이다.

독일에서 취업비자를 기다리며 반백수할 때와 한국에 돌아와서 반백수할 때는 상황이 많이 달랐다. 이미 나의 이력은 웬만한 직장에서는 직원으로 받아들이기 힘든 이력이 되어 버렸다. 이때 처음으로 서류에서 탈락하고 면접에서 탈락하는 경험을 해 봤다. 실제로 독일에서는 세금과 4대 보험이 비싸기 때문에 연봉이 높은 수준이었다. 면접을 볼 때 '지난 직장에서 연봉이 얼마였냐.'란 질문에 사실대로 대답하면 100% 탈락이었다. 내가 유럽에서 정말 '맨땅에 헤딩하면서' 얻은 경험들이 그대로 사장되고 말 것 같아, 직장을 못 얻는 거보다 그 점이 더 안타까웠다.

능률협회에서 일하는 후배의 도움으로 한동안 대학교에 기업 실무 관련 특강을 나가는 강사를 하게 되었다. 몇 개월 되지 않은 경험이었지만, 새로운 강의를 할 때마다 머리를 쥐어짜 가며 열심히 준비를 하느라 물론 힘들었지만 반면에 즐거움도 컸다. 강의를 하면서 젊은 학생들의 초롱초롱한 눈과 고민거리들을 듣는 것도 상상 이상의 기쁨이었다. 다행히 학생들의 평가가 좋아서 강의거리를 많이 받을 수 있었고 생각지 못한 고수입을 벌 수 있었다. 하지만, 같은 주제의 강의를 몇 번 하게 되면서, 같은 자료와 같은 말을 반복해도 처음

할 때와 같은 돈을 쉽게 벌 수는 있었지만, 왠지 내 자신이 돈 버는 앵무새 같다는 자괴감이 들기 시작했다. 비록 여관에서 월방을 살고 있었고 그만두게 되면 현실적인 어려움이 바로 있었지만, 마흔 살부터 과거를 팔아먹고 살면 무엇을 더 배울 수 있을까라는 고민 끝에 결국 강사 생활을 그만두었다.

여름이 지나자 한동안 아무 소식이 없던 헤드헌터들에게 연락이 거의 한꺼번에 오기 시작했다. 다시 세 군데의 한국 회사의 유럽법인 대표로 나가는 자리와, 한 군데의 유럽 회사의 한국 대표 자리에 대한 지원 제안이 들어왔고, 가릴 것 없었던 나는 네 군데 다 지원했다. 네 군데 다 경험해 보지 않은 산업들이었다. 다행히 면접 날짜들이 서로 떨어져 있어서 면접에 대한 준비를 1주일 정도씩 할 수 있었다. 한국 회사의 유럽 대표는 한번 해 봤기 때문에 그것보다는 유럽 회사의 한국 대표 면접에 준비를 더 하였다. 뮬러마티니는 그때까지만 해도 생소한 회사였고, 이 회사가 글로벌 시장에서 70%를 차지한 제본 설비 쪽은 나에게는 너무나 생소한 분야였다. 책을 잘 읽지도 않았던 내가 책을 만드는 기계에 관심이나 있었겠나.

일반인에게 드러나지 않은 B2B 회사였고 산업이었기 때문에 제본 설비 시장에 대한 자료나 회사 정보를 인터넷을 뒤져도 잘 나오지가 않았다. 모은 정보들도 시장을 전반적으로 이해하기에는 너무 빈약했다. 이대로 면접을 갔다가는, 나이도 대상자 중에 제일 어리고 이 업계 경험도 전무한 내가 공허한 이야기들만 주고받다가 떨어질 것이 너무 분명해 보였다. 면접 날짜는 다가오고 그래서 결국 모은 정보들을 가지고 가상의 현실을 만들기로 했다. 면접일 날 스위스에서 날아온 본사, 해외법인 담당 사장과 스위스인 헤드헌터와 함께 면접을 진행하였다. 같은 날 나를 포함해 5명의 대상자들에 대한 면접이 아침부터 저녁까지 진행될 예정이었다. 헤드헌터에게 나의 면접 시간은 다섯 명 중에 세 번째로 해달라고 특별히 부탁하였다. 왜냐하면 나도 직원 채용하면서 면접을 많이 해 봤기 때문에 전반부에 본 사람에 대한 인상은 시간이 지나가면 잊히고 후반부에 본 사람들은 아무래도 지치기 때문에 덜 열성적으로 보게 되었던 경험이 있었기 때문이었다.

면접은 1시간 정도로 본사 사장이 30분 정도 회사에 대해 소개하고 30분 정도를 나에 대해 이야기하는 것이었다. 본사 사장이 30분 정도 회사 소개를 하자마자, 나는 발표를 준비해 왔으니 자리를 바꿔서 앉아 달라고 하고 노트북을 꺼내고 그 자리에서 내가 어떻게 이 회사를 한국 시장에서 성공적인 회사로 만들 것인가에 대해 발표를 시작했다. 시장과 회사에 대해 제한된 정보를 가지고 있기 때문에, 발표를 시작하면서 내가 파악할 수 있었던 정보들을 토대로 다음과 같은 가정들을 세웠다라고 전제를 하고, 그 가정들 위에서 회사의 발전 방향을 50쪽 정도의 프레젠테이션으로 제시하였다. 결국 내가 만든 가상의 세계에 있는 회사에 대해 1시간을 거의 혼자 발표를 진행하였다. 발표가 끝나고 본사 사장의 첫 번째 질문이 "무슨 차를 몰고 싶은가?"였다. 그때 '아, 내가 되었구나.'를 직감적으로 느낄 수 있었고, 몇 주 뒤에 본사 사장으로부터 같이 일하자는 레터를 받았다. 그렇게 마흔한 살이 되던 2011년 1월 1일 대표이사 취임을 하고 지금까지 4년 반을 근무 중이다.

전환시대, 마이너스섬 사회에서 살기

20~30대의 후배들에게는 안타까운 이야기지만, 여러분들이 살아가야 할 시간들은 내가 살아왔던 시간들과는 많이 다를 것이다. 내가 살아온 시대를 보면 대학을 졸업할 때는 직장이 넘치던 시대였고, 직장 생활을 할 때는 글로벌 시장이 팽창하는 시대였다. 나는 플러스섬(Plus Sum) 사회에서 교육받고 사회 초년병 시절과 어느 정도 지위를 가질 때까지 살아왔다. 21세기 들어와서 한국은 점점 제로섬(Zero Sum) 사회로 바뀌게 되었다. 제로섬 사회에서 나타나는 특징은 몇몇 기업들이 특정 시장 또는 전체 시장에서 다수의 소형 경쟁자들을 잠식하고 독점 또는 과점을 하게 된다는 거다. 그래서 얼마 전부터는 재벌들이 이제는 빵집까지 차리는 시대가 되었다. 제로섬 사회로의 전환에 대한 인식도 하기 전에 여러분들이 한창 사회에서 성장해야 할 시기인 불과 몇 년 뒤부터는 마이너스섬(Minus Sum) 사회로 급격하게 전환될 것이다.

전 세계적으로 새로운 기술들의 급격한 발전으로 사람의 일자리는 인공지능, 로봇으로 대체될 것이며 현재의 직업이 많이 사라진 세상이 올 것이다. 단순 사무직과 단순 기능직 일자리는 급격히 사라질 것이다. 철밥통 일자리는 안전할까? 한국에서 일반적으로 생각하는 안전하다고 생각하는 일자리(공무원, 교육자) 역시 급격한 구조조정이 지속적으로 될 것이다. 세수가 사라지고, 교육을 할 아이들의 숫자가 급격히 주는데 어떻게 남아 있을 수 있을까? 경제활동 인구가 급격히 주는데, 아파트가 지금과 같이 일반 급여 생활자가 평생을 숨만 쉬고 살아야 모을 수 있는 가격이 유지가 될까?

예전에 선생님이나 부모님이 충고했던 직업은 뭘 선택하라는 충고가 전반적으로는 많이 맞았다. 같은 고속 성장 시대 트렌드의 사회를 살아왔기 때문이다. 나는 그러한 충고들의 의미가 전에 비해서는 없다고 생각한다. 오늘날과 같은 마이너스섬 사회를 살아본 사람이 부모님이나 선생님들 중에 없기 때문이다. 역사 속에는 그런 시대들이 존재한다. 사실 마이너스섬 사회에서는 어떤 사람이나 사회의 성공담 또는 성장의 역사보다는 실패 또는 축소의 역사를 더 관심 있게 봐야 한다.

한국 사회에서 성공하는 사람으로 평가하는 30평대의 아파트와 좋은 직장, 중형차 등이 미래에는 어떤 의미가 있을까 생각해 봐야 한다. 인생의 가치와 방향을 사람들이 현재 평가하는 것을 가지기 위해 그 긴 시간을 그것만 보고 자기의 존엄성이 무너지는 대우를 당해도 참고 자신의 행복을 희생하고 남들이 원하는 시각에 맞춰진 '성공'이라는 것을 좇는 것이 변화된 미래에는 어떤 의미가 있을까. 자신이 결정하지 않고 남의 의견만을 따라 결정한 것은 그 결과에 있어 실패와 성공으로 판단될 수 없다. 오직 자신이 결정하고 판단했을 때 실패와 성공이라는 평가를 가질 수 있다. 그리고 또한 성공이나 실패는 마냥 긍정적이거나 부정적인 것이 아니다. 실패는 교훈이라는 보상을 준다. 하지만 성공은 교만이라는 독을 준다. 그래서 장기적으로는 제각기 다른 인생들이지만 교훈과 교만을 교차하면서 가지게 되는 거다.

노력하는 삶은 중요하지만 왜 노력하는지도 모르고 노력하는 것은 미래 시대에는 가치가 없다. 우선 자신이 좋아하고 싫어하는 것이 뭔지, 싫어하는 것은 단지 싫은 건지 아니면 좋아할 수 있는 기회를 만들어 봤는지, 나는 어떨 때 행복한지 그리고 힘들어하는지 등등, 자신을 남의 잣대에서 평가하는 게 아니라 자신을 솔직하게 느낄 수 있는 경험들을 쌓으며 자신의 길을 가다 보면 새로운 문이 보이고 그 문을 두드리다 보면 문이 열린다. 하지만 누구도 그 문이 어떤 길로 통하는지는 알 수 없다. 그래서 인생은 문 두드리는 재미를 주는 거다. 두드렸는데 문이 안 열릴까를 걱정하면 문조차 두드리지 못하고 그냥 시간만 보내게 된다.

지나왔던 나의 길을 돌이켜 보면 인생은 여러 의미에서 공정하구나라는 것을 느낀다. 아버지가 사회적으로 성공하고 큰 집에서 경제적으로 아무 걱정 없이 살 때는 아버지와 나, 아버지와 어머니 사이가 그렇게 좋지는 않았다. 항상 난 야단맞았고 부모님은 자주 싸우셨다. 아버지가 사업을 두 번 실패하고 내가 독일로 떠난 이후부터 지금까지 경남 양산의 시골에서 테이블 두세 개 밖에 안 되는 작은 족발집을 하신다. 가끔 부모님을 뵈러 가면, 어머니와 아버지가 예전에 비해 많이 나이 들었지만, 서로 하루 종일 붙어서 티격태격하셔도 표정과 말투에서 안정과 사랑을 느낄 수 있다. 이젠 아버지의 일방적인 훈계를 듣는 게 아니라 함께 대화를 나눈다.

아버지 회사가 그때 위기를 극복해서 대기업으로 성장하고, 내가 거기서 아직도 아버지의 훈계를 들어가면서 아버지 사업을 이어나갔다면 어땠을까 상상해 본다. 아마 돈은 주체할 수 없이 많이 벌었을지 모르지만, 행복하진 않았을 것이다. 저택에도 살아 봤고, 독일에서 쾌적한 동네의 좋은 집에서도 살아 봤으며, 한국에 와서 퀴퀴한 여관의 월방에도 살아 봤는데, 돈이 없으면 없는 대로 맞춰 살아보면 살 수 있었다. 돈을 많이 못 번다는 것이 인생에 실패했다는 것은 아니다. 역시 반대로 많이 번다는 것이 성공했다는 것도 아니다.

대학을 비슷하게 마치고 비슷하게 사회생활을 시작하여 회사에서 안정적으로 근무해 온 친구들은 나의 현재 위치를 부러워들 한다. 하지만, 그들은 알까. 나도 역시 그들이 안정적으로 큰 부침 없이 살아온 것을 엄청나게 부러워했었다라는 것을. 현재의 내 위치는 과정일 뿐 결과가 아니다. 언제든 내 자신이, 아니면 본사에서 판단하는 대로 나는 다시 백수라는 자연인으로 돌아갈 수 있다. 그건 회사를 다니는 직장인들은 누구나 가질 수 있는 경우의 수다. 지금 나와 친구들이 서로 다른 위치에서 일을 하는 것은 단지 각각의 인생 환경에 맞춰 살다 보니 다른 경험을 했고 약간 다른 길을 가고 있는 것일 뿐이다. 하지만 현재 다니는 회사를 언젠가 떠날 때 받을 스트레스는 대학교 이후 계속 한 회사에 근무했던 친구보다 내가 훨씬 덜 할 거다. 나의 멘탈이 강해서가 아니라, 단지 전에 몇 번 해 봤기에 경력의 끝이 아니라 새로운 시작이라는 것을 알기 때문이다.

40대 중반에서 앞으로의 미래를 생각하면, 내가 살아가는 방식은 아마 살아왔던 것과 크게 벗어나지 않을 것이라는 생각이 든다. 어떤 자리에서 무엇을 하고 있기를 바라는 게 아니라, 나의 삶의 철학을 이루는 원칙 속에서 방향을 결정하면서 어떨 때는 치열하게 어떨 때는 느긋하게, 성공이든 실패든 나만의 스토리를 만들 것이다. 아마 50대부턴 목수로 살고 있지 않을까 생각도 한다. 앞날은 누구든 모르는 거고, 앞으로 살날들은 많이 남아 있다. ✱

글로벌 여성 리더십:
다시 태어나도 여자로

배금미

저자 배금미는 현재 덴마크 의료기기 전문회사 콜로플라스트 코리아의 CEO이다. 미국에서 덴마크까지, 자동차 산업에서 호텔, 헬스케어 산업까지, 글로벌 비즈니스 현장을 종횡무진하며, 합리적인 이성과 따뜻한 리더십으로 여성 커리어의 지평을 넓혀 왔다.

미국 메릴랜드대학교에서 경영학을 전공하고 서던일리노이대학교에서 MBA를 마친 마케팅 전문가로서, 당시 세계 최대의 자동차 회사였던 제너럴모터스에서 마케팅 플래너로 사회 첫발을 내딛었다. 귀국 후, 쌍용템플턴 마케팅 매니저, DHL코리아 마케팅 총괄이사, 존슨앤드존슨 메디컬 코리아 여성사업부 한국 본부장, 당뇨 사업부 북아시아 총괄사업본부장 및 멘토 사업부 아시아 총괄본부장을 역임했다. 존슨앤드존슨 재직 시절에 그룹 최고 영예인 '제임스 E. 버크 마케팅 대상'(2010)을 수상했다.

저자는 현재 재직 중인 회사에서 휴머니즘을 기반으로 한 기술의 진보를 통해 병으로 고통받는 환자의 삶의 질 개선을 위해 노력하고 있다. 또 바쁜 일정 속에서도 글로벌 기업 여성 CEO로서 대학 강연을 통해 여성들이 갖추어야 할 글로벌 자세와 리더십의 지혜를 전하며 여성 멘토로 활약하고 있다. GCCA 산학협력위원회 창립 멤버이기도 한 저자는 다양한 사회봉사 활동에도 참여하고 있다. 국민일보의 고정 칼럼니스트로 활동했으며, 2014년 Worldwide Who's Who의 '성공적인 여성 리더'로 선정된 바 있다.

저자의 최근 저서로는 여성 CEO로서 저자의 경험담을 담은 자서전적 에세이 『성장하는 여자는 구두를 탓하지 않는다』(중앙북스, 2015)가 있다. ✿

여성들이여, 더 높은 야망을 가져라

　내 세대에는 많은 사람들이 여자가 남자보다 바깥일에는 한 수 밑이라고 생각했다. 공부도 남자들이 좀 더 잘한 것 같다. 혹자는 집안의 부모들이 딸들에게 덜 투자해서 남자들이 그렇게 입학시험에서 더 두각을 나타냈다고 말하지만 난 동의하지 않는다. 아마도 그건 여자들 스스로가 '난 커서 시집 잘 가면 돼.' 하고 부모들의 의견을 적극적으로 반영해 편하게 사는 길을 선택했거나, 야심을 갖고 열심히 사는 젊은 여성의 숫자가 상대적으로 적었기 때문일 거다.

　내가 해외 MBA를 지원하기 위하여 GMAT 시험을 봤던 1985년 시험 장소는 연세대학교 대강당이었다. 무려 5시간에 걸친 긴 시험이었는데, 중간 휴식 시간에 둘러보니 그 큰 강당에 여성 수험자가 나 혼자였던 기억이 있다. 적어도 나는 다른 여성 수험생을 보지 못했다. 후에 미국 대학원에 진학했을 때도 MBA 프로그램에 홍콩이나 싱가포르 등에서 온 아시아 여학생들을 가끔 볼 수 있었을 뿐 한국 여학생은 보지 못했다. 그만큼 우리 사회의 여성들의 남성 분야에 대한 도전은 상대적으로 늦게 이루어진 편이다.

　아직도 우리 사회에는 여자들이 미모에 모든 것을 거는 인구당 성형률이 세계 최고라는 부끄러운 기록을 보유하고 있다. 이는 여성의 가치를 대하는 대한민국 남성들의 전반적인 태도와도 무관하지는 않은 것 같다. 여하튼 그럼에도 불구하고 세상은 변해 요즘 많은 분야에서 훌륭한 여성들이 점차 두각을 보이고 있다. 모든 시험의 최우수 합격자에는 거침없이 여성들의 이름이 올라온다. 이는 여성의 사회 진출과 성공 케이스가 그동안 자의반 타의반으로 억눌려 있었지 결코 여성들이 부족해서가 아니라는 것을 증명해 준다.

나는 과거 25년이 넘는 동안 '유리천장'을 한 번도 보지 못했다. 늘 공부한 만큼 열심히 일한 만큼 결과가 흡족했고, 오히려 여자라서 승진의 기회도 더 많고 빨랐던 것 같다. 물론 이러한 배경에는 글로벌 회사를 전략적으로 채택해 커리어를 쌓아 나온 점, 여자로서의 장점을 최대한 활용한 점, 훌륭한 멘토들을 많이 만난 점 등이 도움이 많이 됐지만 무엇보다도 나 스스로 성공하고 싶다는 꿈과 야망, 열정이 지속되었고 그를 뒷받침하는 노력이 있었으며, 하면 된다는 신념과 나 자신에 대한 자신감이 있었기 때문에 가능했던 것 같다. 누군가 말한 거 같다. '소년이여 야망을 가져라!' 나는 말하고 싶다. '여성들이여 더 높은 야망을 가져라!'

남자들은 여성의 적이 아니다. 직장 생활에서 경쟁자는 될 수 있겠지만 그들은 무엇보다도 프로정신을 갖고 열심히 일하는 매력적인 여성 직원들을 무한히 돕고 싶어 하는 조력자들이다. 이런 이유로 나는 다시 태어나도 여자로 태어나고 싶다.

글로벌 시대, 글로벌 기업에 도전하라

대학생들을 대상으로 여성 리더십을 강의할 때 보면, 의외로 졸업을 앞둔 학생들이 국내에 있는 외국기업의 문턱을 턱없이 높이 생각하고 있다. 심지어는 경력자가 아닌 경우 사회생활을 새로이 시작하는 졸업자들은 채용 대상에서 제외되는 것으로 대부분 알고 있는 것을 발견하고 놀랐다. 그동안 학생들에게 글로벌 회사 리더로서 학생들에게 좋은 기회를 홍보하는 데 게을렀던 것에 대하여 반성한 기억이 있다. 실제로 국내 글로벌 회사들이 경력자들만 채용하는 것은 사실이 아니며 요즘 들어 오히려 더 좋은 교육을 받고 자랐으며 원하는 방향으로 교육이 용이한 신입 졸업생들을 더 많이 선호하는 기업도 있다. 학생들은 모두 글로벌 기업의 경우 채용공고가 어디에 나며 무엇이 선발 기준이 되느냐를 궁금해했다.

잠시 소개하면 우선 채용 경로는 다양하다. 회사 사이트를 들어가 신청해서 인턴으로 먼저 시작하여 적정 과정을 마친 후 그 결과가 우수하면 정식 직원으로 채용되는 경우, 또는 외국인 전문 온라인 구직 사이트를 통해 현재의 산업별 인재채용 추이와 요구되는 기술 등을 먼저 학습한 후 자격을 갖추고 이에 맞게 이력서와 자기소개서 등을 준비하여 구직하는 경우도 있다. 이런 경우 그 산업에서 먼저 일하고 있는 지인과 사전 대화를 나누고 인터뷰에 응하는 것이 많은 도움이 된다.

나는 2014년 여름 현재 회사에 대표로 자리를 옮긴 지 얼마 안 되서 영어로 향후 3년 사업 성장 계획을 덴마크 본사에 제출해야 했다. 이를 준비하는 과정에서 도움을 줄 똑똑한 인턴이 한 명 필요해 인사부 직원에게 서울 소재 몇 개 대학의 취업센터에 공문을 보내 졸업예정 학생들의 이력서를 받아 보도록 했다. 요즘 취업난을 설명하듯 생각보다 많은 이력서가 접수되었고, 인사 매니저가 첫 발췌를 하고 내게 몇 장의 이력서를 건네주었다. 이 중 눈에 뛰는 이력서가 있어 인터뷰를 했고 글로벌 MBA과정 졸업을 한 학기 앞둔 지원자에게 인터뷰 후에 바로 인턴십을 제의했다. 이 지원자는 3개월 인턴십을 훌륭히 마치고 모든 면에서 기대 이상이어서 현재 정규직 직원으로 채용되어 모든 사람들에게 인정을 받으며 열심히 일하고 있다. 성공하는 인터뷰 방식에 대해서는 잠시 후 커뮤니케이션 부분에서 다시 소개하려고 한다.

여성이라서 유리한 직장 생활

흔히 남성들은 말한다. 여성들이 너무 예민하고 질투가 많다고. 그러나 예민한 것은 사실이나 이는 직장 생활에서 통찰력으로 발전하여 매우 좋은 장점이 될 수도 있다. 남자는 보지 못하고 그냥 지나치는 것을 여성은 느끼고 보고 감지하고 미리 대책을 강구할 수 있는 장점이 있다.

뿐만 아니라 여성은 모성애가 발달하여 직원들을 가족처럼 느끼고 보살피며 돌볼 수 있는 '섬기는 경영'을 권위주의적인 남자들보다 더 잘할 수 있다. 또한 여자들은 상대적으로 정치적이지 못한 반면 정직하고 솔직한 편이다. 이러한 것들이 때로는 너무 감정적인 것으로 표출되어 직장 생활에서 곤혹을 치르지 않는 한 정직함은 늘 직장 생활에서 가장 중요한 덕목 중의 하나임에 틀림없다.

여성은 술과 이성에 대한 유혹이 상대적으로 적어 회사의 공금을 개인 자금처럼 쓰려는 유혹에 대한 통제가 남성들보다 더 강하다. 이러한 이유로 업무 도덕성을 성과보다 중시하는 글로벌 기업에서는 예전과 달리 여성 리더를 많이 선호하고 있다.

그러면 글로벌 기업이 왜 국내 기업보다 여성들에게 더 유리한가 좀 더 자세히 알아보기 위해서 글로벌 기업과 국내 기업의 차이점을

174

살펴보자. 위에서 말한 윤리경영 외에도 존슨앤존슨과 같은 세계적인 기업은 360도 설문조사라 하여 매년 임직원을 상사뿐만 아니라 부하, 동료로부터 피드백과 평가를 받게 하여 자기계발이나 승진의 주요자료로 쓰고 있다. 따라서 일만 잘한다 하여 리더가 될 수 없고 웬만큼 실력과 덕망을 보유하지 않는 한 상사의 눈에 들기도 힘든데 동시에 부하와 동료까지도 만족시키기란 쉽지 않은 일임은 독자도 쉽게 짐작할 수 있으리라 생각한다. 또한 글로벌 회사에서 성공하려면 IQ뿐만 아니라 EQ(Eomotional Q, 감성지수)나 SQ(Social Q, 사회성지수), CQ(Culture Q, 문화지수) 등이 오히려 더 많이 요구된다. 이 외에도 외국어 능력, 프레젠테이션 스킬 등이 매우 중요하고 고객 위주의 의사결정, 스스로 직장에서 롤 모델이 되고 좋은 멘토 멘티 관계를 장려하며, 사회에 기여하는 봉사활동(CSR)을 기업정신으로 보다 중요하게 여기는 점 등이 외국 회사의 특징이다. 감성지수나 외국어 프레젠테이션 스킬은 종종 여성이 특별히 두각을 낼 수 있는 분야이다.

여성의 균등한 승진 기회 부여에 대해서는 요즘 글로벌 기업에서는 종종 역차별이 문제점으로 대두되기도 한다. 대부분의 글로벌 기업들이 주요 부문과 직급별로 여성 임직원의 비율이 정해져 있어 같은 능력과 경력이라면 여성이 먼저 고려되기 때문이다. 나 또한 이 혜택을 많이 본 사람 중에 하나가 아닐까 생각한다.

DHL 근무 당시, 한 헤드헌터가 존슨앤존슨 메디컬 여성사업부의 부서장 채용 건으로 내게 1년 반 동안 3번의 전화를 한 적이 있다. 나중에 알고 보니 본사에서 여성으로 40세 이상 해외 MBA를 마친 사람을 찾은 모양이었다. 내 나이에 아마 해외 MBA 소유자 찾기가 만만치는 않았던 것 같다. 나는 헤드헌터에게 물었다. 현 조직 안에 경험 많고 유능한 세일즈 부장들도 많다고 들었는데 왜 내부 승진을 안 시키고 구태여 외부에서 여성 리더를 힘들게 스카우트 하는 이유가 뭐냐고. 대답은 예상외로, 현재 6명의 부서장 중 여성 부서장이 없기 때문에 글로벌 기업의 성비 상 여성 리더를 선호하는 것 같다고 했다. 회사 안에서 뛰어난 실적을 낼 때마다 여성이라 더 스포트라이트를 받았고, 훗날 당뇨 사업부 북아시아 총괄 임명 때, 멘토아시아 총괄사업 본부장을 할 때도 아마 내가 똑같은 능력을 갖은 남성이었다면 더 많은 경쟁자를 물리쳐야 하지 않았을까 싶다. 또한 존슨에서는 WLI(Woman's Leadership Initiative)라는 전 세계적인 여성 리더십 프로그램이 있어 여성 리더십을 장려하는 여러 가지 프로그램과 활동 내용을 소개함으로써 여성 리더들을 적극적으로 육성하고 있다. 최근에는 여성이 더는 소수가 아니라는 인식에서 모든 소수를 포괄적으로 포함한 DLI(Diversity Leadership Initiative, 소수 리더십 프로그램)으로 프로그램 이름이 바뀌었다.

덴마크 사람들처럼

글로벌 기업이 여성에게 유리한 직장이 될 수 있는 또 다른 이유는 무엇보다도 일과 사생활의 균형을 중요시하고 여성에게도 균등한 승진 기회를 부여하는 선진문화에서 기인한다. 글로벌 기업은 직원이 사적으로 행복하고 재충전이 잘돼야 일에도 성과가 배가된다고 믿기 때문에 여성의 육아교육 문제나 재충전을 위한 휴가를 쓰는 시기 문제 등이 규정을 어긋나지 않는 범위 안에서는 매우 자유로운 편이다. 요즘은 국내 회사도 많이 자유로워진 편이나 아직도 확실히 차이는 있는 듯하다.

내가 지금 다니고 있는 콜로플라스트는 덴마크 회사다. 최근 OECD 조사에 의하면 덴마크는 일과 사생활의 균형이 가장 잘 잡힌 나라 1위로서 하루 평균 31%를 직장에서 보낸다. 1년에 5주의 휴가를 자유롭게 즐기며, 이러한 균형을 더 잘 맞추기 위하여 사회제도나 직업 제도를 조정하고 있다.

덴마크에는 10만 개 이상의 자원봉사 단체가 있으며 자원봉사의 가치를 돈으로 환산하면 연간 1,350억 크로네로 덴마크 국민총생산의 10퍼센트에 달하며, 이는 핀란드, 스웨덴, 오스트리아, 네덜란드를 제치고 유럽에서 자원봉사로 가장 많은 시간을 보내는 나라이다. 뿐만 아니라 덴마크는 겸손과 남녀평등을 미덕으로 삼는 나라이다(말레네 뤼달, 『덴마크 사람들처럼』 로그인, 2015). 덴마크는 글로벌 기업이 추구하는 경영이념을 대표하는 국가로 벤치마킹 대상이 되는 나라다.

글로벌 여성 리더십

우리가 글로벌 시대에 살고 있는 건 아마 모두들 동의할 것이다. 그럼 과연 우리는 글로벌 시대를 어떻게 글로벌하게 살고 있는 걸까. 글로벌 교육, 글로벌 직구, 글로벌 여행 그리고 무엇보다도 글로벌 SNS 시대인 것 같다. 지구에서 일어나는 모든 일들을 실시간으로 모두 보고 들을 수 있으며 가수 싸이와 같이 인터넷으로 세계적인 스타가 한국에서도 탄생하는 시대이다. 뿐만 아니라 내가 만든 작은 작품, 제품 등이 바로 전 세계에 유투브 등을 통해 소개되어 누구든지 맘만 먹으면 세상에 영향을 미칠 수 있는 글로벌 시대에 살고 있는 것이다. 직업도 마찬가지다. 청년실업이 심각한 문제로 대두되고 있는 요즘 우리는 스스로 또 우리 자식들을 넓은 세상에서 일하고 성공할 수 있는 글로벌 인재로 키워야 함은 너무나 당연한 일이다.

그러면 과연 글로벌 인재가 되기 위한 글로벌 리더십 항목에는 어떤 것들이 있는가? 글로벌 기업에서 말하는 소위 성공하는 리더의 지표이자 잠재력을 보유한 인재를 글로벌 인재로 키우기 위한 항목으로는 윤리경영, 전략적 사고능력, 거시적 안목과 세밀함, 조직 및 인재개발 능력, 지적 호기심, 팀워크, 위기감(sense of urgency), 도전 정신(prudent risk taking), 자아인지능력 및 적응도(self awareness and adaptability), 지속적인 업무 성과 등이 있다.

이 외에도 글로벌 기업의 치열한 경쟁 구도 안에서 성공하는 리더로 크기 위해서는 남녀 모두 현 직무에만 몰두하지 말고 다음 직급의 업무를 스스로 찾아 실행해야 하며 의사결정도 한 직급 위의 기준으로 이루어져야 회사에서도 그 직원의 승진 능력을 더 빨리 쉽게 볼 수 있게 된다. 언제나 다른 사람의 역할모델이 될 수 있도록 행동하여야 하고, 가능한 한 다양한 프로젝트에 참여하여 다른 사람의 업무를 배우고 직급이 아닌 지식을 바탕으로 한 리더십을 길러야 한다. 또한 좋은 멘토를 만나고 본인도 좋은 멘토가 되어 좋은 여론을 형성해야 할 뿐만 아니라, 훌륭한 리더는 늘 훌륭한 팔로우어라는 점을 인지하고 회사에 대한 충성심을 유지해야 한다. 상사에 충성하는 것도 좋으나 상사는 자주 바뀔 수 있고 또 훌륭한 상사를 만나지 못하는 경우나 상사가 회사를 떠날 경우 곧잘 어려움에 처하는 경우가 있다. 하지만 훌륭한 사내 멘토는 회사에서 여성 리더가 성공할 확률을 매우 높여 준다.

나의 경우 존슨 시절 중국 사장이 회사에서 지정해 주었던 멘토였는데, 이분은 중국의 대륙 기질에 언제나 적극적이고 자신감 있으며 감성에 호소하는 대중연설의 대가이셨다. 그분의 연설을 듣고 있노라면 비즈니스 발표인데도 나도 모르게 아멘 소리가 나올 정도였다. 이분은 매우 겸손하셔서 많은 사내 지지자가 있었다. 그분이 회사 지원으로 하버드대 최고경영자 과정을 3개월 동안 보스턴에서 참여하고 있을 때, 그 바쁜 와중에도 30분을 운전해 와서 그 부근을 지나는 당시 멘티였던 나를 만나 점심을 사 주면서 업무 고민이 많았던 내게 조언을 아끼지 않았다. 그걸 보면서 그때 나도 누군가에게 도움을 줄 수 있는 좋은 멘토가 되겠노라고 결심했었다.

25년 글로벌 기업에서 근무를 한 저자의 경험에 의하면 항목 중 윤리경영, 전략적 사고, 세부 관리 등은 여성 리더십의 장점이고, 나무보다는 숲을 보는 거시적 안목이나 도전정신, 지적 호기심, 정치적 능력, 직업 야망 등은 여성 리더십의 취약점으로 관찰된다. 또한 글로벌 기업은 리더에게 근무지를 국한하지 않고 여러 나라에서 다양한 업무 경험과 그 나라의 문화 종교 인종에 대한 이해도를 높여 '상황적 리더십(Situational Leadership)'을 발휘하기를 바란다. 그런데 종종 여성들은 가족이나 남편의 직장 때문에 해외 근무를 꺼려하는 경우를 볼 수 있다. 그래서 배우자의 외조나 가족의 이해는 여성이 직장인으로 성공하기 위한 기본 요소이고 이를 얻기 위해서는 여성 자신이 가족구성원들에게 직장인으로서 전문성과 열정을 평상시 인정받아야 한다.

돌아보면 저자도 여성 리더로서 크고 작은 어려움이 있었다. 그 중 기억에 남는 것은 개인적으로 아끼던 부하가 대리점과의 부적절한 판매 관행에 연관된 것을 발견하여 인사조직위원회를 거쳐 6개월 감봉을 시켰는데, 후에 이 직원은 스스로 회사를 그만두었다. 마음이 독하지 못한 나로서 어려운 결정을 해야 할 때는 늘 맘이 편치 못하다. 그럴 때는 무엇이 회사를 위해서 옳은 일인가를 생각하려고 노력해 왔다.

반면에 내가 키운 여성 리더가 지금 현직 글로벌 기업 한국 사장에 올라 있는 매우 보람 있는 케이스도 있다. 이 부하직원은 정보학을 전공하고 IBM에서 근무하다 헬스케어로 산업을 옮겨 내가 맡은 존슨앤존슨 당뇨사업부에서 마케팅 차장으로 일하던 여성이었는데, 매우 영리하고 열심히 일했으며 한국어 및 영어 프레젠테이션 작성과 발표에 뛰어났다. 보통의 경우 여성 관리자의 약점인 사내정치에도 뛰어났고 무엇보다도 성공하고자 하는 야망이 남달랐다. 이를 바탕으로 해외 근무의 기회가 주어졌고 여성 글로벌 리더로서의 적절한 경험과 교육을 쌓은 후 그녀는 지금 글로벌 콘택트렌즈 회사의 여성 대표로 일하고 있다. 그녀를 생각할 때마다 입가에 미소가 지어진다. 차세대에서 더 많은 훌륭한 여성 리더들이 나와서 사회의 발전에 기여해 주길 염원한다.

여성 커리어의 전략적 경영: 급할수록 돌아가라

나는 미국에서 MBA를 끝내던 해 5월 졸업 직전에 당시 세계 최대의 자동차 회사에서 본사 마케팅 계획을 짜는 마케팅 플래너로 직장의 첫발을 디뎠다. 골프를 비롯한 운동경기도 첫 시합의 운이 대운이라 했듯이 내 직장운도 첫 직장이 매우 좋았다. 그곳에서 전 세계에서 가장 이름 있는 마케팅 리서치 회사, 소비자 만족도조사 회사, 광고홍보 회사 등과 협업하면서 많은 것을 배웠고 또 많은 사내외 마케팅 교육을 받았다. 그곳에서 3년간 열정을 갖고 배운 나의 마케팅 실력이 훗날 내 커리어 성공의 기반이 되었다고 하여도 과언이 아닐 정도로 그때의 나의 배움의 정도는 컸었다. 누구든 첫 직장의 선택이 중요하지만 그보다 더 중요한 건 첫 직장에서 얼마나 꿈을 갖고 열심히 배우며 직장인으로서의 소양을 갖추느냐이다. 업무기술은 차차 배우면 되지만 처음 3년 동안 직장인으로서의 소양 단추가 잘못 끼워지면 이후 그 자세를 바꾸기란 몇 배의 힘이 들게 되기 때문이다.

나는 결혼과 동시에 귀국했고, 미국 GM에서 근무 시절 친분이 있던 한국인 선배께서 국내의 자동차 회사에 부사장으로 부임하시면서 같이 근무할 기회를 주셨다. 당시 다른 좋은 기회도 있었지만 국내 대기업에 대한 호기심이 발동하여 쌍용자동차 그룹기획실에서 국내 첫 직장을 시작했다. 당시만 해도 대학생 여직원이 드물고 여성 직원은 모두 유니폼을 입고 보조 역할을 하는 사람들뿐이어서 유니폼을 입지 않은 유일한 여성 직원이었던 나를 모두들 너무 피곤할 정도로 주목했었다. 더욱이 여성이 해외 MBA를 취득했다는 소문과 함께 모든 남자 직원들이 한번쯤은 나를 보러 내 자리에 온 듯하다. 이때 배운 한국 대기업의 업무 문화는 향후 내가 글로벌 기업에서 다양한 배경의 직원들을 이해하고 보다 나은 글로벌 기업문화를 구축해 나가는 데 많은 도움이 됐다.

당시 그룹기획실 근무는 야근이 너무 잦아 일과 가정의 균형을 위해 나는 당시 한국 최고 호텔이던 조선호텔 마케팅 매니저로 직장을 옮겨 그곳에서 약 3년간 오랫동안 기억에 남는 좋은 동료들과 재미있게 일했다. 호텔리어는 지금도 그렇지만 그 옛날에도 글로벌 고객, 글로벌 언어와 문화 이해, 글로벌 여행이 겸비되는, 마케팅 전문가로서는 더할 나위 없이 매력적인 직장이었다. 나는 그곳에서 초특급 호텔 서비스 교육을 통해 '고객은 왕이다'라는 정신이 다져졌으며, 모든 기업은 제품과 서비스를 융복합해야만 고객에게 새로운 가치가 창조된다는 나의 경영 철학의 근간이 이때 형성되었다. 이후 조선호텔은 삼성 계열사에 인수되면서 삼성 문화의 한 틀을 경험한 시간이기도 했다. 이 기간에 나는 예쁜 딸을 출산했고, 이후 쌍용그룹 기획실에 다시 돌아가 우리나라 최초의 간접투자자문회사였던 쌍용 템플턴에 마케팅 매니저로 근무하던 시절까지 육아와 일을 함께하는 소위 워킹맘의 고비를 잘 넘겼다. 급할수록 돌아가라 했던가. 우리나라 많은 능력 있는 여성들이 육아 문제로 경력이 단절되고 이후 재취업의 어려움을 겪고 때로는 힘들게 성공하고, 많은 경우 좌절하는 모습을 안타깝게 보면서 나는 말해 주고 싶다. 어려울 때는 좀 더 즐기고 쉽게 할 수 있는 일로 경력을 유지하라고. 인간은 때로는 생존 그 자체가 인생의 목적이 될 수 있는 시기가 누구에게나 있기 때문이다.

딸아이가 세 살이 되어 어린이집을 갈 수 있기 전까지는 나, 친정어머니 그리고 보모 3명이 협조해서 아이를 키웠다. 매우 활동적이신 어머니는 처음부터 아이를 전적으로 도맡아 돌보시는 건 부담이 되셨고, 직장인이었던 나는 늘 시간에 쫓겨서 보모의 도움이 필요하게 되었다. 보모를 구한다는 광고를 아파트 바로 옆 동에 부쳤더니 얼마 안 되서 두 여대생 딸을 둔 동네 아주머니께서 연락을 주셨다. 그분의 긍정적인 성격이 마음에 들었고 여대생 언니들이 선생님 노릇을 다소 할 수 있겠다 싶어서 오전에는 그 집에서 놀게 하고 오후에는 어머니, 그리고 저녁 이후에는 내가 돌보는 3인 공조체제가 잘 이루어져 나갔다. 그러나 고비는 있었다. 그렇게 잘 크다가 아이가 네 살쯤 되던 어느 날 아침 보모에게 맡겨진 아이는 새삼 나와 떨어지기 싫어서 너무나 서럽게 울기 시작했다. 그날 결국 나는 마음이 아파서 회사를 가지 못했다. 그러나 이후 아이는 본인이 엄마에게 가장 중요한 존재임을 깨달은 듯 다시는 울지 않았고, 그렇게 나의 회사 생활은 계속되었다.

이 시절 전 세계 웨스틴 계열의 호텔은 직원 이용 시 모두 무료로 제공되었다. 친한 동료가 남편이 항공사 직원이라서 가족의 비행기 표가 무료였다. 이 친구와 가족 여행 시 항공료와 숙박료가 무료라 남들의 한없는 부러움을 샀던 기억이 있다. 그야말로 전략적 커리어 경영의 좋은 예였다.

이후 펀드를 최초로 국내에 도입한 템플턴 마케팅 매니저 근무 당시는 하버드 경영대 출신의 화려했던 외국인 사장과 아이비리그를 졸업한 동료들 사이에서 브레인 맨파워들의 전문성, 직업 근성, 논리적인 사고방식을 배웠고, 우리나라 증권 및 투신사 리더들의 사관학교였던 템플턴 출신의 동료들과 지금까지도 좋은 네트워크를 유지하며 개인적인 자산관리에도 늘 많은 도움을 받고 있다. 그중 기억나는 여성 롤 모델이 있다. 당시 나는 30대 중반의 중간관리자였는데 템플턴 본사에서 오신 여성 국제 변호사께서 컴플라이언스 팀장으로 계셨다. 예일대 법대를 수석 졸업하신 재원으로 항상 웃음을 잃지 않는 밝은 성격이셨으나 일만큼은 워커홀릭 정도로 틀림없이 하셨다. 후에 하나은행 부사장을 거쳐 현재 이화여대 로스쿨 교수로 계시는데, 당시 나는 여성 동료로서 그분의 전문성을 닮고 싶었다. 얼마 전 그분을 오랜만에 다시 만나 식사를 함께하였는데, 다른 법조인들과 함께 입양아 등 소수의 인권 보호를 위한 비영리 자선단체를 운영하고 계셨고, 동시에 미국 코넬대 법대와 이화여대의 자매결연을 맺으시는 등, 매우 적극적으로 글로벌 인재 양성에 힘쓰고 계셨다. 진실로 내가 존경하는 여성 선배 중의 한 분이다.

밀레니엄 당시 나는 다시 학구열에 불타 서던 일리노이대학에서 경영학 박사과정을 수료하였고, 이후 경영학 조교수로 대학원생들에게 전략마케팅을 강의하였다. 또한 학교 부설 소상공인 지원센터에서 그 지역 소상공인에게 e-biz 컨설팅을 해 주면서 나의 영어 커뮤니케이션 능력과 프레젠테이션 스킬을 보강했다. 이후 DHL의 사장님께는 모든 회사 관련 비즈니스 파트너에게는 식사를 대접받지 말고 반드시 식사를 대접하라는 가르침과 함께 리더로서 필수 요소인 강한 윤리강령을 배웠고, 당시 홍콩 출신의 아시아 사장에게는 강한 카리스마와 함께 자기 직원의 근무 복지를 매우 배려하는 화려한 경영을 배웠다.

평생직장은 없다: 전직 기술

다양한 경험은 다양한 기술을 쌓게 한다. 나의 세대는 평생직장을 논하는 시대였고 나처럼 3~5년마다 직장을 옮기는 사람은 면접 시마다 잦은 근무지 변경을 잘 설명해야 했던 시절이었다. 그러나 지금은 어떠한가? 헤드헌터들의 말에 의하면 본인의 전문 분야는 유지하되 여러 산업에서 다양한 근무 경험을 쌓은 직장인이 경영자 후보의 최우선이 되는 시대라 하니 나는 전략적 커리어 관리 면에서는 남보다 앞서 간 듯하다. 인생도처유상수(人生到處有上手)다. 어느 직장에도 고수는 있고 큰 배움을 주는 인적 재원은 있기 마련인데, 문제는 얼마나 겸손한 자세로 고수에게 배워 그것들을 내가 잘 소화하고 흡수하느냐가 훗날 직장인으로서의 성패를 좌우한다. 그리고 직장을 바꿀 때는 반드시 뛰어난 업무 성과를 현 직장에서 이룬 후 바꾸어야 하고, 박수칠 때 떠나야 하며, 가장 잘 나갈 때 보다 나은 조건으로 이직해야 한다. 현재의 업무가 싫거나 상사가 싫어서 현실도피성으로 옮기는 직장은 옮긴 후에도 성공할 확률이 낮다.

이러한 다양한 경험과 배움을 바탕으로 나는 2006년 세계 최대 메디컬 회사인 존슨앤존슨 메디컬에 여성 사업부를 책임지는 부서장으로서 소위 경영자로서의 첫발을 내딛게 됐다. 이후 북아시아 당뇨사업부 본부장, 아시아 멘토 사업부 총괄 본부장을 수행하면서 고객과 직원을 존중하는 크레도 윤리경영, 리더로서의 정직성 도덕성 진정성을 강화하였고 16개국 다른 문화와 종교를 가진 리더들을 관리하면서 여성 글로벌 리더가 갖추어야 할 소양과 상황적 리더십을 익혔다. 상황적 리더십은 그 주제 하나가 책 한 권의 분량이 될 수 있으나 간단히 말하면 리더십의 정수는 하나의 획일적인 리더십이 아니라 직원들의 다양한 배경과 성격에 따라 상황에 맞는 탄력적이고 융통성 있는 리더십이 요구된다는 점이다. 이는 관찰력과 감성인지가 뛰어나고 모성본능에 기인한 자녀교육 경험이 많은 여성들에게 유리한 리더십이다.

'영원히 살 것처럼 공부하고 내일 죽을 것처럼 사랑하라'던 어느 외국 책 제목처럼 현재는 덴마크에 본사를 두고 전 세계 만 명 이상의 직원을 둔 의료기기 회사의 한국 대표이사를 역임하면서 유럽 회사의 인간중심 경영을 배우며 나의 배움은 끊임없이 진행되고 있다.

이화여자대학교 강연 시 한 여대생이 내게 물었다. 대표님께서는 이직을 하실 때마다 무엇을 기준으로 이직을 하셨습니까? 나는 솔직히 대답했다. 기준은 삶의 연륜에 따라 변해 왔는데, 20대에는 회사의 브랜드 인지도, 30대에는 연봉과 근무환경, 40대에는 나의 적성과의 적합도 및 회사에의 기여 가능도가 이직의 기준으로 발전해 왔고, 이제 지천명에는 기업 이념과 그 기업의 사회 기여도에 마음이 끌리고 현 직장도 그러한 배경으로 선택하게 됐다고.

여성 리더로 성공하기 위한 커뮤니케이션 스킬 5가지

직장 생활에서 가장 중요한 한 가지를 들자면 나는 커뮤니케이션 스킬을 말하고 싶다. 우리는 직장에서 인터뷰 스킬, 상사, 동료 부하와의 일상적인 대화 스킬, 회의 시 대화 스킬, 이메일 스킬, 전화/SNS 시 스킬, 프레젠테이션 스킬, 복장과 자세로 하는 커뮤니케이션 스킬 등, 실제로 우리가 생각하는 것보다 훨씬 다양한 방법으로 커뮤니케이션 스킬을 활용하고 있다.

1) 인터뷰 스킬

글로벌 기업에서 직원을 채용할 때는 채용 후 바로 주어질 업무뿐 아니라 향후 승진 가능성까지도 보고 뽑는다. 따라서 예의 바른 자세와 태도는 물론 진정성, 정직성 그리고 자신감을 보여 주는 것이 중요하다. 어려운 질문을 할 때는 모르는 것은 솔직히 모른다고 인정하고 또 자신 있는 분야에 대해서는 열정과 자신감을 표출하는 자세도 필요하다. 여성이 주로 점수를 뺏기는 부분은 자신감을 드러내는 자세다.

동양에서는 대대로 겸손을 미덕으로 여겨 왔지만 서양의 미덕은 잘 다듬어진 자신감이다. 이를 얼마나 과하지 않게 세련되게 보여 주느냐가 중요한 인터뷰 커뮤니케이션 스킬이다. 또한 약간 신경을 건드리는 질문조차도 얼마나 감정을 잘 조절하고 긍정적으로 대답하느냐도 여성 후보자의 선택을 결정하는 주요한 지표가 된다. 여성 직원 중에 종종 능력이 있음에도 감정 자제에 약한 직원들이 있다. 일단 잠재력과 관련된 교육, 경험의 유무, 긍정적 마인드를 사전에 확인하고 직원을 채용하는 좋은 회사일수록 사내외 교육과 직원 복지 등을 아끼지 않고 투자한다.

지금도 기억나는 인터뷰가 몇 개 있다. 내가 대학원을 갓 졸업하고 GM에 입사하기 위해 한 인터뷰가 그중 하나이다. 당시 나는 석사과정을 마치고 박사과정을 들어가려고 시카고에 있는 오빠 댁에서 시험 준비를 하고 있었다. 하루는 오라버니가 운영하고 있던 가게에 함께 출근하여 《시카고 트리뷴》이라는 신문을 뒤적이고 있다가 제너럴모터스에서 마케팅 기획자를 찾는다는 광고를 보게 되었다. 그 순간 나는 한 번도 대학교수를 제외한 직업을 생각해 본 적이 없었는데 마치 무엇에 홀린 듯 그 직무에 관심이 갔고 집에 와서 낡은 타이프라이터를 이용해 아주 유치하게 작성된 이력서와 자기소개서를 회사로 보냈다. 한 달이 다 되도록 소식이 없어 거의 잊어 가고 있을 무렵 어느 날 아침을 먹고 있는데 전화 한 통이 걸려 왔다. 비행기표를 보내 줄 테니 디트로이트로 인터뷰를 하러 오라는 내용의 전화였다. 그때의 설렘은 이루 말할 수 없었다. 당일 도착하니 나의 상사직은 급한 회의로 당시 출장 중이었고 대신 나이가 지긋하게 드신 두 시니어 매니저께서 인터뷰를 하셨다. 갓 MBA를 졸업하고 멋모르고 자신감에 불타는 한 조그만 아시아 여성이 재미있으셨는지 인터뷰를 끝내고 두 분은 내가 처음 가 보는 미국의 멋진 레스토랑에서 점심을 사 주셨다. 나는 느낌으로 내가 합격한 것을 알 수 있었다. 얼마 후 나는 좋은 보수를 받고 나의 첫 직장 생활을 디트로이트에서 시작하였다. '될 일은 너무 쉽게 되고 안 될 일은 아무리 노력해도 안 된다.' 하셨던 조부모님의 말씀이 그때 떠올랐다. 모든 건 순리대로 된다는 뜻이었던 것 같다. 그럼에도 불구하고 절제된 자신감은 언제나 여성 지원자가 합격의 의자에 앉을 확률을 매우 높여 주는 것만은 사실이다.

또 하나의 다른 인상 깊은 인터뷰는 내가 존슨앤존슨 메디컬의 여성사업부 부서장을 지원할 때의 일이다. 1차 한국 사장의 인터뷰를 합격하고 당시 아시아 총괄책임자고 취직 후 나에게 가장 큰 영향력을 주신 멘토이시자 향후 글로벌 사장으로 승진하신 독일과 필리핀계의 리더와 2차 전화 인터뷰를 할 때의 일이었다. 언제나 웃음을 잃지 않으시는 덕장이셨는데, 그분께서 내게 두 가지 특이한 질문을 하셨다. 하나는 내가 몇 명의 사장을 과거에 배출했느냐는 질문이었다.

나는 잠시 질문을 이해하지 못했다. '내가 이제 부서장을 지원하는데 무슨 내 밑에 직원으로 사장을 배출해?' 나중에서야 그 질문이 인재 양성 능력을 중시하는 존슨의 문화와 그분의 경영철학이 담긴 질문인 줄 알았고, 당시 나는 아직은 없으나 반드시 배출하고 싶다고 솔직히 대답했다. 정직성이 때로는 최선의 답일 수도 있다.

두 번째 질문은 여태껏 직장 생활에서 내가 한 가장 큰 실수가 뭐냐고 물으셨다. 순간 생각이 나지 않았을 뿐더러 설사 있더라도 대답하기가 곤란했었을 것 같다. 나는 분명히 큰 실수를 했었을 텐데 지금 바로 생각이 안 나니 향후 생각이 나면 알려 주겠다고 임기응변으로 말했다. 그랬더니 그때껏 한 시간이 넘게 공격적인 질문을 하시던 분이 껄껄 웃으시며 곧 인사부로부터 통보를 받을 것이라 말씀하시며 인터뷰를 끝내셨다. 느낌이 좋았고 나는 머지않아 합격통지서를 받았으며 순발력이 인터뷰 스킬의 매우 중요한 한 부분이라는 걸 깨달았다.

2) 상사, 부하, 동료와의 대화 스킬

앞에서 말한 것처럼 글로벌 회사는 1년에 한 번 상사 동료 부하에게 360도 리더십 평가를 받기 때문에 리더십 평가가 낮으면 실적만 좋다고 하여 리더로 성장할 수 없다. 실적은 좋은데 리더십 평가가 낮은 직원은 바로 포기하지 않고 사내외 전문가에게 리더십 지도를 받도록 기회를 주며 사내 멘토를 지정해 리더십 계발을 할 수 있는 기회를 보통 부여한다. 글로벌 기준은 상사는 물론이고 부하 직원들이나 동료를 대하는 데 있어서 어떤 순간에도 감정을 조절하고 존중과 예의를 잃지 않는 태도와 커뮤니케이션은 필수이다. 모든 대화는 사실에 기인하여 감정을 뺀 대화여야 하고 대화 내용이 사적이거나 (예를 들어 결혼 유무, 성별, 나이, 종교에 관한 것) 인격을 모독하거나 인신공격을 하는 등의 내용은 금해야 하고, 내용은 분명하고 단호하게 그러나 목소리는 크고 높지 않도록 늘 조심해야 한다. 더욱이 사람이 많은 곳에서 언성을 높이는 일은 절대 금기사항이다. 한국 사람들은 참을성이 상대적으로 적고 성격이 직선적이며 다혈질이라는 평가를 글로벌 기업에서 종종 받는다. 이 때문에 능력 있는 한국 사람들이 글로벌 기업에서 리더로 성장하기 위해선 특별히 이러한 커뮤니케이션 스킬을 보강해야 한다. 특히 남성들은 격앙된 여성 리더의 목소리를 회사에 나와서까지 듣고 싶어 하지 않는다.

3) 회의 시 커뮤니케이션 스킬

우리나라의 학교 교육은 대개가 일방적으로 선생님의 말씀을 듣는 편이다. 반면에 서양, 특히 영미 교육은 어려서부터 토론이나 브레인스토밍(brainstorming)이 생활화되어 있다. 가정에서 부모와 자식 간에도, 학교에서 수업시간에도 토론이 일상적이다. 이러한 교육의 차이에서 비롯된 것인지, 글로벌 기업에서 회의를 하다 보면 주로 외국 사람들이 말하고 한국 사람들은 조용히 듣는 입장이다. 동양인 중에서 인도 사람들은 늘 말이 많은 편이고 그다음 싱가포르, 중국인 등의 순서인 것 같다. 이건 학교 교육이 영어로 이루어지느냐 아니냐의 차이도 물론 있겠지만 그보다는 '침묵은 금이다.'라는 식의 한국 교육과, 많이 알면서도 '뭐 애들처럼 나서서 아는 체를 해.' 하는 우리 민족의 유교적 정서에 기인한 듯하다. 나도 그중 일부에 속하지만 우리는 회의석상에서 분명 더 많이 말할 필요가 있다.

그런데 가끔 우리가 말하면 서양인들은 당황해한다. 서양인들이 회의석상에서 대화할 때는 '개인적인 생각이지만~' '내 생각에는 ~인 것 같다'라고 상대방과 다른 얘기를 할 때 비교적 조심스럽게 말하는 편이다. 반면에 우리는 '그게 아니고~'라고 상대방을 직접 공격하거나, 반대로 상대방이 다른 의견을 말했을 때 더 예민하게 부정적으로 반응하는 경향이 있다. 이 모든 게 우리가 토론 문화에 익숙하지 않기 때문이다.

4) 이메일, 전화, SNS 상의 대화 스킬

어떤 사람은 이메일을 쓸 때 늘 개인의 안부를 짧게라도 묻고 시작하고 다른 사람은 업무 관련 본문으로 직접 들어간다. 여성이든 남성이든 직장 이메일은 늘 아무리 친한 동료라도 너무 사적으로 흐르지 않고 또 친하지 않은 동료라도 조금은 사적으로 접근하는 게 효과적인 대화가 될 수 있다. 처지지도 넘치지도 않는 밸런스가 늘 중요하다. 특히 여성들 간의 이메일은 너무 사적으로 흐르지 말고 전문성 있게 대화하는 습관이 중요하다. 또한 이메일상의 대화는 언제든지 타인에게 전달될 수도 있다는 점을 늘 염두에 두고 써야 한다. 그렇지 않고 편안하게 이메일을 썼다가 타인에게 전달되어 당황한 경험은 아마 직장인이라면 누구나 한두 번쯤 갖고 있을 것이다.

신입 사원들이나 때로는 경험이 많은 매니저급에서도 가장 어려워하는 것은 To와 CC의 문제이다. 본인이 시작하는 이메일의 경우, To에 여러 명의 상급자를 쓸 때는 직급별로 나열하거나, 직급별로 나열하는 게 정치적으로 좀 위험하다는 생각이 들 때는 가나다순이나 알파벳순이 안전하다. 상사에게 To를 할 경우 보통 부하직원은 CC

를 동시에 하지 않는다. 상사가 회신을 할 때 때론 부하 직원을 리스트에서 삭제해야 하는 불편함이 있으며 상사가 어떠한 반응을 보일지 모르는 상태에서 일단 상사와의 대화를 존중한다는 의미가 들어 있다. 부하 직원에게 정보 공유가 필요할 경우는 상사가 일단 답을 한 후 따로 필요시 부하에게 전달하는 것이 좋다.

본사에 쓰는 이메일은 그 내용을 간략하게 미리 상사에게 보고하고, 이메일을 보낼 때에는 상사에게 CC를 넣어 주는 것이 좋다. 상사의 상사에게는 상사가 지시하지 않는 한 직접 이메일을 쓰지 않는 것이 예의이다. 받은 이메일은 회신이나 전체 회신을 눌러 답하는 게 보편적인 이메일 커뮤니케이션 방법이다.

전화 대화는 늦지 않게 약속된 시간에 하는 것이 무엇보다도 중요하다. SNS 대화는 많은 사람들에게 노출되는 대화이니 사적인 SNS일지라도 회사의 명예나 기밀을 손상시키지 않도록 늘 주의해야 한다.

요즘은 다국적 기업이 비용 절감 차원에서 메트릭스 조직, 하이브리드 조직으로 가는 추세라 많은 업무 대화와 의사결정이 사이버상의 원거리로 이루어진다. 이제 전산상의 대화 기술은 남녀 모두에게 더욱더 중요해졌다.

하이브리드 조직에서는 보통의 경우 한 사람이 두 사람 이상의 상사를 갖거나 여러 조직을 관리해야 하기 때문에 직위에 의한 리더십이 아니라 실력과 존경, 유연성에 근거한 리더십이 그 어느 때보다 요구된다. 이러한 새로운 추이는 선천적으로 유연성과 복합 업무 능력이 남성보다 뛰어난 여성이 리더로 성장할 수 있는 더 많은 기회를 주고 있다.

5) 프레젠테이션 스킬

프레젠테이션 스킬은 지식에 기인한 자신감과 연습이 답이다. 아무리 영어를 잘하는 사람도 본인이 발표하는 내용에 자신이 없으면 떨리게 되고, 사람들은 그 미미한 떨림을 눈치 채게 된다. 반면에 영어가 좀 부족하도라도 그 사람이 실제 발표하는 내용을 충분히 소화하고 잘 알고 있으면 그 사람의 발표에서 자신감이 보이고 그 피티는 성공하는 프레젠테이션(이하 피티)이 된다. 피티 자료는 본인이 직접 만드는 것이 가장 좋으며 그렇지 못할 경우 반드시 사전 연습을 통해 자신이 편한 단어와 문구로 수정하는 단계가 필요하다. 가장 실패할 확률이 높은 피티는 잘 알지 못하는 내용을 남이 준비해 준 자료에 문구를 외워서 하는 발표이다. 처음 도입 부문은 자연스럽게 유머와 함께 시작하는 것도 발표자의 자신감을 보여 주고 발표 당시 복장은 본인이 평상시 편안하면서도 가장 자신감을 주는 프로페셔널한 정장이 좋을 듯하다. 초입 부문에 약간 경직될 경우 시선을 가장 가까운 동료나 지지자에게 맞추다가 서서히 전체 청중에게 눈을 돌리고 물을 한 컵 자연스럽게 들이켜는 것도 좋다. 시간을 재며 반복해서 사전 연습을 한 피티와 그렇지 않은 피티는 동일 발표자의 경우라도 그 성과나 평가 면에서 극명한 차이가 남을 기억하는 것이 좋을 듯하다.

피티 자료에 오타가 없어야 함은 물론이고 틀린 숫자나 그래프는 전체 발표 자료의 신뢰성을 바로 떨어뜨리니 여러 번의 검토가 필수적이다. 본인이 보고 숫자가 밝은 동료나 부하에게 한 번 더 검토시키는 게 좋다. 또한 좋은 피티는 그 필체가 간결하고 전달하려는 내용이 장마다 분명해야 하며, 너무 많은 문장을 한 페이지에 넣는 것은 삼가야 한다. 문장은 서술형보다는 요약형이 눈에 더 잘 들어오고 슬라이드에 이미 있는 말이나 숫자는 누구나 볼 수 있으므로 그대로 읽지 말고 그보다는 보여 주는 자료의 의미, 원인, 결과, 교훈 및 향후 방향을 설명해 주는 게 청중의 관심을 끌 수 있다. 질문과 관련해서는, 일단 질문이 많으면 피티가 성공적이라는 것이니, 대답은 차분하고 자신 있게 해야 하며, 바로 답이 확인될 수 없는 질문들은 대강 상식을 바탕으로 대답하고 다시 한 번 검토 후 정확한 답을 알려주겠다고 말하는 것이 요령이다.

무엇보다도 중요한 것은 발표자의 프레젠테이션이 시작부터 끝까지 스토리텔링이 정확해야 한다는 것이다.

일과 가정의 균형: CEO도 엄마처럼, 엄마도 CEO처럼

나는 여성 리더로서 많은 훌륭한 여성 직원들과 함께 일해 왔다. 대학에서 강연할 때나 부하 여직원들로부터 종종 받는 질문이 있는데, 내가 어떻게 자녀교육과 커리어를 병존해 왔는가에 대한 것이다. 또한 어린 자녀를 둔 대부분의 여성 직원들은 그들이 엄마로서 자녀와 많은 시간을 할애하지 못하는 것에 대해서 미안해하고, 심지어는 죄책감까지도 느낀다고 고백하는 직원이 있다. 그럴 때마다 나는 말한다. 자녀도 커 감에 따라 사회에서 성공하는 엄마를 더 자랑스럽게 여기고 또 열심히 사는 엄마를 보면서 엄마를 롤 모델로 삼아 더 열심히 살려는 인생의 자세를 잡으니 조금도 걱정하지 말라고. 단 한 가지 같이 있는 시간만은 자녀가 사랑받고 있다는 느낌을 충분히 받을 수 있도록 되도록 많은 스킨십과 따스한 대화가 꼭 필요하다는 점을 강조해 준다.

　부모가 집에서 자녀에게 공부하라고 귀가 따갑게 외치는 것보다 자녀에게 부모가 열심히 일하는 모습을 보여 주는 게 훨씬 자녀교육에 효과적이다. 집에까지 들고 가서 일하기 싫다고만 할 것이 아니라 일부러 집에 일을 들고 가서 자녀가 공부 안 하면 안 될 것 같은 분위기를 만들어 주는 게 더 효과적이란 얘기다.

　딸이 아주 어렸을 때부터 언어 교육을 위해 미국 CNN 뉴스 채널을 레스토랑 배경 음악처럼 집에 늘 틀어 놓았다. 여느 가정처럼 어렸을 때는 친정어머니와 베이비시터의 도움을 받았고, 조금 큰 후에는 사회성과 감성 발달을 위하여 어린이집과 미술학원, 유치원 등을 병행하였다. 이후 미국 카본데일과 샌디에이고에서 지낸 몇 년 동안은 프리스쿨과 초등학교 저학년을 미국 공립학교에 보내면서 많은 박물관과 미술관 견학을 하였고 여행을 함께 많이 다녔다. 공립도서관에서 많은 책들을 빌려 딸아이의 독서량을 늘려 갔고, 방과 후에는 홈스쿨로 집에서 선행학습을 할 수 있도록 학과별 교재를 내가 직접 서점에서 구입해 주었다.

　귀국 후 분당초등학교를 4학년부터 다녔다. 1년에 한두 번 정도 인사 가는 바쁜 워킹맘에게 당시 담임선생님께서, 한국 문화에 잘 적응하고 있는 딸아이가 한글로 매일 쓰는 일기가 내용이 풍부하니 책으로 만들어 주면 좋겠다는 따스한 배려의 말씀을 해 주셨던 게 기억에 남는다. 난 학부형 네트워크도 없었고 학교에서 장려하는 봉사활동에도 자주 참여하지 못했으나 선생님들은 훌륭하셨고 아이는 그 가르침을 받아 잘 커 나갔다. 실로 외국에서 듣고 걱정한 치맛

바람에 의한 초등학교 교육은 적어도 내 아이 학교에는 없었던 듯하다. 아이는 친구들과 등하굣길에 떡볶이를 사 먹고 놀이터에서 놀던 이 시절을 지금도 가장 행복하게 추억한다.

이후 딸아이는 서울국제학교(SIS)에서 사교육 없이 공부하며 집 앞 대형 서점에서 해리포터를 원서로 읽으며 영어 실력을 쌓아 나갔고, 엄마의 정보력과 정치력 없이 독립적으로 고등학교를 잘 졸업하고 SAT를 만점 받아 현재 프린스턴 정치학과 4학년에 재학 중이다. 대학 진학 시에는 고등학교 시절 활발했던 교내 리더십 활동 경험과 화회마을 수돗물 보급 사업 창설, 해비턴트 등의 사회봉사활동 참여, 다양한 국제토론대회 입상 경력 등이 입학 사정관들에게 긍정적으로 받아들여진 듯하다. 실제로 딸아이는 당해 아이비리그의 모든 학교에서 합격통지서를 받았다. 특히 토론 대회 참가는 국제정치 및 시사에 대한 이해, 다양한 국제 문화에 대한 이해, 대회에 참여한 전 세계 우수학생들과의 글로벌 네트워크 형성, 창조적 사고 및 논리적 대화 방법 등을 계발하여 미래의 글로벌 인재를 육성하는 데 매우 큰 도움을 준다.

일하는 엄마가 자녀교육에 뒤진다는 것은 가장 잘못된 편견이다. 자녀는 남보다 열심히 사는 엄마를 보며 본인도 엄마처럼 살고 싶다는 맘과 함께 자발적으로 모든 것을 열심히 하게 된다. 요즘처럼 부모가 자녀의 모든 것을 해결해 주려는 교육 풍조를 보면서 차세대 글로벌 인재가 과연 헬리콥터 맘 밑에서 나올까 하는 의구심이 강하게 든다. 회사에서도 가장 중요한 성공의 관건은 문제 해결 능력이다. 모든 것을 어려서부터 부모가 앞서서 해결해 주는 자녀는 자연스레 국내 및 국제무대에서 도태되기 마련이다.

23년간 딸을 길러 글로벌 사회에 내보낸 나는, 자녀 경영과 회사 직원 경영이 별다를 바가 없다고 생각한다. 둘 다 바탕은 재능을 발견하고 키워 주며 적절한 도전과 기회를 주고 옆에서 관찰하며 필요 시 도와주고 사랑으로 대화한다는 것이다. CEO도 엄마처럼 엄마도 CEO처럼. 평상시는 따스하게 그러나 잘못된 것은 확실하게 바로잡는다.

'Be the best you can be.' 내가 어렸을 때 외숙모를 따라 용산의 미팔군 캠프에 갔다가 부대 앞에 걸려 있는 배너에서 본 미군의 캐치프레이즈다. 이후로 내 가슴에 쭉 좌우명으로 남았다. 개인의 최고는 각자 역량에 따라 차이가 있겠지만 누구나 타고난 범위 안에서 베스트가 되는 것을 꿈꾸고 자신만의 베스트가 되도록 노력해야 한다고 생각한다. 하지만 '진인사대천명'이라 하지 않았던가. 일단 최선을 다하고 결과에 너무 연연하지 말자. 꿈을 꾸는 한 우리는 행복할 수 있다. 이제는 우리의 삶도 선진국처럼 성공에서 행복으로 그 무게 중심이 옮겨져야 할 때이다.

CSR(Corporate Social Responsibility), 사회의 소수를 향한 관심

내가 현재 몸담고 있는 콜로플라스트는 덴마크에 본사를 두고 유럽과 미국 아시아 등 총 5개 지역 42국에 지사를 두고 있는 의료기기업체로서 장루, 실금, 상처 치료 드레싱, 스킨케어 등 네 가지 영역에 걸친 의료기기를 연구개발, 생산 판매하고 있고 남에게 말하기 어려운 건강 문제를 가진 사람들의 삶이 편리해질 수 있도록 돕는 것을 기업 이념으로 하고 있다. 54개국 428명 환자 단체들을 대상으로 Patient View 조사에서 3년 연속 환자 만족도 세계 1위를 차지하였고, 2013년 미국 경제전문지 포브스가 선정한 세계 혁신기업 Top 25에 선정되었다.

이러한 기업 이념을 바탕으로 콜로플라스트 코리아는 2007년 덴마크 여왕 방문 기념으로 신경인성 방광 환자를 위해 카테터를 기증하고, 2012년 덴마크 황태자 내외 방문 기념으로 2만 개의 장루주머니를 기증한 것을 비롯하여 해마다 척수장애인협회, 장루협회, 병원 등을 통하여 경제적으로 어려운 환자들에게 관련 제품을 무상으로 공급하고 있다.

개인적으로는 주한글로벌 기업 대표자협회, GCCA의 산학협력분과 위원회의 창단 멤버로서 이화여자대학교, 한국외국어대학교, 서강대학교 등에서 다른 대표자 분들과 함께 외국기업 CEO 특강이나 정규 코스를 통해 대학생들의 멘토 역할을 하고 있고, 향후 영어 학자이셨던 아버님의 뜻에 따라 소외된 계층의 어린이들에게 영어 교육을 무상으로 지도하는 봉사활동을 계획하고 있다. ✿

간절함으로
최고의 자기를 만들어라

.

윤종효

저자 윤종효는 한양대학교 영문과를 졸업하고 연세대학교 경영대학원에서 마케팅을 전공하였다.

저자가 대학 졸업 후 취업을 하려던 시기인 1990년대 초중반에는 고용시장에 여유가 있었다. 어느 정도의 실력만 갖추면 원하는 기업에 대체로 입사를 할 수 있었다. 기업들이 호황을 누리면서 인력 수요가 많았었기 때문이다. 그래서 그 당시 주변 친구들은 두세 개 정도의 기업들에서 러브콜을 받는 분위기였다.

나름대로 당시 목표하는 바가 있어 대학원 준비를 하던 중, 갑작스럽게 집안에 변화가 생겨 바로 취업 전선으로 뛰어들었다. 이미 신입사원의 입사 연령에 제한이 있었던 시기라 국내에 투자한 외국인 투자기업들을 입사목표로 삼아 준비를 했다.

얼마간의 준비 후 나이키(NIKE)와 네슬레(NESTLE)에서 거의 동시에 입사제안을 받았다. 1주일여간의 고민 끝에 나이키코리아로 입사를 결정하고 인사부에서 직장 생활의 첫발을 내디뎠다. 약 8여 년의 시간을 첫 직장에서 보낸 후, 현재까지도 직장인들에게 선망 브랜드로 꼽히는 명품 필기구의 대명사 몽블랑(Montblanc)의 브랜드 매니저로 이직을 했다. 2년간의 짧은 경력을 쌓은 뒤 다시 스포츠 업체 중의 하나인 뉴발란스(New Balance)로 이직했다. 그 후 잠시 개인 사업의 길로 들어섰고, 다시 쌤소나이트(Samsonite) 마케팅 임원으로 입사하여 마케팅 전문가로 경력을 쌓은 후, 대표이사를 거쳐 현재의 씰리(Sealy)에서 2012년 초반 이후부터 대표이사로 재직 중이다. 재직 3년 동안 씰리코리아의 매출은 약 두 배 성장했다.

씰리코리아 대표를 맡으면서 주력한 것은 조직에 성공 DNA를 각인시키는 일이었다. '믿음은 바라는 것들의 실상'이라고 하듯, 긍정적인 마인드를 바탕으로 사람의 마음을 움직이면 보다 나은 미래의 결과를 이끌어 낼 수 있다고 믿는다.

　이력 중 특이한 것은 나이키코리아를 제외하고는 재직한 모든 기업들이 100년을 훌쩍 넘은 '장수 기업'이라는 점이다. 그중에서도 현재 재직하고 있는 썰리가 가장 오래된 134년 된 기업이면서 전 세계 매트리스 판매 1위 기업이다. ✿

첫 직장 선택이 중요하다: 나이키냐 네슬레냐

저자는 대학 졸업 후 친구들에 비해 비교적 늦게야 직장을 들어가게 되었다. 대학원을 준비하던 중 갑작스럽게 부친이 돌아가시면서 집안에 변화가 생겼기 때문이었다. 그로 인해 결국 국내 대기업에는 지원 자체가 거의 불가능하였다. 연령 제한 때문이었다. 거의 서른의 나이에 첫 직장을 구했으니 1990년대 중반 분위기에서는 상당히 늦깎이 신입사원이었던 것이다.

하지만 그 당시 외국인 투자법인들은 상대적으로 신입사원들의 연령에 관대했다. 구직을 맘먹고 준비하던 어느 날, 여느 때와 같이 신문을 읽던 중 나이키와 네슬레에서 공개 채용을 한다는 신문 광고를 보게 되었다. 그 무렵 나이키는 ㈜삼나스포츠라는 합작회사에서 외투법인으로 전환을 막 마무리한 후였고, 네슬레는 이미 아주 유명한 다국적 식품 관련 회사였는데, 젊은이들이 입사를 하고 싶어하는 선망의 기업이었다. 지금도 식품을 포함한 여러 분야에서 세계 최대의 식품회사 중의 하나이다.

비슷한 시기에 서류전형 및 면접을 진행했는데, 네슬레가 먼저 합격통지서와 함께 신입사원 교육 통보서를 보내왔다. 그 뒤 며칠 지나서 나이키에서도 전화가 왔다. 서류 및 면접에 합격을 했으니 구비 서류 준비할 것을 와서 받아 가라는 것이었다. 내심 상당히 기뻤다. 두 개의 회사에서 거의 동시에 제안을 받았기 때문이었다. 네슬레나 나이키나 동시에 마케팅팀에 배정되는 것으로 선정되었었다. 나이키와 인연이 닿으려고 했던지 준비 서류를 받으러 갔을 때(구 논현동 사무실), 당시 가지고 있던 돈이 부족하여 어떻게 하다 보니 인사부 직원으로부터 1만 원을 빌리게 되는 일이 생겼고, 그 돈을 일주일 뒤에 되갚으러 가면서 아예 고용 계약서에 사인을 하게 되었다. 나이키 입사 이후, 인사부장이 갑자기 인사부로 발령을 내었다. 그 와중에 네슬레에서는 신입사원 합숙 트레이닝이 시작된다고, 입사를 종용하였지만 이미 나이키와 맺은 우연치 않은 인연 탓인지 내 마음은 나이키라는 브랜드에 더 선호도가 가기 시작하였다. 돌이켜 보면, 그때 만약 네슬레를 선택해서 직장 경력을 가꾸었다면 지금 모습은 사뭇 달라졌을 것이라는 생각이 든다.

나이키는 그 당시 작은 외투법인 수준이었고 사무실도 외투법인으로는 초라한 수준이었다. 낡고 작은 철제 책상에 다닥다닥 붙은 좁은 공간에서 일하는 직원들이 회사 면접을 보러 들락날락하면서 보였다. 하지만, 난 몇 번 면접 등의 절차를 거치면서 이 브랜드가 향후 한국의 스포츠 산업을 주도하는 회사가 될 것이라는 확신이 들기 시작했다. 이런 확신의 근간은 스포츠 산업 자체가 소득 수준과 더불어 성장할 수밖에 없을 것이라는 믿음 때문이었다. 지금도 잊히지 않는 장면인데, 입사 이후 그 해 말 무렵 인사부장이 직원들에게 드디어 나이키가 '포춘(Fortune) 500대 기업'에 들어갔다고 흥분해서 발표하던 모습이 눈에 선하다. 그 당시 나이키는 500대 기업 중에 턱걸이로 그 회사 이름을 올렸다.

사실 몇 차례 직장을 이직하면서 이런저런 산업군들의 호황과 불황의 그래프를 그려 보는 습관이 생겼다. 실제로 내가 이직하는 산업 자체가 전체적으로 성장할 것인지 아닌지를 예상해 보는 것이다. 이것은 직장을 선택할 때 대단히 중요하다고 생각한다. 아무리 어떤 경영인의 능력이 뛰어나다 하더라도 산업계 전체를 흥하게 하는 깃은 상당히 드문 것이 현실이기 때문이다. 하지만 성장하는 업계에 속해 있으면, 어떤 조직의 역량에 따라서 엄청난 성장을 구가할 수 있다.

돌이켜 보면, 2000년대 초반 명품 브랜드들에 대한 수요가 폭발하는 즈음 몽블랑(Montblanc)에 조인했고, 2000년 중반 9.11테러 직후 얼어붙었던 여행의 수요가 엄청난 속도로 늘어날 수밖에 없을 것이라는 섣부른 예상 속에 쌤소나이트라는 회사를 선택했다. 그 당시에도 다른 유통 내 다른 산업에 있었던 회사에서 마케팅 이사 자리를 제안받았다. 친구 몇몇과 고민을 한 끝에 쌤소나이트를 택하게 되었고, 그 결정의 근간에는 산업군 전체 수요 성장이라는 나름의 예견이 자리하고 있었다. 그래서인지 내가 이력을 밟아 온 모든 회사들이 지난 10~20년 동안 한국 시장에서 엄청난 성장을 구가해 왔고 앞으로도 어느 정도의 성장세를 이어가리라 여겨진다.

그 다음으로는 회사를 대표하는 태그 라인(Tag line, 일명 슬로건)을 살펴본다. 나이키의 경우는 "There is No Finish Line.(결승선이 없다.)", 그리고 "Just Do it.(그냥 해 봐.)"이라는 불후의 강력한 브랜드 슬로건이 입사 전부터 있었다. 이 덕택인지 나이키는 결승선이 없는 기업처럼 지

1988년 발표된 나이키 광고 슬로건.

1977년부터 사용하기 시작한 나이키 태그 라인.

속 성장을 하고 있고, 쌤소나이트의 경우도 "Life is Journey.(삶은 여행이다.)"라는 철학적 슬로건을 바탕으로 계속적으로 인생 여정을 항해하듯이 시장을 확대해 가고 있다. 씰리의 경우도 "Sleeping on a Cloud (구름에 잠자듯이)" 및 "Sealy Supports your life.(씰리가 당신의 인생을 지지한다.)"라는 강력한 메시지를 근간으로 폭발적인 성장을 하고 있다.

직장을 선택할 때 사람마다 다 기준이 다르겠지만 자신의 능력이 그 직장에서 충분히 발휘될 수 있는가를 가늠해 보는 것이 중요하지 않을까 싶다. 하지만 그 무엇보다 더 중요한 것은 그 기업이 지속적 성장 모델을 끊임없이 생성해 낼 수 있는 회사 혹은 브랜드인가 하는 것이다. 그것은 현재의 기업가치가 높은지 혹은 규모가 크고 잘 알려진 회사인지가 아니라, 5~10년 뒤 자신의 성장과 더불어 기업도 계속 성장할 수 있느냐를 보는 안목이 무엇보다 필요하다는 의미이다.

20년이 지난 지금의 시점에서도 나이키냐 네슬레냐 하는 선택의 기로에 선다면 여전히 주저 없이 전자를 선택할 듯하다. 그렇다고 보면 20년 전에 한 선택은 정말로 탁월한 선택을 했다고 믿어진다. 그 당시에는 후자가 전자보다 직원의 복지 및 소위 말하는 월급도 훨씬 나은 편이었다. 하지만 당시의 현재 가치에 내 삶을 붙들어 두지 않았다. 그것이 오늘의 나를 만드는 아주 중요한 요소가 아니었나 싶다.

꿈, 어떤 그림을 그리느냐가 직장 생활의 방향을 결정한다

첫 직장에 입사할 무렵 직장 생활에 대한 정보가 충분하지 못하였고, 요즈음 대부분의 젊은이들이 많이 경험하는 회사의 인턴십 프로그램 등도 해 본 적이 없었다. 그래서 구체적으로 인사, 마케팅 및 영업이 어떤 업무를 수행하는지 잘 알지를 못했다. 단지, 책과 매체를 통해서만 간접적으로 알고 있었던 상식을 가지고 입사를 했다.

첫 직장 입사 시 마케팅 부서에 지원했는데, 근무는 인사부에서 시작하게 되었다. 이유는 아주 단순했다. 인사부장이 맘에 들어 했기 때문이었다. 하지만 직장 생활에 대한 정보는 별로 없었어도 내가 하고 싶은 일들과 내가 꿈꾸는 것들에 대해 명확하게 알고 있었다. 그것은 바로 마케팅 및 영업을 통해서 훌륭한 마케터가 되는 것이었다. 그 경험들을 근간으로 언젠가는 나도 내가 꿈꾸는 브랜드 그리고 회사를 한번 만들어 보리라는 꿈을 가지고 있었다.

하지만 1여 년간의 인사부 생활은 꿈들과는 너무도 다른 현실이었다. 지금 돌이켜 보면 이해가 되지만, 적어도 그 당시에는 생각했던 업무와 전혀 달랐던 것이다. 결국 사람들을 먼저 이해하고 경영하는 것이 나중에는 내가 꿈꿔 왔던 미래에 도움이 된다는 생각을 그 당시에는 전혀 하지를 못했었다.

결국은 생떼를 쓰다시피 해서 부서를 옮겼다. 원했던 부서는 마케팅팀이었지만 빈자리가 없어 영업으로 제안을 받는데, 빠른 결정을 하고 부서를 옮겼다. 이후로 직장 생활은 행복 그 자체였다. 왜냐하면 그리던 그림들과 유사한 그림을 직장 생활을 통해서 그릴 수 있었고, 그리고 있다는 생각이 들었으며, 실제 그러하였기 때문이다. 물론, 이런 과정에서 인사부에서 먼저 일을 시작했기 때문에, 부서 이동 초기에는 어려움과 좌절이 있었다. 하지만 결국은 극복하게 되고, 이직 시 꾸었던 그 꿈들을 좇아서 업무를 하게 되어 오늘에 이르기까지 늘 감사하며 기쁘게 직장 생활을 가꾸고 있다. 많이 부족

했던 그때 타 부서로 보내 준 인사부장 그리고 흔쾌하게 받아들여 줬던 신발 영업팀장에게 늘 고마움을 잊지 않는다. 그리고 영업에 '영(營)'자도 모르는 팀의 신입 막내에게 이런저런 것들을 가르쳐 주면서, 수년간의 영업 노하우를 전수해 준 선배들에게 늘 고마움을 느낀다.

요즈음은 구직난이 상당히 심각하기에 구직 전에 생각해 봐야 할 것들이 많을 것이다. 지원자의 입맛에 너무 맞추다 보면 기회가 굉장히 제한적이고, 본인이 꿈꾸는 것들을 포기하고 구직이 진행되면 만족도가 너무 떨어져서 직장을 통한 개인의 삶과 꿈에 대한 설계가 이뤄지지 않을 가능성이 많다. 이런 상황에서는 아주 신중하고 전략적인 접근이 필요하다. 메뚜기처럼 짧게 이력을 만들기보다는 본인의 꿈과는 다소 떨어져 있지만 전체적인 인생 설계 측면이 어느 정도 맞고 그것이 꿈꾸는 꿈들과 맞닿을 수 있는 가능성이 있다면, 그 직장을 적극적으로 잡아야 할 것이다. 준비를 오래 하면서 시간을 허비하게 되는 경우가 발생하기 때문이다. '장고 끝에 악수'라는 말이 있듯이 요즘같이 어려운 시대에서 본인의 꿈을 잘 가꿀 수 있도록, 멀리 보이는 등대를 향해 방향타를 맞추고 직장 항해를 과감하게 시작하는 것이 맞지 않을까라는 생각을 감히 해 본다. 그렇지 않으면 아예 항해 한번 제대로 해 보지 못하고, 하더라도 목표점 한 번 맞춰 보지 못한 채 직장과 연계된 인생 설계를 끝내야 하는 경우가 발생할 수 있기 때문이다.

직장 선택을 그림 그리기에 비유할 수 있을 것이다. 수채화를 그리고선 데생은 불가하지만 데생을 잘못했다고 수채화를 못 그리는 것은 아니다. 이런 관점으로 구직 활동을 하면 아무래도 시간을 허비하지 않고 꿈에 좀 더 쉽게 다가가는 접근법이 될 것이다. 1~2년씩 구직 활동 때문에 준비만 하는 것은 가장 소중한 인생의 황금기에 마치 노인정에서 인생을 관조하고 바둑을 두면서 여유를 부리는 태도와 같다라고 생각한다. 이런 허비적인 시간을 보내는 것은 정말로 안타까운 일이다. 어디든 유사한 꿈을 꿀 수 있으면 일단 입사를 하라고 과감하게 제언하고 싶다. 그래서 본인이 의도하지 않은 곳에서도 본인의 꿈을 튜닝해 보고 장기적일 플랜을 짜 시도해 볼 것을 권하고 싶다. 이를 위해서는 입사 이후에도 지속적이고 끊임없는 개인적인 노력이 요구된다.

나쁜 상사 vs. 좋은 상사 그리고 멘토

직장 내에서 나쁜 상사 혹은 좋은 상사가 있을까? 이 질문은 인간 세상에 악인과 선한 사마리아인들이 늘 공존하고 있다는 걸 보면서 대부분은 "그렇다."라고 대답할 것이다.

하지만 나는 좀 다른 생각을 가지고 있다. 자신이 속한 직장은 그래도 나름대로의 자격 요건을 갖춘 사람들의 집단이기에 기본은 갖춰 있다고 생각한다. 어떤 상사가 윤리적으로 진정 사악한 그런 사람이 아니라면, 대부분의 나쁜 상사라고 인식된 사람들이더라도 한두 가지 점에서는 본받을 것이 반드시 있다고 생각한다. 의외로 업무에 있어서는 좋은 선배 역할을 잘 못 하는 듯한 사람도 인간관계에서는 뛰어난 사람들이 많다. 그게 바로 처세이다.

좋은 상사는 어떤 사람일까? 그리고 그 기준은 무엇일까? 후배들에게 돈 잘 쓰고 꿈을 잘 키워 주면서 진정 배려해 주는 선배가 좋은 상사일까? 불행히도 직장 내에서는 피를 나눈 형제처럼 진정으로 후배들을 돌봐 주는 선배는 거의 없다. 만약 그런 사람이 있다면, 회사 내에서는 이해관계가 대부분 좀 먼 집단의 사람들일 것이다.

인간들이 모인 집단은 대부분 경쟁하고, 자신이 유리한 입장에서 사람들을 판단하고, 또 그것을 이용하려고 하기 때문에 '순수함'이 결여된 관계에서 상하 관계 및 수평 관계가 유지된다. 그렇기에 진정한 좋은 상사는 드물다. 하지만, 업무를 큰 그림과 작은 그림으로 나눠 제대로 잘 멘토링해 주면서 코치해 주는 그런 상사들이 분명히 있다.

나도 그런 경험이 있다. IBM 출신의 직장 상사였는데, 당시에 나는 신입사원이었고 그분은 부장이었다. 더군다나 부서장으로 하늘 같은 존재였다. 구구절절 하는 얘기들이 맞고 오차가 없는 분이었다. 이메일 쓰기 및 바른 직장 생활에 대한 기본적인 것들을 아주 잘 가르쳐 주었으나 워낙 경력 차이가 많이 났기 때문에 참 어려운 분이기도 했다. 잘못한다고 꾸지람을 할 때면 정말 눈물이 쏙 빠지는 경험이 있었다. 그는 엄청난 스트레스와 두려움의 존재였고, 그때는 적어도 그분을 '이 나쁜 XX'라고 여겼다. 하지만, 지나고 보니 짧은 만남이었지만 직장 생활에서 딱 한 사람의 제대로 된 선배를 꼽으라면 바로 그분이다. 그 덕택에 이메일 사용법을 제대로 배웠고, 직장인으로서 기본적 자질들을 잘 배우고 체득할 수 있었다. 바로 그분이 아주 나쁜 상사처럼 보였지만 결국에는 잊을 수 없는 늘 감사해하는 멘토 같은 분이셨다.

직장에서의 공부, 아무리 해도 지나침이 없다

직장 생활을 하기 전에 정말로 직장인들을 부러워했다. 시험 치르는 것도 없는 듯하였고, 더는 인생에서 성적 때문에 고민할 일이 없는 곳이 직장인 듯 보였다. 그러기에 딱히 공부를 해야 하는 이유가 보이질 않았다. 입사 초기에는 더욱 그러한 것처럼 보였다. 하지만, 직장 생활을 하면 할수록 끊임없이 자신과 싸워야 하고 해당 분야를 넘어서 다방면으로 지적인 능력을 키워야 보다 나은 기회들을 맞이할 수 있다는 걸 깨닫게 되었다.

그래서 야간 MBA 코스에 등록을 시도했다. 당시 그래도 제일 체계적인 MBA 코스가 연세대학교였기에 지원을 하고 시험을 치렀다. 영어와 논술이었다. 영어는 쉽게 풀었는데 논술의 주제는 만만치 않았다. 그간의 회사 사례들을 예시하면서 논술하였고 합격 통지서를 받았다. 입학하고 보니 학생들 중 나이가 상당히 적은 부류에 들어 있었다. 대부분 회사 임원들이 많았고, 부서장 혹은 사장들이었다. 학기 초에는 영업직에 몸담고 있었기에 상대적으로 국내외 출장이 많아서 발표 자료 만들고 그룹 스터디하는 것이 상당한 부담이었다. 1학기 초반기에는 출장이 더군다나 많았고 지방에도 자주 내려갔기에 상경하여 수업 시간을 맞추는 것이 너무 힘들었다.

아울러 학교에 다니는 것에 대해 직장 선배들의 시선은 늘 달갑지 않게 와 닿았다. 왜냐하면 한참 후배가 주 2~3회씩 정시 퇴근하고 수업에 갔기에 시선이 고울 리가 만무하였다. 그때부터 수업 없는 날에는 남보다 일찍 출근하고 늦게 퇴근하는 습관이 몸에 배게 되었다. 한 달에 몇 번씩 지방으로 출장을 내려가서 먼 길을 따라 신촌까지 차량 혹은 대중교통으로 출석하는 것 자체가 육체적으로도 굉장히 버거웠다. 특히, 시험이 있는 날 지방 출장을 가서 올라오는 날에는 엄청난 부담이었다. 그때마다 차 안에서 발을 동동 굴렀고 나도 모르게 눈물을 흘렸다. 몇 번이나 늦어서 시험 중간에 입실하여 시험을 치뤄야 했다. '내가 왜 이렇게 사서 고생을 하는 거지?', '무엇을 위해서 이렇게 몸부림치지?'라는 질문을 여러 번 해 봤다. 그때마다 눈물을 삼키며, 그 언젠가는 내가 선택한 이 길이 후회하지 않을 길이라는 확신을 가졌다. 영문학을 전공해서 경영과 회계에 대한 기본적인 지식이 거의 전무했기에 대학원 수업을 굉장히 재미있게 듣고 배웠다. 이런 노력의 결과를 경영자가 되고 보니 이제야 느끼고, 그때 배웠던 아련한 지식들이 와 닿고, 가끔씩 활용을 하고 있다.

요즈음은 근무하면서 학구적인 공부를 많이 하진 못하지만, 매일 보는 조간신문들 그리고 자기계발서, 조찬 및 야간 모임들을 통해서 지속적으로 외부의 자극을 받는다. 또한 다른 회사들의 경영 사례와 배울 점들을 찾아서 꾸준히 공부를 한다. 특히, 『도덕경』, 『대학』, 『중용』 등 고전뿐만 아니라 신간 저자들의 강의를 통해서 일일신우일신하려고 노력 중이다. 그러다 보니 막연하고 멀어만 보였던 성공한 경영 사례들이 피부에 와 닿는 것을 느낄 수 있고, 훨씬 현장감 있게 이론들을 사업 현장에 적용하게 되어 조금씩 공부하는 재미에 빠져들고 있다. 공부하지 않고 사업을 해 나간다는 것은 사장으로서 자살행위라는 생각이 든다. 과거에 비해서 경쟁 구도가 그만큼 복잡해지고 다양하게 펼쳐지기 때문에 사장이 공부하지 않으면 상대적으로 위험 요소에 노출되는 정도가 훨씬 다양해지기 때문이다. 순간의 의사 결정이 결과에 많은 영향을 미치기에 더욱 그러하다.

직장 생활에서 공부의 목적은, 자신의 기술을 더욱 숙달하거나 다른 사람들이 알고 있는 지식을 습득하는 것이 아니라 다른 사람들이 잘 생각해 내지 못하거나 알아낼 수 없는 것들을 습득하는 데 있다. 즉, 차별화인 것이다. 가능한 한 조직에 대해서 먼저 많은 정보와 지식을 습득하고, 자신이 보다 더 넓고 깊은 역할들을 잘 감당할 수 있다는 사실을 다른 사람들에게 혹은 상사에게 입증하는 것은 끊임없는 공부를 통해서만 가능하다는 것을 직장 생활을 통해서 체득해 왔다. 즉, 자기 자신을 갈고 닦기 위해 공부하고 또 공부해야 한다고 생각한다.

무슨 일이든 타이밍이 존재한다. 직장 생활에서의 공부도 늘 조직에 몸담고 있는 한 해야 하지만 그래도 타이밍이 있다고 여겨진다. 장년이 된 시점에서 뭔가 공부하려면 머리도 체력도 따라 주지 않는다. 새로운 정보들을 머리로 이해하고 따라가는 것도 버겁다는 것을 느낄 때가 있다. 사업상 의사 결정을 하게 될 때는 이런 타이밍이 더욱 중요하다. 멈칫하면 실기하고 실기하면 바로 숫자로 나타나기 때문이다. 마찬가지로 직장에서 승진 및 보다 큰 역할들을 감당하게 될 때 현실에 부딪히며 다가오는 기회들을 제대로 살려 새로운 도약의 기회로 만들어 내기가 상당히 어렵다. 왜냐하면, 직장 생활 속에 쳇바퀴처럼 돌아가다 보면 타이밍을 놓쳐 버리기가 일쑤이기 때문이다. 그래서 늘 자신이 꿈꾸고 있는 기회들을 살펴보면서 공부해야 한다. 결국은 직장 생활에서 공부는 지식의 습득을 위한 공부도 있겠지만, 몸담고 있는 산업의 흐름을 잘 이해하고 꿰고 있는 것도 포함된다. 그러기 위해선 타인을 통한 만남과 관련 정보들을 습득하는 노력을 기울여야 한다.

나이키에서 직장 생활을 열심히 하고 있을 무렵 어느 날 몽블랑 부사장으로부터 면담 요청이 왔다. 전혀 만난 적이 없었기에 왜냐고 물으니 브랜드 매니저로 함께 일해 보자는 제안을 하고자 함이었다. 한마디로 거절했다. 왜냐하면 나이키라는 브랜드를 여전히 좋아했고 거기서 비전을 가꿀 수 있다고 여겼기 때문이었다. 하지만, 그 후로도 몇 차례에 걸쳐 미팅 요청이 왔고, 마침내는 몽블랑에 입사하기로 약속을 했다. 일반적으로는 이직을 원하는 사람이 해당 기업에 지원을 하는 경우인데 순서가 뒤바뀐 경우였다. 그렇기에 필자는 아직 이직 준비가 충분하지 않았었고, 결국은 몽블랑에서 2년 정도의 시간을 보낸 후 다시 이직을 결정하게 되었다.

이직을 결정하게 된 가장 큰 이유는 기업 문화 차이로 인한 충격 때문이었다. 브랜드는 아주 성장 가능성이 높고 여전히 성장하는 브랜드였지만, 내부적 기업 문화가 글로벌적이지 않았다라고 판단되었다. 2여 년 몽블랑에서의 경험은 이후 이직을 하는 몇 가지 원칙들에 아주 쓰디쓴 보약이 되었다. 이때의 경험으로 "무엇이든 준비가 되어 있어야 기회도 엿볼 수 있다."라는 점을 깨닫게 되었다. 그냥 주어지는 기회, 갑작스러운 기회들도 많지만 그러한 기회는 잘 살려지기보다는 오히려 화가 되어 되돌아올 수 있다. 직장인들은 늘 자기 자신을 먼저 잘 준비시켜야 한다. 그렇지 않으면 행운이라는 기회가 쉽게 찾아오지 않기도 하고 와도 그 기회를 디딤돌로 잘 활용하지 못한다. 몽블랑의 이직 경험을 통해 몇 가지 전직 원칙을 세웠다.

첫째, 준비 없는 이직은 절대 하지 마라.
둘째, 산업군이 다른 곳을 이직 시에는 반드시 이직 전 관련 회사 및 브랜드 등에 대해 스터디를 두세 배 더 해야 한다.

셋째, 어떤 한 개인의 인맥을 따라 이직하지 말고 해당 산업군 및 회사의 비전과 성장 가능성을 보라.

넷째, 이직에 따른 보상에 너무 연연해하지 마라.

실제로 나이키에서 몽블랑으로 이직 시 좋은 대우를 받고 이직을 했었다. 하지만 그것에 대한 반대급부가 따랐다. 직원을 직원답게 대우하지 않는 기업이었다. 지금 이 시대에도 그런 회사들이 주변에 많은 것을 볼 수 있다. 참 안타까운 일이다. 결국은 직원들은 퇴사하고 이직하면 되겠지만 그 회사는 문을 닫아야 하는 지경에 이를 것이다. 왜냐하면 사람에 대한 투자와 대우를 좋게 하지 않으면 기업은 지속성 있는 성장을 할 수가 없기 때문이다. 현재는 몽블랑코리아 법인이 직접 투자하여 완전히 다른 기업 문화를 가지고 있는 아주 멋진 회사로 그리고 브랜드로 거듭나 있다.

솔직함과 진정성을 담아라

어떤 사람을 보면 하는 것에 비해서 박수갈채를 많이 받고 매사 일이 잘 되는 사람이 있는가 하면 그렇지 못한 사람들도 있다. "왜 그럴까?" 하고 의문을 많이 가지게 된다. 20년 넘게 직장 생활을 해 오면서, 잘 되는 사람들의 공통점이 바로 '태도'와 관련 깊다는 것을 깨닫게 되었다. 태도에 따라 채용의 당락이 결정되고 평상시 태도에 따라 승진이 좌우되는 시대이다. 회사 입장에서 보면 승진자들은 하나같이 똑똑하고 회사를 위해서 헌신하는 사람들이기 때문에 평소의 태도가 승진에 영향을 끼칠 수밖에 없다고 판단하는 것이다. 이러한 태도 중에서 경험에 비춰 중요하다고 생각되는 몇 가지를 짚어 보고자 한다.

직장 생활 초기에는 언제나 30분 먼저 출근해서 업무 준비를 하고 남보다 20분 늦게 퇴근하려고 노력했었다. 바쁜 일이 있을 때에는 물론 그렇게 하지 못할 때도 있었지만 가능한 한 이 원칙에 따라서 직장 생활을 꾸준히 했다. 그래서 늘 "업무를 좋아하면서 자기관리에 철저하고 진정성 있게 일을 해 나간다."라는 얘기를 들었다. 이런 칭찬들을 듣기 위해서 남의 눈을 의식해 왔다기보다는 늘 '나 자신에게 솔직하게 살자'라는 나름의 목표가 있었기에 가능했다. 사장이 된 지금에도 이런 습관이 배여 있어 대체로 빠른 출근을 하는 편이다. 승진하기 위해서는 항상 몸과 마음이 집중되어 있어야 한다. 이러한 태도는 자신에게 솔직하고 진정성이 없으면 불가능하다. 정신이 게으름의 지배를 받게 된다면 경쟁자들 속에서 두드러질 수가 결코 없다.

직장 상사에게 보고할 때에도, 자신이 직접 보고하는 것은 아니지만 마치 자신이 직접 보고하고 발표하는 당자사인 것처럼 자료를 만들고 예상 질문을 넣어서 보고서를 작성해 주면 벌써 선배는 알고 있다. 그 후배가 진정성과 솔직함을 가지고 자료를 준비하고 만들었는지 아닌지를 고참 선배들은 귀신같이 안다. 저자도 직장 생활을 할 당시 상사를 위해 열심히 자료를 준비하고 머리를 짜내어서 자료를 준비해 주고 보고한 적이 많았다. 그리고 그때는 그런 노력과 준비하느라 애쓴 것을 표현하지 않으면, 상사들은 잘 모를 것이라고 생각했었다. 그러나 세월이 흘러 그 자리에 위치하고 보니 그러한 것들이 너무나 선명하게 보인다는 것을 알게 되었다. 그것은 어떤 사람이 그런 것에 민감해서 보이는 것이 아니라 인간이 영혼을 가진 영적 존재이기에 누군가의 진정성과 진실함을 자연스럽게 느끼게 되지 않나 싶다. 단지, 그 상사가 내색을 하고 감사하게 받는가 아니면 그렇지 않은가는 그 사람의 사람 됨됨이에 따라 다를 뿐이다. 특히, 나이가 40대 중반을 넘어가는 상사들은 정말 속일 수가 없다. 물론, 때때로 인간은 '보이는 것'보다 '보고 싶은 것'을 보는 존재이긴 하지만 말이다. 그래도 가슴에서 우러나온 진정성은 상사의 마음을 반드시 사로잡고 당신의 브랜드를 각인하게 된다.

자기의 고유한 컬러를 만들어라

직장 생활에서 자신의 컬러를 잘 설정해 나가는 것이 매우 중요하다. 어떤 사람은 적극적이고 활동적이라든지 누구는 또 침착하다든지 등등 사람은 각양각색의 특장점들을 가지고 있다.

내 경우에는 우선 인사를 잘 하려고 노력하는 편이다. 만나는 사람들에게 먼저 적극적인 인사를 던지는 것이다. 인사해서 손해 보는 경우는 거의 없다. 인사는 자신의 겸손함을 표현하는 한 방법이라고 생각한다. 겸손한 마음이 없으면 타인과 먼저 인사를 나눌 수가 없기 때문이다.

또 집 안에 있는 책상을 상당히 너저분하게 사용하는 편인데, 항상 물건들을 펼쳐 놓을 때가 잦다. 덕분에 아내로부터 늘 정신없이 늘어놓는 것 좋아한다며 타박받기 일쑤다. 하지만 사무실 책상 위에는 가급적 아무것도 올려 두지 않으려고 한다. 개방된 공간에서 뭔가를 늘어놓으면 정리되지 않은 책상이 당연히 보일 것이며, 그 당사자에게 좋은 평가를 하기가 어렵다. 책상 하나 정리 못 하면서 업무를 어떻게 깔끔하게 마무리 짓겠느냐 하는 시각으로 상대를 볼 수도 있기 때문이다. 이것은 특히, 사무실이 개방된 공간에서 근무하는 직장인이라면 더욱 조심해야 할 것이다.

신규 및 경력 사원 채용 시 이력서를 많이 보게 되는데, 이력서를 보면 그 사람의 업무 스타일을 대략 느낄 수가 있다. 일을 깔끔하게 잘 마무리하는 스타일일지 아니면 그 반대일지 말이다. 이력서를 보고 나서 면접을 진행해 보면 어느 정도 일치하는 것을 알 수 있다. 그렇다고 이것이 직장인의 업무 성과(Performance)를 나타내는 지표는 될 수 없다. 지저분하게 펼쳐 놓은 책상 주인도 업무는 완벽하게 잘하는 경우가 허다하다. 단지, 그 사람에 대한 부정적인 선입관을 줄 수 있을 뿐이다. 그렇더라도 직장인은 늘 자기 책상 풍경을 잘 관리하는 것이 중요하다.

또한, 어떤 업무를 지시받거나 해야 할 때 꼭 마감 시한을 채워서 마무리하여 보고하는 사람이 있는가 하면, 하루 이틀 전에 마무리하여 여유 있게 보고하는 사람이 있다. 업무에서는 동일한 결론에 도달하더라도 보고받는 자의 입장에서 보면 전자보다는 후자가 훨씬 자신을 잘 관리하는 사람이라고 판단하게 된다. 특히, 보고받는 상사가 전자 스타일일 경우 더더욱 후자 스타일을 선호하고 좋은 평가를 줄 것은 자명하다.

타인의 의견을 오래 경청하고 짧게 자신의 의견을 개진하는 것이 직장에서는 당연히 선호되고 있다. 하지만 불행히도 내 경우는 성격이 다소 급한 편이라 상대방이 주장하고 나서 조금의 여유를 부리려는 동안 참지 못하고 의견을 개진하는 경우가 종종 있었다. 이를 잘못 관리하면 타인의 의견을 경청하지 않고 자기주장대로 하는 사람이라는 오명을 뒤집어쓰기 쉽다. 그래서 반드시 직장에서는 타인의 의견을 충분히 듣고 답하는 태도가 굉장히 중요하다는 걸 새삼 느끼게 된다.

어떤 사람에 대해서 얘기할 거리가 많다는 것은 참 좋은 인상을 주는 것이라 생각한다. 어떤 직원을 생각할 때 안 좋은 점들이 생각날 수 있겠지만, 그보다 그 사람에 대한 긍정적인 점들이 많으면 당연히 그 사람에 대해서 더 많이 이야기하게 된다. 이것은 자연스럽게 자기 자신에 대해서 브랜딩이 잘된 경우라고 보면 된다. 그 사람의 됨됨이 그리고 행동거지 등을 면면히 누군가가 살피고 그 사람에 대해 이야기를 하게 되기 때문에 당연히 언급이 많게 된다.

직장에서 필수적으로 수반되는 것 중 하나가 바로 비판과 뒷담화이다. 아마 대한민국 사람이라면 누구나 예외는 없을 것이다. 동네 미장원에서부터 다양한 직장 내 소모임들에 이르기까지 뒷담화 없는 곳이 없다. 그만큼 비판과 뒷담화는 우리 직장 생활 속에 깊이 들어와 있는 어떻게 보면 자연스러운 문화의 일종이다. 이런 비판과 타인에 대한 얘기를 하더라도 비판만 하지 말고, 상대가 부재 시에는 장점을 부각해서 말하고 그것을 배우고자 하는 열린 마음 자세를 가져야 한다. 왜냐하면 대부분의 뒷담화는 부메랑이 되어서 자신에게로 향하기 때문이다.

회식 자리에서 누군가가 먼저 자리를 일어나 가면 2차 등 작은 모임에서 뒷담화는 필연적으로 나타난다. 대부분 한두 잔씩은 술을 마셨을 때인데 이때 가장 조심해야 한다. 술이란 직장인들 주변에서 늘 일상적으로 맞닥뜨리는 것이지만 과한 경우 절제력이 사라지게 하는 마법 같은 액체이다. 평소에 아주 조용하고 내성적인 직원도 술자리 혹은 회식 자리에만 가면 고함치고 소위 오버를 하는 경우가 많다. 이런 경우 특히 더불어 뒷담화가 자연스럽게 나오게 된다. 이렇게 술기운에 무심코 뱉었던 뒷담화가 늘 부메랑이 되어 그냥 술 한잔 마시고 한 얘기 정도로 넘어가지 않게 되는 경우가 많다. 이로 인해서 회사의 적들이 도처에 생겨나게 만드는 기회를 제공하지 않도록 유념해야 한다. 나도 직장 생활하면서 술을 마시지는 않았어도 이런 경험을 많이 해 봤다. 분위기에 휩쓸리면 쉽게 예상하지 않았던 얘기들을 하게 된다. 그리곤 그 후회의 칼날은 반드시 2~3일 이내 돌아오게 되는 경험을 했었다. 직장 내에서 뒷담화가 시작될 때는 화장실을 간다든지 해서 그 자리를 아예 피하는 것이 상책이다. 안 듣고 모르는 게 약이 될 때가 많다. 이런 작은 행동들이 '자신의 고유한 컬러 및 이미지'를 가꾸는 요소들 중 하나가 될 것이다.

겸손과 자기 절제, 중요하고 또 중요하다

도 닦으러 간 것도 아닌데 웬 직장에서 겸손하고 자기 절제냐고 생각하겠지만 오히려 종교 생활보다 더 직장 생활에서 겸손과 자기 절제가 필수적으로 요구된다. 직장이란 곳이 늘 일상의 삶과 연결되어 있기 때문에, 늘 욕심이 생기고 또한 자기 절제와 통제력을 잃고 오만하게 되거나 불손해지기 쉽다. 도덕적으로 쉽사리 타락하게 될 수도 있다. 이러한 순간 승진 기회와 상사로부터 인정받을 수 있는 기회는 점점 멀어지게 된다. 상사들은 자신은 절제하지 못해도 자신이 늘 평가자의 입장에 서 있고 갑의 위치에 있다라고 믿고 있기에, 후배들이 자기 절제력이 없으면 과감하게 그것을 뇌리에 심어 버리는 경향이 있다. 그러고선 언젠가 먼 훗날 그 친구 그랬었지 하면서 두고두고 반추하는 습성이 잦다. 이게 직장이다. 그리고 인생이다. 왜냐하면 자신이 과거에 그런 일을 벌였을 경우 더더욱 이런 부분에서 포용력이 떨어진다. 자신의 싫었던 옛 생각들이 나면서 더욱 후회를 하게 만드는 원인을 제공하기에 그러하다.

특히, 한국적 직장 문화에서 좀 튀면 봐주질 않는다. 무언가를 오만하게 하지 않았어도 평가는 늘 겸손하지 못하고 거만하다라고 냉소적으로 돌아온다. 실제로는 전혀 그렇지 않지만 선배의 입장에서는 후배의 작은 오만함에도 자신을 넘어서려는 불손함이 마치 있는 것처럼 여겨지기 때문에, 더욱 너그럽게 받아들이지 못한다. 모난 돌이 정을 먼저 맞는다고, 튀는 행동을 보이는 직원은 마치 학생들 사이의 따돌림처럼 행동이 튀는 후배를 깔아뭉개려고 안간힘을 쓰는 선배와 마주치게 될 것이다.

요즈음 자주 CEO조찬 모임 및 여타 모임을 많이 가지고 있다. 그런 모임에서 두드러지게 몇몇 CEO분들은 정말 겸손하다는 느낌을 받는다. 겸손한 그들의 태도 때문에 다시 한 번 그 기업을 바라보게 된다. 그래서 겸손은 생존 의지 중 가장 낮은 것이라고 생각한다. 미덕이라고 부르는 것도 도덕적 예의의 영역이라는 뜻이며 강제되지 않기 때문이다. 훌륭한 사회구성원이면서 직장인이 되는 충분조건이 지만, 필요조건은 아니다. 하지만 겸손은 최적의 성공 발판이며 가장 훌륭한 방패가 된다.

후배들이여 진정으로 겸손하라. 그러면 적어도 직장 생활의 50% 는 성공하는 것이다. 리더의 필수적인 덕목이 바로 겸손이다. 리더가 제 잘났다고 자신을 드러내면 꼴불견이다. 그리고 그 회사가 잘될 수가 없다. 왜냐하면, 수많은 관계자들이 진정성을 가지고 함께 공동의 비전과 꿈을 가꾸고 싶어 하지 않기 때문이다. 그리고 그런 사람은 도와주지 않으려고 하는 게 세상 이치다.

인간관계, 늘 경계의 너머에 있는 중요한 요소

인간 사회는 끊임없는 경쟁 구도 속에서 발전해 왔다. 원시시대에도 보다 많은 사냥과 농산물을 확보하기 위해 주변 부족 및 자연과의 싸움에 늘 노출되어 왔다. 조직사회 및 기업에서는 이런 현상들이 더욱더 많을 수밖에 없다. 왜냐하면, 주어진 자리 및 기회가 한정되어 있기 때문이다. 그렇기에 경쟁자들 사이에서 경쟁해야 하는 것은 어쩔수 없지만 아울러 그러한 경쟁을 넘어서 관계를 건강하게 잘 쌓고 챙겨 나가야 본인이 원하는 경력관리를 할 수 있다.

자기 업무에 최선을 다하는 것이 직장에서 중요하다. 하지만 이 보다 더 중요한 것은 사람들과의 관계, 특히 주변과의 관계일 것이다. 이것이 좋지 않고는 회사에서 업무를 잘 수행한다는 것은 불가능하다. 만약 당신이 개인병원 의사라든지 교수라면 좀 다를 수 있다. 일방적인 의료 서비스를 제공하는 의사 그리고 그들이 관계하는 환자, 자신의 지식을 일방적으로 전달해 주는 교수 그리고 학생과의 관계는 좀 다르다. 이런 관계들에도 쌍방은 존재한다. 하지만, 다소 덜 중요하다고 여겨진다. 그렇지만 직장은 쌍방이 끊임없이 의견, 도움 및 소통을 주고받는 관계 속에 있다. 늘 주는 입장도 받는 입장도 존재하지 않는다. 신입사원도 입사하여 일정 기간 경력을 쌓게 되면 늘 받는 입장에서 주고받는 입장으로 변화되어 가기 때문이다.

나는 개인적으로 매니저(Manager)를 '성숙하게(aging) 하는 사람'이라고 해석한다. 사람을 성숙하게 하는 것은 늘 '관계(關係)'라는 필수적인 것을 필요로 한다. 직장에서 성숙하게 하는 것은 당연히 업무일 것이다. 신입사원 때 생각하지 못했던 것들을 경력을 쌓아 가면서 보게 되고, 경험한 것들을 실무에 반영하게 된다. 그것이 업무에서 '성숙'과 '통찰'이라는 것으로 대변되어 나타난다.

직장과 달리 학교에서는 어떤 아이가 따돌림당했다면 그 따돌림을 당한 학생의 주변 사람과 선생님에게 잘못이 있는 경우가 많지만 직장에서는 그렇지 않다. 따돌림당하는 그에게 문제가 있다고 생각하기 십상이다. 그래서 따돌림당하는 이가 더 노력을 해서 그 상황을 반전시켜야 한다. 그렇지 않으면 살아남기가 힘들다. 직장은 학교와는 정반대의 개념 집단이기에 더욱 그러하다.

이전 직장에서 있었던 일이다. 누군가 회사 화장실을 가는데 화장실에서 가끔씩 코고는 소리가 들리곤 했었다. "아니 이런 황당한 일이…"라고 생각하고 처음에는 넘어갔다. 하지만 그런 일이 계속해서 일어나자 '도대체 누가 그러는 거야.' 하는 의문과 함께 꼭 이를 밝혀야겠다는 정의감에 불타는 주변 동료 및 선배들이 생겼다. 그 소문은 사무실을 넘어 인사부로 옮겨 갔다. 그 직원은 그 이후로 채 1년을 버티질 못했다. 사연은 참 안타까웠다. 집안에 부모님 중 한 분이 병치레를 겪는 중이셨고, 그 직원은 밤새 부모님 병간호하느라 졸릴 수밖에 없었고, 그 모자라는 잠을 회사의 화장실에서 보충하려 했던 것이다. 하지만 조직에서는 그런 그의 사정을 알아서 이해해 줄리가 없다. 만약 그가 이런 힘든 점들을 충분한 관계적인 인적 관계(Network)를 통해 알리고 해결하려 했었다면 '효성이 지극한 직원'이라는 칭찬을 받았을 것이다. 그런데 안타깝게도 그렇게 회사를 떠나게 되었다. 남은 직원들은 '그의 이름만 떠올리더라도 자신을 잘 관리하지 못하고 기본을 못 챙긴 사람'이라는 그에 대한 연상이 뇌리에 또렷하게 인식되게 되었다. 그는 그러한 분위기에서 거의 떠밀리다시피 해서 직장을 그만두게 된 것이었다. 참 안타까운 일이었다. 이렇듯 관계는 단순히 업무의 성과를 높여 주는 것뿐만 아니라 때론 결정적일 때 자신을 보호하게 하는 강력한 방패막이가 될 수 있음을 늘 기억해야 한다.

직장 생활을 하는 누구나 명함이라는 것을 관리해 나갈 것이다. 내 경우도 명함집이 십수 권 있다. 초기 직장 생활에서는 잘 몰랐기에 몇 년간은 모으지 않았다. 그러다가 선배들이 명함집을 몇 권씩 가지고 있는 걸 보고선 모으기 시작했다. 결국 비즈니스로 만났던 사람들을 관리하고 그들과의 지속적인 관계를 유지하기 위해서는 필요한 일이다. 더욱이 임원이 되고부터는 주변 사람들을 통한 정보 및 관계 쌓기가 중요해진다. 그래서 가지고 있던 명함을 전체 파일링을 해서 보관하고 언제 어디서 만났는지를 기록해 나가고 있다.

지금까지 비즈니스로 만난 사람들 수, 즉 명함을 받은 수가 만 명

최근 10년간 정리한 명함집

쯤 된다. 이들 중 몇백 명은 지속적인 관리와 관계 쌓기가 필요한 사람들이다. 그래서 필요시 이메일이나 전화를 통해 도움을 주고받고 있다. 사업은 혼자 하는 것이 아니고 쌍방과 함께 이뤄지는 것이기에 특히 소비재를 판매하는 회사를 운영하는 대표라면 더욱 시간과 열정을 내서 관리해 나가야 하는 부분이다.

사람의 성격에 따라서 주변의 비판에 열려 있는 자세로 있는 사람이 있는 반면 굉장히 민감하게 반응하는 사람들, 대체로 두 부류로 나눠 볼 수 있다. 나는 후자에 속하는 편이다. '늘 열심히 한다'고 생각하고 뭔가를 하는데 중간에 부정적인 의견을 강하게 제시하거나 비판을 일삼는 태도 앞에 도대체 참을 수가 없다. 아니 참지 않고 즉석에서 반응을 한다. 그러면 상대방은 나를 생각해서 지적해주고 그 지적이 보다 나은 인재를 만드는 데 도움을 주려고 하는 차원에서 행하는 일종의 배려였는데, 막상 비판을 받게 되면 참지를 못하게 된다. 우리 인간은 대부분 이런 약한 존재이다.

대체로 자주 만나는 전 직장 임원들이 있는데, 이따금씩 골프를 칠 때면 골프 자세에 대해서 지적과 비판을 쏟아 내곤 한다. 그러면 못 견뎌 한다. 속으론, '자기나 잘하지 왜 남을 가르쳐.'라는 반발심이 욱하고 들 때가 많음을 경험하게 된다.

이런 자그마한 비판에도 자제심을 잃게 되는데 하물며 직장 내에서 자신의 업무에 대해서 비판과 지적을 받을 땐 상당히 자존심이 상하게 되며 못 견디게 된다. 그러면서 직장을 그만둬야 하나 하는 고민도 하게 된다. 하지만 이런 고비들을 넘겨야 한다. 이 작은 고비를 넘기지 못하면 닥쳐올 수많은 비판과 혹평에 대해서는 어떻게 대처하게 될까? 이런 상황들에 맞닥뜨리게 되면 거의 자포자기하게 된다. 그래서 비판에 익숙해져야 하고 타인의 비판이 때론 피가 되고 살이 되는 경우가 있기에 잘 참아야 한다. 그때에야 비로소 성숙하게 되고 무르익게 된다. 그러면 반드시 성공하게 되어 있다.

직장 생활을 하다 보면 대중들 앞에서 혹은 직원들 전체 모임에서 발표할 기회가 많다. 발표를 하고 난 후에는 꼭 내 발표에 대해서 평가를 해 달라고 하고 피드백 받는 것을 좋아한다. 물론, 최선을 다해서 자료를 챙기고, 만들고, 다듬고 해서 완벽한 프레젠테이션을 추구했어도 꼭 부족한 부분이 생기게 마련이다. 이런 것들에 대해서 좀 더 적극적으로 개선하고 차후에 더 나은 프레젠테이션을 위해선 나를 돌아볼 수 있는 피드백이 필수적이다. 요즈음 이런 경험들을 몇 차례 가지다 보니 상당히 발표력이 좋다라는 피드백이 많아지고 있다. 특히, 발표는 듣는 사람에 맞춰야 훌륭한 발표를 하게 되기에 다양한 시각이 발표에 필요했기에 양질의 피드백은 언제나 우리의 스승이 되는 것이라 믿고 있다.

비판을 받을 때는 반드시 전문가의 조언이 필수적으로 요구된다. 우리가 불행한 것은 자신이 자신을 잘 모른다는 것이다. 자신이 자신을 누구보다 가장 잘 알아야 하는데 그렇지 못하기에 늘 문제가 된다.

직장에서 성공하고 싶은가? 그러면 유연한 태도로 상대방의 진심 어린 비판에 의식적으로 익숙해지려고 마음속으로 발버둥을 쳐야 한다. 그래도 인간이란 존재가 원래 자신에게 비판적인 태도에 대해서 긍정적이지 못하기에 비판을 수긍하고 받아들이는 것에 늘 힘들다. 이런 힘듦을 선배 및 상사들이 보기엔 후배가 오만한 자세를 유지하기에 비판을 받아들이지 못한다고 여기게 된다. 그리고 오만하고 불손하다고 여기게 된다. 결국에는 이런 작은 요소들이 관계로 발전하게 되고 승진에 미세한 영향들을 미치게 된다.

동료는 적인가 우군인가. 상사 그는 누구인가

동료는 직장 생활에서 없어서는 안 되는 필수적인 존재이다. 드라마 〈미생〉에서도 보듯이 동료의 역할이란 때론 친구 사이 그리고 연인 관계로 발전할 수 있다. 하지만 불행히도 동료 모두가 일괄 승진하고 다 인정받는 조직은 없을 것이다. 특히, 조직이 크면 클수록 더욱 그러하다. 물론, 일괄적으로 초기에는 다 승진을 시켜 주는 경우도 있을 것이다. 하지만 대부분은 차별화를 꾀하려고 하는 것이 기업이다. 기업은 실적이 저조한 직원과 실적이 좋은 직원과는 꼭 선을 긋고 싶어 하기 때문이다. 그래야 조직 문화가 서로 작용, 반작용해서 팽팽한 긴장감을 불어 넣으면서 보다 높은 성과를 이뤄 갈 수 있기 때문이다. 또한 회사가 좋은 인재라고 판단하는 직원은 꼭 오랫동안 보유를 하려고 상당히 노력을 기울인다.

자신의 상사에 대해서 지나친 충성심을 발휘함으로써 주변 동료를 적으로 만드는 경우가 직장 생활하다 보면 많다. 이는 굉장히 위험한 발상이다. 오직 상사가 그 조직에서 잘 나갈 때에만 자신도 살아남을 수 있기 때문이다. 그렇지 않으면 언젠가는 쫓겨날 처지에 직면하게 될 것이다. 가능하다면 조직의 다른 부서 사람들과 협력하고 좋은 관계를 쌓아 나가는 것이 좋다. 소문을 퍼뜨리는 사람들을 무시하지 말고 끌어안아라. 사내 권력 구조가 일순간 바뀌게 되면 그래도 당신은 살아남을 것이며 새로운 기회를 맞이할 수 있을 것이다.

직장에서 동료라 하더라도 관계가 좋지 못한 동료가 꼭 생기게 마련이다. 나도 전 직장에서 그런 일들이 있었다. 대부분의 직장인들은 이런 유사한 경험을 많이 했을 것이다. 그렇게 되면 직장 생활이 굉장히 힘들다. 사실 노력을 기울이더라도 불가피하게 서로 미워하고 다투는 동료가 생긴다. 이런 동료들은 단순히 미워하는 관계라기보다는 당신에 대해서 여러 가지 좋지 못한 영향력을 주변에 뿌리는 역할을 담당할 수 있는 그런 존재가 될 수 있다.

동료 중에도 서로의 스타일이 맞질 않아서 이유 없이 싫어하다 보면 속칭 '재수가 없는' 그런 관계로 이어지는 경우가 조직 생활에서는 꼭 생긴다. 이런 동료가 생기지 않도록 관계를 사전에 꼭 챙기는 것이 조직 생활에서 승리하는 비법이다. 상사뿐 아니라 동료의 입을 통해서 나오는 '여과되지 않은 자신을 향한 피드백'을 조심해야 하고 관리를 해야 한다. 그래야 떨어지지 않고 올라갈 수 있다. 조직에서 '오래 버틴 자가 승리한 사람'이라는 표현이 있듯이 버텨야 최고의 자리에 올라갈 수 있기 때문이다. 하지만 현실성 있는 지혜로 버텨야 한다.

과거 직장 생활 시절 너무 거슬리는 후배와 다툰 적이 있다. 속칭 '싸가지가 없다'라고 느껴져서 타 부서원이었는데 꾸지람을 했더니 덤벼드는 게 아닌가? 굉장히 당황스러웠고 또 외투법인의 특성상 선배라고 후배를 한없이 아래로 볼 수 없는 분위기였기에 난감했다. 하지만 결국 참지 못하고 고함을 치고 후배를 엄청 나무라면서 난리를 떨었다. 아무래도 선배였던 내 목소리가 크니 현장은 대충 수습이 되었지만 그 뒤에 평가는 좋지 않을 수밖에 없었다. 물론, '그런 후배를 잘 혼내 줬다'라는 주변의 다독거림도 있었지만 결국은 인내하지 못해서 생긴 결과였다.

대부분의 규모가 있는 외투법인들은 '360도 피드백'이라는 인사 프로그램을 가지고 있다. 그래서 어떤 직원에 대해서 상하 및 수평으로 평가를 하고 그 피드백을 근거로 개인에 대한 인사 방향을 수립 및 반영한다. 물론, 360도라는 것이 일부 개인의 편견들로 왜곡될 수 있지만 집단의 N수가 크면 클수록 그럴 가능성보다는 그 사람에 대한 선입견이든 실질적인 면모이든 어느 정도 신뢰도가 있는 반영이라 볼 수 있다. 그럴 때 주변 동료 및 후배들도 자신을 향해다 한 표씩을 행사할 수 있는 막강한 힘(?)을 가지고 있기에 늘 이런저런 관계가 중요하다.

그중에서도 동료들의 무게 있는 피드백은 언제나 가중치가 있게 마련이다. 그래서 동료는 때론 승진에서 때론 서로와의 피드백을 주고받는 관계에서 불가분의 관계에 있다. 그래서 언제나 의도적이든 그렇지 않든 관계를 잘 쌓아 가야 하는 공생의 관계임에 분명하다. 결국은 때론 뭉치고 때론 승진을 향해 달음박질하는 군대 생활로 치면 '전우 관계'라는 생각이 든다.

첫 직장 상사는 정말 최악이었다. 원하는 부서도 아니었는데 나를 발령 낸 것부터 정말로 맘에 들지 않았다. 하지만, '이런 것이 인생의 일부'라고 겸허하고 감사하게 받아들이고, 첫 직장에서 인사부로 합류를 했다. 사실 늦깎이로 입사를 했기에 이런 것 저런 것 따질 여유가 많지 않았다.

입사 후 처음 두세 달은 정말 빠르게 흘러갔다. 처음 직장에서 한 일 중 하나는 팩스 정리하는 것과 직원들 명부를 사진과 정보를 넣어서 손으로 만드는 것이었다. 그 당시 나이키코리아는 전체 직원이 약 70~80명 정도 되었다. 인사 명부를 손으로 수작업하는 것은 여간 고된 일이 아니었다. 지금 같으면 컴퓨터로 포맷을 짜서 사진을 스캔해서 작성을 하면 되겠지만 그 당시 나이키에는 제대로 된 컴퓨터가 두 대밖에 없었다. 그중 한 대는 선배가 사용했고 다른 한 대는 부서장이 사용하고 있었다. 결국 일일이 수작업을 할 수밖에 없었다. 몇 개월 뒤 완성을 하고 나니 새 컴퓨터가 제공이 되었지만, 그 전까지는 책상도 제대로 없어 회의실 큰 책상 같은 것을 6개월 이상 사용하면서 만들어 내었던 것이다. 정말 이 인사 명부 만들면서 직장 그만두는 게 아닌가 하는 생각이 자주 들었다. 그만큼 지겹고 따분한 일이었다. 그리고 수정할 게 너무 많았는데, 그때마다 수작업을 하니 새롭게 다시 만들 때마다 지독한 인내를 필요로 했다.

하지만 이 업무를 지시한 상사(그는 모토롤라에서 아시아 인사담당 부사장까지 역임하고 은퇴하였다.)는 인사 업무에서는 정말 완벽을 추구하는 분이었다. 꼼꼼하게 이메일 쓰는 법, 그리고 문서 작성하는 법 등을 가르쳐 주셨다. 지나고 보니 직장인, 외투법인에서 직원으로서 알아야 할 것들 대부분을 짧은 1년간의 인사부 생활에서 다 배운 것처럼 느껴졌다. 이후 인사부 생활은 도무지 적성과 취향에 맞지 않아 (결국 못 견딘 것임) 부서 이동을 여러 번 요청하여 영업 부서로 드디어 옮겼다.

이렇듯 상사와 아예 직급 및 연령에 차이가 나는 경우는 그 관계에서 특별하게 문제가 없다. 하지만 대부분 경험하게 되는 상사와의 관계는 삶 속에서 경험하게 되는 아주 묘한 관계이다. 상사는 내가 원해서 관계를 맺은 사람도 아니지만, 그의 지시를 따라야 하고 또 존중을 해야 한다. 그렇지만 자신이 조직 내에서 성장하면 할수록 상사와 자신과의 관계가 아주 애매해진다. 특히, 외투법인에서는 상하 관계가 국내 기업문화와는 달리 열린 관계 혹은 네트워크 조직으로 이뤄져 있기에 수직적인 관계도 중요하지만 수평적인 관계도 굉장히 중요하다. 그렇기에 상사와의 관계가 아주 민감해지는 경우가 자주 생긴다. 이런 상사와의 관계를 잘 쌓고 넘어야 미래가 또한 그려지게 마련이다.

직장 상사와 원만한 관계를 지속적으로 맺어 가는 것은 사실 상당히 힘들다. 왜냐하면, 우선 직장 상사는 늘 변화가 많다. 조직 변동이 있든지 아니면 이직하든지 변화의 주기가 늘 일반 직장인들보다 임원급들이 짧은 편이다. 그러기에 특정한 오너 기업의 상사 아니고는 대부분 짧은 기간 동안 상사와 관계를 가지기에 어찌됐든 그 관계를 잘 유지하는 것이 굉장히 중요하다. 그래야 미래가 밝아진다.

경력관리, 500년 장수 기업들을 거치면서 깨달았다

지나고 보면 계획된 우연처럼 보이는 것들이 있다. 개인적인 이력을 돌아보면, 재직한 기업들의 기업 지속 연도를 합산하면 무려 500년이 넘는다. 물론 뜻하지 않게 이직을 한 적도 있지만 '기업 연수가 오래된 기업을 가겠노라'라고 계획적으로 이직을 한 적은 전혀 없다. 하지만 아주 우연히도 감사하게 이런 오래된 기업과 인연이 닿아 재직하게 된 것을 늘 영광으로 여기고 있다.

첫 직장 나이키코리아를 제외하고는 전부 100년이 넘는 기업인 셈인데, 우연의 일치인지 모르겠지만 그중 한 기업은 입사를 해서 재직 중 백 년, 즉 100살 생일 잔치를 했던 행운을 가졌다. 아쉽게도 1906년에 설립된 몽블랑에서도 그런 행운을 가질 수 있었는데 그땐 너무 생각이 없이 이직을 했었다. 뉴발란스 역시 1906년에 설립이 된 미국 브랜드이다. 1910년에 설립된 쌤소나이트는 마케팅 임원으로 당시 재직 중이었다. 이때 상당한 규모로 백 년 된 생일, 즉 '쌤소나이트 쎈테니얼(Samsonite Centennial)'을 축하하고 기념하기 위해서 국내외에서 적극적 마케팅을 실행했다. 백주년 기념 한정판 제품을 기획하고 쌤소나이트의 역사성과 그 의미를 소비자들에게 전달하려고 미술관에서 전시도 하곤 했었다. 사실 그전까지만 해도 국내에서 쌤소나이트는 나름대로 알려져 있긴 했지만 아주 작은 브랜드로 그 자리매김이 미미했었는데, 이후 폭발적인 브랜드 인지도 증대와 더불어 여행의 수요 증가가 함께 이루어졌다.

그래서 나이키, 몽블랑, 뉴발란스, 쌤소나이트 그리고 현재 재직 중인 쎌리코리아를 합치면 해당 기업들의 역사가 훌쩍 500년이 넘게 된다.

씰리의 경우는 1881년 미국에서 설립된 브랜드이면서, 최장의 기업 역사를 가지고 있다. '세상 사람들에게 보다 편안한 숙면을 제공'하고자 이미 1910년경에 "Sleeping on a Cloud(구름 위에 잠자듯이)"라는 캠페인을 진행하기도 했던 브랜드이다.

이런 100년 이상 된 기업들에 근무를 짧게든 길게든 할 수 있었던 것은 정말 개인적으로 행운이었고 한편으로는 나름대로 경력관리를 해 왔던 결과적 산물이기도 하다.

개인적으로 이직을 할 때 반드시 브랜드의 역사를 본다. 왜냐하면 브랜드의 역사는 스토리를 품고 있으며, 그 스토리가 좋은 기업 그리고 선한 기업일수록 지속 성장을 해 간다는 것을 체득했기 때문이다. 현재 아무리 좋은 실적을 내는 기업 그리고 보상이 좋은 기업이라 할지라도 그 스토리가 탄탄하게 받쳐 주는 기업이 아니라면, 재직 기간 중 반드시 실적 때문에 어려움을 겪게 될 수 있기 때문이다. 회사 대표에게 실적은 여러 가지 형태로 나타낼 수 있겠지만 결국은 지표인 숫자로 드러난다. 대표의 실적 속에 담긴 여러 가지 의미들이 숫자가 부진한 경우는 퇴색되기 마련이다.

좋은 브랜드 스토리를 가지고 있는 기업에 근무하고 싶은가? 그러면 본인의 스토리를 잘 짜서 준비를 해야 한다. 결국은 본인이 그 기업의 스토리를 만들어 가는 한 일원이기에 더욱 그렇다. 기업은 인재를 채용할 때 그냥 단순하게 채용하지 않는다. 기업은 '개인의 능력과 비전'이라는 개인의 스토리를 가지고 있는 직원을 채용하고 싶어 한다. 그래야 회사도 성장하기에 더욱 스토리가 풍성한 직원에게 갈급함을 느낀다.

232

내가 재직했거나 현재 재직 중인 회사는 뉴발란스, 몽블랑, 쌤소나이트 그리고 씰리의 4개 기업이다. 이들 4개 기업이 모든 장수 기업들의 공통점을 대표한다라고 하진 못하겠지만 대개 세 가지 공통점을 발견할 수 있었다.

첫째, 늘 이들 기업들은 기업의 태생부터 지금까지 처음 시장을 개척했던 아이템으로 소비자들의 마음을 잡고 있다는 것이다. 중간에 여러 가지 유혹이 있고 때론 유혹에 빠져 다른 핵심과 연계된 카테고리로 사업을 하고 또 성공하기도 했다. 하지만 핵심가치적 제품을 포기하거나 무시하고 사업하면서 장수한 기업과 브랜드는 없다는 것이다. 물론, 사업 환경과 소비자의 성향이 급변하는 시대적 상황에서 처음 기획하고 창업했던 한 아이템으로 기업을 100년 이상 지속하기는 불가하다고 여겨질 것이다. 더군다나 시기상 소비 트렌드에 따라 소비자의 마음을 사로잡기는 더욱 힘들다고 여겨질 수 있을 것이다. 하지만, 많은 장수 브랜드들이 그렇게 장수하면서 성장하고 있는 것을 볼 수 있다. 특히, 유럽의 많은 브랜드들은 장수 브랜드로써 강력한 브랜드 파워를 가지면서 100년 이상 대체로 지속적인 성장을 해 가고 있다. GE, 몽블랑, 구찌, 네슬레, 다농, 도요타, 루이비통, 샤넬, 미스꼬시 백화점, 칭다오 맥주, 까르띠에, 피아제, 바쉐린콘스탄틴, 티파니, 니베아 등 굉장히 즐비하다.

둘째, 이들 장수 기업은 제품 개발과 혁신에 늘 목말라하고 그것에 집중한다. 요즈음 좀 다른 양상을 띠고 있기는 하지만, 최근까지만 해도 대부분의 장수 기업들은 브랜드 이미지 광고보다는 혁신적인 제품을 제조하고 그에 적절한 유통망을 개발하고 판매하는 데 보다 신경을 쓰고 집중했다. 그 많은 기업 중에서도 늘 혁신적인 세품에

광장히 집착하는 대표적인 기업이 바로 몽블랑이다. 물론, 60년 이상 바뀌지 않는 디자인의 제품도 있지만 매년 혹은 2년에 한 번 예술후원(Patron of Art) 및 한정 상품(Limited Edition) 개발 등으로 끊임없이 혁신하면서 소비자에게 감동을 주고 있다.

쌤소나이트의 경우도 최근 10년 동안 브랜딩과 제품의 혁신에 아주 앞장을 서 가고 있다. 거의 시즌마다 새로운 제품을 혁신하면서 디자인과 컬러 그리고 소재에 변화를 주도하고 있다. 이런 혁신이 소비자의 마음을 타 브랜드에서 쌤소나이트로 바꿔 가고 있는 것이다. 물론, 자동차 및 스마트폰 브랜드들은 더더욱 이런 기술적인 혁신에 목말라하고 회사의 운명을 걸고 혁신을 주도해 나가고 있다. 그렇다. 변화와 혁신 이 두 가지는 기업의 지속적인 성장에 필수적인 요소들이다. 그런 측면에서 내가 다니거나 다녀 봤던 장수 기업들은 이런 핵심적인 가치들에 상당히 맞닿아 있음을 알 수 있다.

마지막으로, '기업의 핵심 요소는 바로 사람이다.'라는 것을 진정하게 실천해 왔던 기업들이 바로 장수 기업들이라 할 수 있겠다. 사람에 대한 소중함, 교육 및 인적 투자 없이는 한 세기 동안 소비자들의 마음을 잡지 못하기 때문이다. 직원의 마음을 사로잡지 못하는 기업이 어떻게 소비자의 마음을 사로잡고 장수할 수 있겠는가? 내가 경험한 기업들 중 특히 사람에 대한 투자와 이를 소중하게 여기는 기업은 바로 씰리(Sealy)이다. 134년을 거치면서 무수한 인재들을 발굴하고 거기에 맞는 대우를 해 나가는 그러면서 혁신을 주도하는 인재 풀을 만들면서 한편으로 기존 인재들을 존중하고 20~30년 이상 재직하도록 하는 문화가 잘 정착되어 있는 참 이상적 기업이라고 할 수 있겠다. 이런 토양 때문인지 여러 가지 어려움과 변화 속에서도 브랜드 이름과 그 핵심가치가 변화되지 않고 오늘에 이르고 있다. 물론, 회사의 주인은 수도 없이 바뀌었고 앞으로도 바뀌어 갈 것이다.

하지만 134년 전 창업자 다니엘 헤인스가 내걸었던 원래 세상에 없던 가치 "구름에 잠자듯 편안한 잠을 온 세상 사람들에게(Sleeping on a Cloud)"라는 그 순수한 목적은 오늘도 한국 및 아시아 시장에서 그리고 전 세계 시장에서 끊임없이 사람들로부터 사랑받고 있다. 또, 우리가 더 나은 꿈자리를 제공하고자 끊임없이 발버둥치는 이유가 되고 있다. 사랑과 존중을 받는 직장인이 끝까지 가면서 높은 곳을 올라갈 수 있다. ✳

도전하라.
나만의 브랜드로 정면 승부하라

정재희

산 좋고 물 좋은 청정지역 철원에서 태어난 강원도 촌남 정재희는 수입차를 타면 주유소에서 기름도 안 넣어 주던 시절부터 국내 수입차 업계의 탄생과 성장을 20년 넘게 함께해 오고 있는 한국 수입차 시장의 산증인이다.

20대 인하대학교 기계공학과 시절, 띄엄띄엄 배운 영어로 과감히 영국으로 어학연수를 떠났고, 이후 취업해서는 일하다 말고 미국 피츠버그대학교 MBA로 유학을 떠나는 등 1980~90년대 시절에는 흔치 않았던 길을 과감히 걸었다.

지난 23년간 포드코리아에서 오로지 한 우물을 파고 있지만, 사회 초년병 시절에는 첫 직장 동료들과 의기투합해 무역 회사를 용감하게 설립해 낮에는 일하고 밤에는 사업을 꾸리는 소위 겹벌이를 뛰었다. 신통치 않았던 사업은 2년 만에 망했지만, 이 실패의 경험은 훗날 사장으로 그리고 리더로서 성장하는 데 값진 경험이 되었고, 그가 후배들에게 되레 '무모하게 도전하라'라고 조언하는 이유이기도 하다.

어린 시절, 선생님으로 전근이 많았던 아버지를 따라 이삿날 택시를 타는 호사가 마냥 좋았던 정재희는 1992년 미국 포드자동차의 한국 시장 개발 담당자로 포드와 인연을 시작한 후 척박했던 한국 수입차 시장에서 1995년 포드코리아를 출범시키고, 이후 20년 동안 그야말로 산전수전을 겪으며 오늘날 연 판매 만 대의 포드코리아를 일구어 냈다.

'무엇을 생각하든 네가 믿는 대로 될 것이다.'라는 창업자 헨리 포드의 말을 항상 되새기는 정재희는 '꿈' 하나만을 가지고 낯설었던 영국 히드로 공항에 내렸던 30여 년 전 그날처럼 오늘도 '꿈'을 가지고 다음 30년을 향해 묵묵히 걸어가고 있다. ❦

인생의 터닝 포인트 만들기

얼마 전 한국외국어대학교에서 강연을 한 적이 있는데 강연 시간이 오후 5시부터였다. 혼자 생각으로 3, 4학년 학생들만 오겠지 했는데, 막 입학식을 하고 난 바로 다음 날임에도 약 150여 명의 학생들 중에 꽤나 많은 신입생이 참석한 것을 보며 '1학년부터 취업 준비 시작'이라는 말을 새삼 떠올렸다. 자연스레 나의 대학 신입생 시절이 생각났다. 뒤돌아보니 나의 대학 생활은 극과 극이라는 말이 딱 어울린다.

1979년도 신입생 환영회는 그야말로 질펀했다. 몇 종류인지 기억도 안 나는 술들이 돌고 결국 고주망태가 되어 하숙집에 와서야 끝이 났다. 그렇게 시작된 대학 생활은 군대를 가기로 결심한 2학년 때까지 이어졌다. 수업 시간이면 항상 맨 뒷줄이 고정석이었다. 들키지 않고 슬며시 빠져나가기가 최고이니까. 오후 수업이 있던 날은 두 시 정도가 되면 벌써 가방을 싸고 슬금슬금 새기 시작했다. 툭하면 시계와 공학용 샤프 계산기를 학교 뒤 전당포에 맡겼다가 찾는 일상이 반복되었다. 당연히 성적은 옛 말로 권총(F학점)만 안 찼지 C와 D로 점철된 평균 2.1점으로 바닥을 헤맸다.

군대는 내 인생의 전환기다. 제대를 한 후 문득 어느 날 무언가에 씌었는지 이렇게 살고 있는 내가 개그콘서트의 유행어처럼 '아이고 의미 없다'가 돼 버리는 것 같은 자괴심이 들었다. 그 후 얼마 되지 않아 나는 짐을 챙겨 종로에 있는 고시원에 들어가 있었다. 글쎄, 고시생들처럼 폼 잡고 싶었을까? 인생의 어떤 깨달음이었는지는 솔직히 잘 기억나지 않지만 어쨌든 참 이상했던 것은 고시원에 가서 그들과 같이 생활하다 보니 어느 순간 진짜 고시 준비생처럼 하고 있었던 것이다. 시간을 쪼개고 있었고, 학원을 이곳저곳 쉴 틈 없이 수강하러 다니면서 거기서 희열을 체험하고 있었다. 3학년 복학을 위해 학교로 돌아갔을 때는 고시생 같은 복학생이 되어서 도서관의 수위처럼 매일 새벽 다섯 시 전에 자릴 잡고 밤 열두 시까지 자릴 고수하다가 집에 오곤 했었다.

수업 시간이면 일부러 맨 앞줄 교수님 턱밑에 자릴 잡고 앉아 수업을 들었다. 졸 수가 없으니 집중할 수밖에 없었다. 그런 탓일까 3학년 두 학기를 줄곧 성적 장학금을 받았다. 시험이 끝나던 날에는 당시 같이 하숙을 하던 후배를 데리고 나와 고기를 사 주며 나름 능력 있는 선배 노릇에 흠뻑 취해 뿌듯해하기도 했었다. 그렇게 복학 후 한눈팔지 않고 공부에 매달렸지만 계속해서 무언가를 더 해야 한다는 막연한 생각을 갖게 되었다. 집중해서 공부를 하기 시작하자 마치 그 길이 아니면 다른 것은 없다는 자세가 되었다. 이것은 또 다른 갈망을 느끼는 시작점으로 이어졌고 거기서 새로운 길도 보게 되었다.

우리는 살면서 수많은 각오를 하고 결심도 한다. 그러나 또 쉽게 포기하고 얼마 못 가서 원래의 자리로 돌아오곤 한다. 결국 전환기(Turning Point)를 스스로 만들지 못하는 것이다. 그럴 때일수록 우리는 스스로를 하고 싶고(to do), 되고 싶은(to be) 환경으로 밀어 넣어야 한다. 전환기를 만들려고 발버둥치지 말고 변화가 몸에 붙을 수 있는 환경에 자신을 밀어 넣어 보라는 것이다. 공부를 해야겠다는 생각은 있는데 몸과 마음이 따로 간다면 무작정 고시원으로 한번쯤 들어가 보기도 하고, 강의 시간에는 맨 앞줄에 자리를 잡아 보라. 변화가 자연스레 나에게 익숙해질 수 있는 환경에 내가 들어가 있다면 어느 순간 자연스럽게 변화된 나를 발견할 수 있을 것이고, 그것은 중요한 인생의 전환기로 이어진다.

확신이 없을 땐? 그냥 한번 해 보는 거다

대학 3학년 말 겨울방학이었던 1984년 12월에 처음 발을 디딘 런던의 히드로 공항은 아프리카의 미지의 세계와 같았다. 내 생에 최초의 해외여행이었지만 대학 입학 직후부터 매주 두세 번은 영어 학원에 다녔고, 복학한 후에는 학업에 매진했던 터라 나름 영어회화에 자신이 있었다. 그런데 이게 웬일인가? 막상 공항에 도착해서 안내 방송을 듣는 순간 그야말로 머리가 하얘지는 멘붕이 따로 없었다. '내가 지금 어딜 온 거야?' 한 단어도 알아들을 수가 없었다. 특히 그 당시 1호선만 있었던 우리나라와 달리 10여 개 이상 전철 라인으로 복잡하게 연결된 런던의 튜브식 전철은 충격이었다.

영어 하나는 확실하게 해야 되겠다는 기특한 생각으로 연수를 다녀와야겠다고 찾은 데가 영국이었다. (지금은 아니지만 그 당시 미국은 비자를 발급받기가 하늘의 별 따기 정도로 어려웠다.) 영국에는 유럽 전역의 영어 수요로 수백 군데가 넘는 영어 교육 학교들이 있었고, 나름 오랜 전통을 가진 곳도 많았다. 서울 시청 앞 성공회 건물에 있었던 영국 문화원도 가 보고, 각 학교의 브로슈어를 얻어다 학교 모습이며 코스를 알아봤는데, 어찌나 멋지게 학교 소개가 되어 있는지 읽어 보는 것만으로도 이미 나는 런던이나 케임브리지에 앉아 있는 것 같았다.

그중 유독 맘에 드는 학교가 있었다. 런던 시내의 런던대학교 캠퍼스와 마주해 있는 직업 단과대학 같은 곳이었는데, 바로 피트먼센트럴 칼리지(Pitman Central College)다. 도착해서 학교에 가 볼 때까지는 진짜 대학인 줄 알았다. 우리말로 소위 직업대학인데, 유럽에서 영어를 가르치는 선생님들도 수업을 들으러 오기도 하는 곳이었다.

혼자서 준비하는 게 영 자신이 없어 그 당시 종로에 있던 문화어연이라는 유학원에 들러 도움을 받았었다. 이미 문화원을 통해 알아본 정보가 있어 당시 30만 원 정도 받던 알선비를 반값에 흥정하는 수완도 발휘한 걸 보면 이때부터 협상의 끼는 어느 정도 있었던 듯싶다. 후에 이러한 경험은 4학년 여름 방학에 케임브리지대학교의 여름 강좌를 들으러 다시 한 번 영국을 가는 계기가 됐다. 그때 학생 15명 정도를 모아 내가 다녀온 피트먼 코스로 보내 주는 수완을 발휘했는데 1인당 십만 원을 수수료로 받아 케임브리지로 가는 경비를 충당하기도 했다. 이것이 내가 직접 발로 뛴 영업의 첫 경험이기도 하다.

런던에서 지내는 동안 점심시간이면 런던대학교의 카페테리아로 가서 마치 런던대 학생인 양 모습을 하곤 싸고 맛있는 점심에 취하기도 하고, 수업 후나 주말엔 트라팔가 스퀘어로 가서 다른 청춘들과 섞여 지내면서 새로운 문화에 푹 빠져 보기도 했다.

영국은 펍(Pub)이 일상이다. 퇴근 후 한 잔씩 하러 모이는 곳인데, 어느 날 나도 한 번 들렀었다. 그런데 바에서 옆에 앉아 있던 중년 남자가 내가 한눈파는 사이 내 지갑을 훔쳐 도망가는 일이 생겼다. 다행히 바로 뛰어나가 간신히 잡았지만 하마터면 빈털터리가 될 뻔한 일도 있었다. 그곳에서 난생처음 따듯하게 데운 와인도 맛보았는데 신선한 신세계였다. 얼마 전에는 우리나라 젊은이들 사이에서도 '글루바인'이라는 이름으로 유행했었는데, 돌이켜 보면 나는 참 빨리도 접했던 문화였다.

지금도 운행되고 있는 영국의 빨강 버스에는 그 당시 둥그런 기계를 목에 걸고 표를 끊어주는 남자 차장이 있었다. 정거장에 조금 늦게 나오면 버스가 이미 출발해서 서서히 움직이고 있었는데 그럴 땐 뛰어서 버스에 올라타는 게 보통의 일이었다. 나중에는 일부러 재미 삼아 뛰어가 타기도 했지만……. 영국의 지하철은 에스컬레이터가 한없이 내려가는 게 일상의 광경인데 더 특이했던 거는 엘리베이터다. 무슨 짐칸 같은 모양의 엘리베이터 같은데, 크기는 꼭 자동차 옮기는 엘리베이터만 하고 철창으로 된 도어는 철거덩 소리를 내며 닫힌다. 돌이켜 보면 마치 터미네이터 영화 속의 한 장면에서 봤을 법한 곳에 온 거 같은 기분이었다.

이렇게 대학 시절 두 번에 걸친 영국의 경험은 지금도 소중한 추억으로 남아 있다. 돌이켜 보면 일하는 동안 새로운 시장과 조직, 사람들을 접하게 되는 때가 많았는데 그 젊은 시절 일찍 경험했던 일련의 일들은 나로 하여금 새로움을 접하는 데 있어 두려움 없이 다가가고 추진해 나갈 수 있는 내면의 밑거름이 되었던 것 같다는 생각이 든다.

무엇을 더 해야 될지도 모르겠고 막연하기만 했던 3학년 복학 후의 1년여의 시간. 막연히 들여다본 영어 연수의 경험이었고 나름 당시로는 거액(?)의 경비가 들어갔음에도, 난 장학금을 받았다는 위안과 비용도 상쇄한 셈이라 여기며 그냥 일을 저질렀다. 그것이 나중에 얼마나 도움이 되는지 아니면 과연 이 일에 시간과 돈을 쓰는 게 맞

영국 케임브리지대 어학연수 시절 자유로운 영혼의 필자

는지를 따지지 않고 그냥 한번 해 보았던 거다. 그게 내가 청춘이기에 누릴 수 있는 특권이 아니었나 싶다. 뭘 하는 게 과연 맞는 건지, 또 그것이 나의 진로에 어떤 도움이 될지 확신이 없을 때는 그냥 나의 생각에 따르는 것이, 그리고 저질러 보는 것도 결코 나쁘지 않다. 그 시간들은 어떤 형태로든 나의 삶에 큰 자산으로 남는다. 강원도 출신의 복학생이 맞닥뜨린 영국이라는 낯선 세계에서의 경험이 글로벌 기업에서 30여 년 가까이 나름 성공적으로 쌓아 온 내 커리어의 시작점이었던 것처럼 말이다.

불같은 꿈 vs 전략적 꿈: 세상에 무모한 도전은 없다

우리는 모두 꿈을 꾼다. 어떤 이는 한 가지에 모든 걸 걸기도 하고 또 막상 해 볼 것을 정하지 못하고 여러 가지 꿈을 동시에 꾸기도 한다. 우리 주변에서 이런 꿈을 꾸고 그 꿈을 실현시켜 자신의 사업으로 만든 사람을 찾아볼 수 있다.

차이나머니 돌풍의 주역인 '알리바바'의 마윈(Ma Yun)과 '샤오미'의 레이쥔(Lei Jun)이다. 마윈은 가난한 집의 아이로 태어났으며, 162cm의 작은 키에 몸무게는 45kg 정도 밖에 나가지 않아 마윈 스스로도 얘기했듯이 왜소해 보이며 볼품없는 외모였다. 고등학교는 재수를 하고 대학은 삼수를 할 정도로 머리도 좋지 않았으며 더군다나 컴맹이었다. 하지만 그는 자신이 갖고 있는 친화력과 추진력을 유감없이 발휘하여 마침내 1999년 17명의 창업 멤버들과 함께 항저우에 모여 십시일반으로 모은 종자돈 50만 위안(한화 8500만 원)으로 꿈을 실현한다. 오늘의 시가총액이 2470억 달러(약 260조 원)에 이르는 규모의 거대 기업 '알리바바'를 탄생시킨 것이다. 마윈의 돋보이는 '다른 생각'은 바로 그 꿈의 시초가 되었다.

'샤오미'의 레이쥔도 불혹의 나이에 엔젤투자에 나섰는데 손대는 기업마다 대박이 났다. 2010년 창업한 샤오미는 레이쥔이 운이 좋았다고 얘기하지만 사실 자기의 꿈을 실현한 또 다른 중국의 대표 기업이다. 물론 이렇게 글로벌하게 큰 기업 말고도 자기의 꿈을 실현한 예가 있다. 수술복을 벗어던지고 뉴요커의 맛을 사로잡은 한식당 최초의 미슐랭 별 식당 '단지(DANJI)'의 주인 요리사 김훈이다. 의대를 포기하려 하자 반대가 심했던 어머니와 대화의 단절을 무릅쓰고 자신의 꿈을 향해 나갔던 김훈은 2010년 12월 뉴욕 52번가에 'DANJI' 라는 이름으로 한식 레스토랑을 오픈한다. 그 후 그는 2012년 미식계의 성서라는 미슐랭 별 하나를 최초로 받는 한식당의 주인공이 되어서 어머니를 손님으로 모셨다. 드디어 어머니도 "맛은 괜찮네."

하시면서 인정해 주셨다고 한다.

꿈의 크기와 방향은 사람마다 다 다르다. 내가 나름 제대로 된 꿈을 갖기 시작한 게 대학 졸업을 앞두고 있던 스물다섯쯤이었으니 참 느지막하지 않았나 싶다. 하지만 늦은 만큼 나의 꿈은 어느 하나를 향한 불같은 꿈이 아니라 여러 가지 경우의 수를 대비한 '전략적'인 꿈이었다.

졸업을 앞둔 시점에 학교 추천을 받아 면접도 시험도 없이 현대정공에 들어갔었다. 입사 후 사장과의 첫 면담 자리에서 정몽구 사장(지금의 현대자동차그룹 회장)이 한 50명 되는 신입사원들 중에 유독 나를 불러 세워서 "자네가 영국에서 공부를 한 친구인가?"라고 묻는 것이었다. 그 다음 날 부서 배치에서 나는 서울 계동 현대그룹 본사 10층 현대정공 특장영업부라는 본사 요직에 배치받은 네 명 중의 한 명이 되었다.

현대정공에서 근무한 지 약 1년쯤 되었을 무렵 부서 내에 같은 나이 또래의 입사 선임 중에 화교 출신 한국인(지금은 현대자동차 중국법인에서 전무로 근무 중)과 캐나다 교포 1명, 그리고 몇몇이 의기투합하여 야간 사업으로 별도의 오퍼상을 만들기로 작당하였다. 이게 내가 직접 해 보고자 했던 내 사업의 첫 시작이었다. 그 당시 ㈜대우가 "세상은 넓고 할일은 많다"라는 구호 아래 무역으로 사업을 글로벌하게 키워 성공한 모습을 보여 주자 모든 젊은이들이 오퍼상을 해 보는 게 꿈인 때였다.

퇴근 후 함께 모여 회사 설립과 향후 사업에 대해 고민하였고, 드디어 각자 500에서 많게는 1,000만 원씩 갹출하여 자본금 5천만 원의 회사를 출범하고 화교 출신 친구에게 반강제로 대표를 맡기고 우리는 각자 방식으로 회사를 떠났다. 그 당시 잠실의 주공 1단지 11평 아파트가 900만 원 정도 할 때이니 돌이켜 보면 꽤나 큰돈이었던 셈이다. 이 일은 그때 내가 현대정공을 나와 미국 기업인 몬산토(Monsanto)의 한국 지사인 몬산토코리아 산하 엠이엠씨코리아로 자리를 옮기는 계기가 되었다. 우리는 매일 퇴근 후 모여 밤 12시가 되도록 새로운 사업을 얘기하고 대표를 도와 사업 문의에 대한 팩스 회신을 작성하기도 하며 2년여의 시간을 보냈다.

결과는 별로 신통치 않았는데, 돌이켜 보면 나는 양다리를 걸친 셈이었다. 매일 같이 생겨나는 수많은 새로운 회사들 중 생존율 1%도 안 되는 전쟁터에서 아르바이트하듯이 사업을 하겠다고 나섰으니 어쩌면 당연한 결과였다. 비싼 수업료를 치렀고 비록 내 사업을 일으키고 성공도 하겠다는 꿈을 이루지는 못했지만 그래도 돌이켜 보면 '열정'과 '집중'에 대한 소중한 교훈을 얻었던 특별한 경험이었다.

사회 첫 직장이었던 현대정공 특장영업부 시절 동료와 함께

그러던 중 우연히 아는 분의 소개로 로터리 클럽의 장학생 선발에 신청을 하게 되었고, 미국 유학의 꿈을 그리게 되었다. 그때부터 낮에는 주 무대인 회사에서 본업에 충실했고, 저녁에는 그때까지도 제자릴 못 잡고 비용만 늘어 가는 무역회사를 살리겠다고 열심이었으며, 또 주말이 되면 미국 MBA를 알아보기 위해 GMAT 공부에 학교 검색과 신청, 각종 서류 준비로 몸이 열 개라도 모자라는 바쁜 하루하루를 보내며 1분 1초의 시간도 허비한 적이 없었던 거 같다.

기다리던 로터리 클럽 장학생에 최종 선발되자 난 1년 장학금에 맞추어 미국 피츠버그대학교의 Accelerated MBA 코스인 KATZ Business School의 석사과정 MBA 코스에 도전해 선발이 되었다. 피츠버그대학교에서 보낸 1년은 짧다면 짧은 시간이었지만 분명히 또 다른 내 인생의 긴 이야기 중에 한 장이자 인생의 전환점이었는데, 여기에서는 구직(求職)과 관련된 것을 살짝 얘기해 보기로 한다.

KATZ 스쿨의 MBA 코스는 총 3학기로 구성되어 있었는데, 1학기를 마치면 벌써 잡오퍼(Job Offer)들이 들어오고 또 일을 찾아 나서기도 했다. 수시로 미국 전역에서 내로라하는 회사들의 채용 담당이 학교에 찾아와 회사 설명회를 열고, 학생들은 좋은 조건을 찾아다니느라 분주했다. MBA 과정을 시작한 지 불과 3개월밖에 안 되었을 때 이미 참 다른 세상이 펼쳐진다는 생각이 들었다.

미국 시민권이 없었기에 현지 회사들의 채용엔 해당 사항이 없었던 터라 1학기를 마치고 부활절 휴식기 한 열흘쯤 기간에 인터뷰를 하기 위해 잠시 귀국하게 되었다. 서통 P&G라는 회사였는데, 미국의 P&G가 한국 시장 진입 초기에 국내 배터리 회사인 ㈜서통과 합작하여 만든 회사였다. 이곳에서 Product Manager 자리를 뽑고 있었으나 일부 조건이 맞지 않아 최종 연결되진 않았다.

MBA학위를 시작하지 않았으면 결코 경험해 보지 못했을 상황을 겪으면서 나는 참 많은 것들을 새롭게 보게 되었다. 돌이켜 보면 한 가지에 집중하지 못하고 양다리 아니 서너 다리를 걸친 꿈들이었지만 그 꿈에 대한 나의 열정만은 결코 남들보다 못하지가 않았고, 그 꿈들을 이루지 못할 것이라는 생각을 한번도 해 본 적이 없었다. 그리고 그 꿈들을 이루기 위해 끊임없이 나를 채찍질하면서 달려갔었다.

궁즉통! 위기는 극복하지 못하면 치명상을 안긴다

포드는 한때 기아자동차의 지분을 10% 소유하기도 했던 지한파 미국 자동차 회사다. 태생은 헨리 포드 창업자로 시작된 미국이지만 유럽에서도 반세기 이상의 역사를 갖고 있고 폭스바겐 다음으로 자동차 판매가 많은 브랜드란 것을 아는 사람은 의외로 많지 않아 유감이다. 우리나라에서는 독일 태생이란 이유로 폭스바겐이 제일 좋은 차를 만드는 것으로만 아니까 말이다.

1992년 어느 날 헤드헌팅 회사에서 걸려 온 한 통의 전화로부터 지금의 또 다른 내가 시작되었다. 그 당시 포드는 한국에서 한참 사업을 확대하고 있었는데, 지사장을 도와 기아자동차와의 사업 협상, 신규 사업 발굴, 기존의 기아자동차가 주문자 생산방식(OEM)으로 만들고 있던 포드 페스티바(지금의 프라이드의 시초 모델)에 대한 품질관리 등을 할 코디네이터를 찾고 있었다. 그 자리로 나는 포드와 인연을 맺게 되었고 그 인연은 만 23년째 이어지고 있다.

포드에서 여러 업무를 하던 중 일본 히로시마의 포드 제품개발실에 6개월간 파견 근무도 했고, 1995년 판매 법인을 설립할 때 주도적인 역할을 한 나는 포드 입사 3년 만에 세일즈, 마케팅담당 이사로 승진하여 법인 업무를 시작하였다. 첫해는 승승장구였다. 기아를 통해 판매되던 세이블을 토러스로 대체하고, 타운카, 컨티넨탈 등 링컨차들을 직접 판매하면서 차종도 확대하여 한국 수입차 시장점유율(Market share)은 28%까지 성장해 업계 1, 2위를 다투기도 했었다.

그 당시 국내에 수입된 독일 차들은 불과 연간 몇백 대도 팔지 못하던 시절이었으니 지금 보면 격세지감이 아닐 수 없다. 그러나 행복은 그리 오래 가지 않았다. 1997년 3월 ㈜한보의 부도 사태, 8월에는 사업 파트너였던 기아자동차 부도, 그리고 결국 11월 김영삼 대통령은 IMF에 백기를 들고 한국은 긴급구호 자금을 요청하게 된다.

금 모으기 운동이 한창이던 1998년 1월 포드코리아의 출고 야적장에는 1,500여 대의 신차가 세차도 못 한 채 재고로 쌓여 먼지만 뒤집어쓰고 있었다. 그전 한 해 판매가 1,800여 대였으니 가히 1년 치가량의 물량이었다. 국가 경제가 파산 지경인 마당에 누가 수입차를 사겠는가. 자동차를 하얗게 덮을 정도로 눈이 왔던 어느 날 아침 내가 타고 다니던 토러스 차의 유리창에 누군가 '매국노'라고 써 놓은 것을 보고 깜짝 놀랐던 기억이 난다. 당시는 애국운동이란 것도 생겨 수입차를 보면 못으로 그어 놓고 가고 심지어 주유소에서는 수입차에는 기름도 넣어 주지 않겠다고 써 붙이기까지 했었다. 환율은 그 어느 때도 겪어 보지 못한 롤러코스터였고, 97년도 하반기에 달러당 900원 하던 환율이 IMF 구제 신청 발표 후부터 98년 초에 들어서자 1,900원까지 치솟아 순식간에 2배가 넘는 환차손을 앉아서 보는 상황이 되었다. 3,000만 원 하던 차를 몇 개월 만에 7,000만 원 정도로 인상된 가격을 정해야 할 판이니 판매가 될 리가 만무였다.

신규 오더는 취소한다 해도 이미 들어온 재고는 어찌할 수가 없었다. 특별판매 대책을 내놓으라며 본사는 하루가 멀다 하고 닦달을 했다. 그렇게 두어 달을 허송하며 보내고 있던 중 하루는 우연히 신사동의 판매 전시장(딜러 쇼룸)을 지나다가 주한 미군들이 쇼룸에 서성이는 걸 보았다. 그 순간 나는 무릎을 탁 쳤다. 그리고 그 길로 바로 용산의 미군 캠프로 찾아가 막무가내로 미군들이 차를 살 때 필요한 서류를 물어보고 바로 필요한 절차를 챙기기 시작하였다.

단돈 100불에도 벌벌 떠는 미국인들인데 환율로 인해 같은 토러스를(당시 한국에서 가격은 2,600만 원 정도였고 미국에서는 $26,000 정도 했음.) 거의 반값인 $13,500라는 가격에 살 수 있다면 누군들 마다할까? 필요한 서류를 준비해 놓고 미군들이 볼 수 있게 광고를 하자 한국 내전 포드 매장에는 때 아닌 미군들로 북적이는 진풍경이 벌어졌다. 1,800여 대의 재고는 6개월 정도 만에 거의 소진되어 포드는 그해 판매량으로 수입차 1위를 했고 덕분에 포드에서의 첫 위기인 3년을 무사히 넘길 수 있게 되었다.

그러한 위기를 극복한 계기로 당시 일본에 위치해 있던 아·태지역 직판 본부를 한국의 서울에 있는 포드코리아와 통합 운영하라는 결정이 내려졌다. 그리고 그 조직의 운영 총괄 상무로 승진하여 본부장을 도와 아·태 지역의 17개국 판매 마케팅을 총괄하게 되었다. 그렇게 한 2년여간 싱가포르와 브루나이, 캄보디아, 몽골, 타히티, 괌 등 여러 곳의 수입 딜러 대표들을 만나 포드의 정책을 전달하고 교육도 시켰으며, 주로 싱가포르에서 하던 지역 딜러 미팅도 제주도로 유치하면서 한국을 알리는 계기를 만들기도 하였다.

우리는 살면서 참 많은 기회와 위기를 겪으며 살아간다. 기회는 내가 놓치면 그만일 수도 있지만 위기는 극복하지 못하면 그 자체가 나에게 치명상을 안기기도 한다. 그래서 난 위기의 극복이 기회의 포착보다 더 중요한 삶의 이정표가 된다고 본다. 대부분 위기에 처하면 당황한 나머지 살아날 수 있는 길을 보질 못하게 된다.

궁즉통(窮則通), 즉 위기에 처할수록 정신을 집중하고 매 순간 길을 보고자 집중하여야 한다. 몰입하면 어느 순간 번뜩이는 생각 그리고 살 길이 보인다. 이러한 프로세스는 집중한다고 해서 없던 것이 새롭게 만들어진 것이 아니라 몰입함으로써 이미 존재하나 평상시는 잘 볼 수 없었던 것을 볼 수 있게 된다는 것이다. 이 과정을 통해 위기 극복의 돌파구를 볼 수 있는 상황이 더 많이 눈에 들어오게 된다. 집중과 몰입은 어떤 일을 도모할 때나 꼭 필요한 덕목이지만 위기 상황에서는 더욱 그 빛을 발휘하는 것이다.

사람을 끌어들이는 힘: 머스탱의 풀링 파워 배우기

남자의 로망이라 일컬어지는 차. 탄생 후 50년의 역사 속에 3,000여 편의 영화, 음악 등에 등장한 자동차. 얽매이지 않는 자유의 상징인 차, 바로 머스탱이다. 머스탱은 1964년 출시 첫날, 주문 대수가 2만 2천 대였다. 최근 출시한 제네시스의 첫날 주문 대수가 3,500대였다는 걸 보면, 50년도 더 지난 현재까지도 첫 주문 대수가 만 대를 넘긴다는 것은 하늘의 별 따기와 같다. 더욱이 출시 1년 6개월 만에 100만 대 판매 등 실로 믿기 어려운 기록을 갖고 있다. 1999년 20세기를 마감하는 해 세기의 자동차로 선정되었고, 지금까지 일천만 대 정도의 판매를 기록하였으니 가히 그 인기를 실감할 수 있다.

흔히 살아가면서 세상에 숨길 수 없는 게 두 가지 있다고 한다. 하나는 재채기, 그리고 좋아하는 사람이 생겼을 때의 미소라 한다. 영국의 BBC 탑기어 진행자인 리처드 해먼드는 "자동차를 좋아한다면 포드 머스탱 한 대씩은 차고에 보유하고 있어야 한다. 차고에서 저 차를 꺼낼 때마다 입가에서 미소가 떠나지 않는다."라고 하였다. 어지간히 내로라하는 명사들도 모두 한 대씩은 가지고 있는 차가 머스탱이다.

사람들은 왜 이렇게 머스탱에 열광하는 걸까. 그것은 머스탱만이 가지고 있는 힘이 있기 때문이다. 다른 사람들을 끌어들이는 힘, 즉 '풀링 파워(Pulling Power)'인 것이다.

올해 출시된 6세대 포드 올 뉴 머스탱

우리 주변에서도 흔히 이러한 풀링 파워의 현상을 볼 수가 있다. 얼마 전 방영되었던 드라마 〈상속자〉의 여주인공 차은상은 논리적으로, 이성적으로 판단하면 끌릴 이유가 거의 없는데 나도 모르게 눈과 손과 마음이 가게 하는 힘을 갖고 있다. 이것이 바로 풀링 파워다. 또한 몇 년 전 슈퍼스타K를 통해 데뷔한 허각과 같은 존재감은 독기를 품고 스스로 빛을 발할 때 드러난다 할 수 있다. 이것이 바로 사람을 끌어들이는 힘, 바로 흡인력이다.

이 풀링 파워는 소비자의 구매 행동에도 영향을 미친다. 우리는 하루에도 수없이 제품들을 선택하고 구매한다. 전 세계 330여 개 자동차 회사가 3,000여 개가 넘는 모델들을 쏟아 내는데 풀링 파워가 없는 모델들은 시장에 출시된 지 얼마 못 가서 사라지고 마는 게 현실이다. 진정한 의미에서 가장 강력한 풀링 파워는 "왜 OO차를 선택했어."라고 물을 때 "OO차니까."라고 대답이 나온다면 아마 그것이 가장 강력한 풀링 파워일 것이다.

기업 활동의 매 순간은 사실 사고파는 마케팅으로 연결되어 있다고 할 수 있다. 하지만 마케팅을 기업에서나 하는 활동이 아닌 여러분의 오늘 하루에 대입해 보라. 여성이든 남성이든 소개팅 자리에서, 취업 면접 자리에서… 나를 팔아야 한다. 모든 제품과 서비스에 각각의 고유한 브랜드가 있듯이 내 이름은 나의 브랜드이고 나는 이 브랜드에 풀링 파워를 심어야 나를 잘 팔 수 있는 것이다. 즉 내 자신이 풀링 파워를 갖는 브랜드가 되려면, 나를 알려야 하고, 나를 좋아하는 사람이 많아야 하고, 내 이름을 떠올리면 긍정적 이미지가 떠올라야 하고 고개가 끄덕여져야 한다. 그럼 나만의 이 풀링 파워 브랜드를 어떻게 만들 것인가?

군대를 갓 제대한 정재영(가명) 씨는 삼성 홈플러스에서 아르바이트를 하게 되었는데, 그는 군대에서처럼 매일 7시에 출근을 했다. 입사 2년간 하루도 빠짐없이 이렇게 출근한 정 씨. 그의 성실함에 감동한 직원들과 인사팀은 그를 정규직으로 채용하지 않을 수가 없었다고 한다. 그의 풀링 파워는 무엇이었을까? 요즘 소위 무덤이라는 지방대학의 인문학 전공(행정학)에, 공인 영어 점수도 없고, 이렇다 할 자격증조차 없는 그는 바로 '성실함의 정재영'을 만들었고 그만의 브랜드로 명확히 각인시켰던 것이다. 이것은 바로 그의 풀링 파워가 되었고 그를 정규직에 채용하게 하는 힘이 되었다.

강력한 풀링 파워를 가진 제품들은 우리 주변에 무수하다. 갤럭시가 처음 세상에 나왔을 때는 이미 아이폰이라는 걸작이 세상을 지배하고 있던 때였다. 삼성이 후발로 갤럭시를 내보낼 때는 어떤 콘셉트로 차별화하고 갤럭시만의 브랜드 가치를 만들 것인가에 대해 고민했을 것이다. 브랜드 콘셉트가 잘 만들어지면 그 후속 제품을 통해 끊임없이 가치를 강화하고 업그레이드하는 과정을 거치면서 브랜드 파워를 상승시킨다. 이 과정에서 한 단계만이라도 미끄러지면 그 제품은 도태되고 만다. 모토로라가 그랬고, 노키아가 그랬다.

이와 같은 풀링 파워는 하루아침에 만들어지지 않는다. 제품도 브랜드 가치를 극대화하기 위한 다양한 단계를 거치고 노력하는 것과 같이 나의 브랜드 가치를 극대화하는 인생 설계가 필요한 것이다. 날로 평준화되어 가는 제품 품질을 넘어 소비자의 기억 속에 각인된 브랜드에 대한 인식의 차이, 즉 브랜드 가치처럼 나를 각인시켜 줄 그 브랜드 파워 말이다.

인생의 전투장인 세상에 나가기 전 대학 생활에서 우리는 자기만의 풀링 파워와 콘셉트를 개발하고, 향상시켜 나가는 방법을 찾아 끊임없이 강화해 가면서 졸업을 맞아야 한다. 그래야 세상이라는 전쟁터에서 비록 미생으로 시작하더라도 '쫄지 않고'(기죽지 않고) 자신감 있게 시작할 수가 있다. 나만의 브랜드 파워를 만들어 보라. 얼마나 멋진 일이겠는가.

확실한 나: 셀프 브랜딩 실전 3단계

머스탱이 태어난 1960년대는 2차세계대전 후 소위 베이비 붐 시대를 맞이하던 때이다. 승전국 미국은 경제적으로 엄청난 성장을 하였고 축적된 부로 인해 생활은 윤택해졌다. 소비가 뒤따랐고 세컨드 카를 찾기 시작하였다. 20대의 젊은이들이 부모 세대에선 꿈도 못 꾸던 마이카를 갖기 시작하였다. 그러자 사람들은 그동안 먹고사는 데 집중하던 시대의 실용성 위주의 자동차에서 눈을 돌려 보기 멋진 차, 확실하게 자기의 개성을 드러내는 쿨한 차, 그래서 남의 시선을 끄는 차 등을 원하게 되었다. 이런 시대적 배경을 읽고 태어난 차가 바로 머스탱이다.

1) 브랜드 콘셉트 설정 단계

• 시대를 읽어라

우리는 지금 어떤 시대에 살고 있는가라는 질문을 스스로에게 던져야 한다. 네이버의 2014년 월별 인기 검색어를 보면 1월 별그대, 2

월 김연아, 4월 세월호, 6월 브라질 월드컵, 9월 권리세, 10월 신해철, 11월 인터스텔라 등이다. 또 작년 한 해 페이스북에서 가장 많이 오르내린 단어는 1. 브라질 월드컵, 2. 에볼라, 3. 아이스버킷 등이라 한다. 이러한 인기 단어는 그 시대의 상황을 대변해 주기에 무시할 수가 없다. 그러나 우리가 정작 집중해 보아야 하는 키워드는 단순한 사회 현상을 나타내는 단어가 아니라 시대와 트렌드를 대변하는 키워드이다. 그래서 지금 2015년을 대변하는 시대적 핫 키워드를 찾아보면 금융과 테크놀로지의 융합을 일컫는 핀 테크, 모바일 결제, 빅 데이터, IoT(Internet of Things) 즉 인간의 조작이 필요 없이 사물 간에 정보 공유로써 작동되는 사물 인터넷 등을 꼽을 수 있다. 자동차 분야로 좁혀 보면 전기차, 플러그인 하이브리드, 수소차, 자율주행차, Connectivity 등을 들 수 있다.

지금까지도 승승장구하면서 미국의 실용적 고급 브랜드로 거듭나고 있는 랄프 로렌. 창업자인 그는 가난한 이민자의 아들로 태어나

맨손으로 패션왕국을 이룬 사람이다. 그가 자란 1960년대는 세계가 막 패션에 눈을 뜨고 투자를 하기 시작하던 때였다. 그를 알아봐 준 사람들은 그의 열정에 반하고 그를 격려하면서 지속적인 투자를 아끼지 않았다.

자동차 업계에서도 이런 선구자가 있는데 바로 전기차만을 생산하는 테슬라다. 테슬라의 창업자인 엘론 머스크는 LA와 샌프란시스코를 비행기보다 더 빠른 최고 시속 1,300km로 30분 만에 주파하는 '하이퍼루프'라는 초고속 진공열차의 상용화를 앞두고 있고, '스페이스X' 계획으로 우주선을 띄워 화성에 가는 계획도 세우고 있다 (아직 돌아올 때 연료를 구하는 방법이 나오지 않아 실용화는 좀 더 있어야 될 듯싶다. 그냥 화성으로 이민을 가지 않는 한 말이다.). 사실 이 프로젝트는 화성으로의 이주 계획인데 20년 내 8만 명의 이주 계획을 잡고 있단다. 그는 화성에서 잠드는 게 꿈이라고도 얘기한다. 그가 10여 년 전 이미 지구 온난화와 연료 고갈 등을 예측하고 준비한 것이 바로 전기차 모델 S이다. 그 어느 기존의 자동차 회사도 해내지 못한 한 번 충전에 400km 이상 주행과 제로백을 5.9초 만에 주파하는 고성능 전기차를 만들어 넘으로써 확실한 브랜드를 만드는 데 성공할 줄 누가 감히 예상이나 했겠는가. 작년에 업그레이드된 P85D모델은 691마력에 제로백을 3.4초에 끊는다니 웬만한 슈퍼카도 명함을 내밀지 못할 지경이다.

삼성이 최근 모바일 결제 업체인 루프 페이를 인수하여 애플 페이에 도전하겠다 하는 것, 구글이 구글 글라스를 만들고 나이키가 스마트 팔찌인 듀얼밴드를 만들어 내는 것, 이들의 공통점은 모두 이시대를 읽어서 탄생되어 나온 제품들이라는 것이다.

• 사람을 읽어라

시대와 트랜드를 분석했다면 그 다음 단계는 사람을 읽을 차례다. 기업은 끊임없이 고객의 마음을 읽는다. 취직을 앞둔 사람이라면 본인이 가고자 하는 기업에 대해 알아보고 그 기업이 어떤 인재를 원하는지를 파악해야 한다. 여기서 사람이라 함은 나에 대해 평가해 줄 수 있는 사람, 나와 가까이 있는 사람, 내가 도움을 받을 사람 또는 도움을 줄 수 있는 사람 등 다양할 것이다.

예를 들어 포드라는 기업, 즉 내가 대표로 일하고 있는 포드코리아와 내가 원하는 인재상은 이렇다. 요즘 기업들은 더는 스펙을 보지 않는다. 그럼 무얼 보고 뽑을까? '창의적 몰입', '주인의식', '오픈 마인드', 세 가지를 갖춘 사람이 내가 원하는 인재상이다. 좀 더 쉬운 표현으로는 '열정', '책임감' 그리고 '배려와 팀워크'라 할 수 있다.

'열정'을 왜 '창의적 몰입'이라고 했을까? 먼저 창의성에 대해 알아보자. 독일 하노버대학 클라우스 우르반 교수는 "창의성의 본질은 자연적이거나 타고나는 것이 아니며 인간이 개발해서 발휘할 수 있는 잠재력이다."라고 정의하였다. 타고난 것이 아니라 누구나 창의성의 잠재력을 갖고 있다는 말이니 얼마나 고무적인가. 문제는 이 잠재력을 깨워야 된다는 것인데, 이것은 '무엇이 우리의 삶을 의미 있게 하는가.'라는 질문으로부터 시작된다고 볼 수 있다. 웬 뚱딴지 같은 말인가 하겠지만 '긍정심리학' 분야의 대표적인 연구자로 유명한 미국 시카고대학교의 칙센트미하이 교수에게서 해답을 얻을 수 있다.

돈만이 우리를 행복하게 하는 것은 아니다. 사람은 몰입하는 순간 행복해진다. 몰입을 통해 개인은 그 자체로 행복하고 성공은 부수적으로 따르게 된다. 어떻게 하라는 말인지 되묻는다면 다음의 예를 보자. 세 살짜리 아이는 매순간 몰입한다. '내가 두 살 때 왜 그렇게 살았을까?'라든지 '다섯 살이 되면 무엇을 해야지.' 하고 걱정하지 않는다. 그냥 그 순간 자기가 하는 일에 집중한다. 바로 이것이 진정한 몰입이다. 칙센트미하이 교수는 본인의 저서 『몰입(Flow)』에서 이 몰입의 과정을 설명하는데, 우리는 일상에서도 쉽게 몰입의 경지를 경험하고 실제 그걸 통해 번뜩이는 아이디어를 얻어내곤 한다.

풀리지 않는 일을 집중해서 생각하는 경우를 보자. 샤워를 하다가 또는 화장실에서 큰일을 보다가 문득 해결책이 떠오르는 경험을 많이 해 봤을 것이다. 잘 생각해 보면 바로 이때가 내가 방해받지 않고 오롯이 집중하고 몰입하여 한 가지를 생각할 때인 것이다. 해결책을 찾으면 얼마나 행복해지는가. 바로 몰입의 결과이다. 그래서 나는 몰입을 통해 창의성을 만들라고 얘기한다. 그리고 열정은 끊임없이 몰입하게 해 주는 원동력이다.

주인의식은 바로 책임감이다. 마치 회사 일도 나의 일처럼 내 집의 일을 하듯이 열과 정성을 다해 하라는 것이다. 어찌 남의 일 하듯이 하는 것과 내 일 하듯이 하는 것이 비교가 되겠는가. 그런데 이렇게 꾸준히 일하면 그 모습은 자연스럽게 본인의 보스와 매니지먼트 그리고 오너에게도 투영되고 그들은 반드시 그 모습을 알게 된다. 배려와 팀워크를 하기 위해서는 스스로가 닫힌 마음이 아닌 열린 마음을 가지고 남의 의견과 생각을 겸허히 받아들이고 존중할 줄 알아야 한다.

얼마 전 〈역린〉이란 영화를 보았다. 주인공 현빈이 열연한 정조의 인재등용 철학을 볼 수 있어서 좋았다. 『중용』 23장의 "작은 일도 무시하지 않고 최선을 다해야 한다. 작은 일에도 최선을 다하면 정성스럽게 된다. 정성스럽게 되면 겉으로 드러나고, 겉으로 드러나면 이내 밝아진다. 밝아지면 남을 감동시키고, 남을 감동시키면 변하게 되고, 변하면 생육된다. 그러니 오직 세상에서 지극히 정성을 다하는 사람만이 나와 세상을 변하게 할 수 있는 것이다."라고 하는 구절을 대신들 중 아무도 외우지 못하자 내관에게 그들 앞에서 읊도록 하는데, 이 장면에서 정조의 인재관이 잘 드러난다. 나는 이 장면을 보면서 머리에 번개를 맞은 것 같았다. 정조가 생각했던 인재관이 어쩌면 수백 년이 지난 지금도 이리 변함이 없단 말인가. 최선을 다하라는 것은 '몰입'이고, 정성스럽게라는 것은 '주인의식'이다. 감동시키라는 것은 '배려'고 '존중'이니 말이다.

2) 브랜드 강화 단계

• 장점을 더 강화하라

머스탱이 1960년대 베이비 붐 시대에 태어나 출시 1년 반 만에 100만여 대가 판매되는 히트를 치자 주변에는 이미 비슷한 콘셉트의 경쟁 모델들이 생기기 시작했다. 이 경쟁자들을 따돌리기 위한 포드의 노력에는 두 가지 핵심 포인트가 있었는데, 그중의 하나가 머스탱만의 장점을 파악하고 더욱 강화하는 차별화 전략이었다. 차별화의 중심인 스타일을 더욱 부각하기 위한 디자인이 제시되었는데, 1967년형을 내면서 그 당시로는 파격적인 해치백(hatchback)형을 선보이고 페이스리프트(Facelift)임에도 불구 루프 디자인도 바꾼다. 69년형을 내면서는 4등식 헤드램프를 달고 차체 길이도 10센티 가량 늘려 더욱 강렬한 외관을 선보이게 된다.

1970년 7월 7일 경부고속도로 개통식에서 왕년의 배우 신성일이 69년식 머스탱을 타고 당시 박정희 대통령의 차를 앞질러 갔다는 일화는 유명하다. 그 당시 신성일이 탄 머스탱이 640만 원 가격에(당시 150원쯤 하던 짜장면 42,700 그릇을 살 수 있는 금액), 290마력으로 최고 시속 190km를 내었으니 그 당시 최고의 스펙을 자랑했던 차이다.

최근 '차줌마'라는 애칭으로 불리는 배우가 있다. 1988년 모델로 데뷔하여 95년 '올해의 모델상'을 수상하면서 한국 패션 모델의 독보적인 존재로 자리매김한 차승원이다. 그러나 그는 모델에 안주하지 않고 연기에 입문하여 본인만의 ONLY ONE 연기를 만들어 내면서 드라마, 영화 등 2003년에는 각 부분에서 많은 연기 관련상도 수상하였다. 그는 그럴싸해 보이는 모델로만 승부하진 않았다. 비주얼에만 의존하는 타 모델 출신들과 달리 그는 자신만의 장점을 살려 내고 누구도 흉내 낼 수 없는 본인만의 위치를 공고히 하면서 '차줌마 신드롬'까지 일으키고 있다. 특히 패션모델이라는 직업이 짧은 시간에 그 옷이 가진 장점을 몸과 표정으로 효과적으로 전달하는 연기에 능해야 함을 생각해 보면 결국 끊임없이 자신만의 장점을 찾고, 그 장점을 강화해 현재에 이른 그의 판단은 정확했던 것이다.

우리 모두는 최소한 여러 가지 장점들을 가지고 있다. 단지 그 장점을 잘 파악하지 못할 뿐더러 설사 파악하고 있다 해도 그 장점을 더 강화하고 발전시키는 노력들을 하지 않을 뿐이다. 자신이 갖고 있는 장점을 'ONE OF THEM'이 아니라 자신만의 'ONLY ONE'으로 만들 수 있는 것이 무엇인가에 대한 고민을 해 보아야 한다.

- 아쉬운 2%를 활용하라

자기 자신이 완벽하다고 생각하는 사람이 과연 있을까? 아무도 없을 것이다. 아메리칸 머슬카의 대명사로 독보적인 위치를 차지하고 있던 머스탱도 자신만의 아쉬운 2%가 있었다. 스타일에 집착하다 보니 다른 경쟁 차종에 비해 낮은 주행 성능을 보였던 것이다. 포드는 이를 극복하기 위해 당시 최고의 레이서인 캐럴 쉘비와 함께 고성능 모델을 개발하였고, 이후 쉘비는 고성능 머스탱의 상징이 되었다. 그러나 성능을 높이다 보니 높아진 배기음이 문제가 되기 시작하였다. 머스탱은 그 배기음을 잘 다듬어 고성능의 상징적인 소리로 바꾸고 마치 고유의 경주마가 뛰쳐나가는 듯한 소리로 마케팅하면서 머스탱의 역동성을 상징하는 트레이드마크로 만들어 냈다. 그리고 그 연장선상에서 만들어 낸 모델이 바로 전설의 69년형 보스 머스탱이다. V8 7.0L 429 엔진은 지금까지도 모터스포츠의 신화로 불린다.

얼마 전 상영된 영화 〈존윅〉에서 주인공 키아노 리부스가 타고 차고를 박차고 뛰쳐나오던 차가 바로 이 모델이다. 잠깐 들른 주유소에서 갱단의 두목 아들이 그 모습에 반해 "How much."라고 묻자 존윅이 "Not for sale."이라고 하는데, 결국 보스 머스탱을 훔치려고 하다가 주인공의 애견을 죽이게 되고 본인도 개죽음을 당하게 된다. 지금도 한 대에 3억 원에 거래된다 하니 아무리 영화에서지만 탐낼 만도 하다.

우리 주변에서도 자기의 단점을 발전시켜 ONLY ONE이 된 사례를 찾아볼 수 있다. 수년 전 샛별처럼 떠오른 아이돌 그룹이 있다. 수많은 아저씨 팬클럽도 만들었던 '크레용팝'은 그 당시 많은 여성

아이돌 그룹이 그랬듯이 모든 실력을 다 갖추었으나 남들도 다하는 춤, 노래, 외모로는 승산이 없다는 것을 알았다. 철판 전략은 그들이 내놓은 크레용팝만의 콘셉트였다. 나름 모든 것을 갖춘 아이돌 그룹임에도 그들은 '뻔뻔 전략'을 내세우며 피켓을 들고 시내 곳곳을 돌아다니며 공식 행사장이 아닌 길거리에서 춤추고 노래하면서 망가진 모습을 과감하게 보여 주었다. 결국 그들만의 차별화가 먹히기 시작했는데 'ONE OF THEM'에서 'ONLY ONE'으로 거듭나는 계기가 된 것이다.

강승현 씨는 미국의 포드 세계모델선발대회에서 25년 역사상 동양인 최초로 1위에 오른 사람이다. 얼굴도 평범하고 굽은 등 콤플렉스에 시달리고 있던 그가 그만의 돋보이는 동양적 인형, 신비로운 마스크라는 찬사를 받게 된 것은 그가 가진 콤플렉스를 개성 있고 누구도 흉내 낼 수 없는 독보적인 굽힌 포즈로 만들어 냄으로써 톱스타로 발돋움하게 된 것이다. 즉 약점을 강점으로 만든 역발상이란 바로 이런 것이다 할 수 있다.

우리의 학교 성적은 어떠한가. 누구는 거의 4학년 내내 소위 올 A이고 누구는 여전히 현실을 무시한 채 올 D를 당당하게 내놓는다. 과연 현실에선 이들을 어떻게 볼까? 올 A 학생에게는 '당신은 학점만 높은 것 아닌가요?' 또는 올 D에게는 '너무 놀기만 했군요.'라는 시선을 보낼 수 있다. 나라면 이러한 약점 아닌 약점을 이렇게 승화시켜 보겠다. "저는 성실함과 인내심 하나는 끝내 줍니다. 매일 10시간 이상씩 도서관에 앉아 있었는데 이것은 보통의 체력과 정신력으로 되는 게 아닙니다. 저는 어떤 일이든 주어지는 모든 일에 최선을 다할 수 있음을 보장합니다." 그리고 또 "저는 매 순간 충실한 사람입니다. 저는 학창 시절 내내 많은 경험을 하기 위해 노력했고 바깥 세상에 나가 다양한 경험을 하면서 한 사람이라도 더 새로운 사람을 만나고 친구로 만들면서 친화력을 강화시켰습니다. 저를 영업직에 뽑아 주신다면 저는 회사 매출 상승에 크게 기여할 것을 확신합니다." 이렇듯 여러분만의 아쉬운 2% 활용법을 찾아 발전시켜야 한다.

3) Go Further 업그레이드 단계

2014년 글로벌 출시 행사를 통해 공개되고 2015년 초 한국에도 출시된 6세대 머스탱은 지난 50년간 발전과 진화를 거듭하며 업그레이드를 지속해 왔다. 6세대를 통해 유럽에도 처음으로 진출하였고, 한국에서도 출시되자마자 그전 모델 대비 5배 가까운 판매를 올리고 있으니 대표적인 발전적 업그레이드 사례이다.

내가 제일 좋아하는 영화감독은 제임스 카메론이다. 그는 거의 10년에 한 편씩 영화를 만들어 내는데 내가 본 그의 첫 번째 영화가 〈터미네이터〉이다. 삼류 영화만 만드는 줄 알았는데 10년이 지난 후 〈타이타닉〉이란 멜로 영화로 세계적인 히트를 쳤다. 그리고 또 10여년 후에는 '영화의 패러다임이 바뀌는구나'라고 생각이 들게 했던 〈아바타〉가 바로 그의 작품이다. 사실 〈타이타닉〉 후 거의 15년간을 한 편의 영화도 내놓지 않았는데 그는 여전히 영화를 만들고 있었다. 단지 그가 표현해 내고 싶은 것들을 3D, 그래픽 기술이 받쳐 주질 못해 기술을 찾아 헤매고 기다리면서, 그 긴 시간들을 진정한 업그레이드를 위해 꾸준히 노력하고 연구하여 〈아바타〉라는 공전의 히트작을 만들게 된 것이다.

'Go-Further!'는 포드 자동차 회사의 슬로건이다. 우리말로 군이 하자면 '더 나아가라.' 정도가 될 것이다. 110년의 역사를 가지고 지금도 세계적으로 20여 만 명의 직원과 한 해 6백5십여 만 대의 차를 팔고 약 1천4백5십억 달러(한화 150조)의 매출과 65억 달러(한화 7조) 정도의 수익을 내는 회사가 뭘 더 나아가겠다는 건가 의구심을 던질 수 있다. 세상은 호락호락하지가 않아, 이렇게 110년의 역사를 가진 회사라도 한 순간에 흔들릴 만큼 안주하면 도태되기 때문이다.

나는 이 표현대로 젊은이들에게 "안주하지 말고 계속 발전시켜라."라고 얘기하고 싶다. 그러기 위해서는 변화를 읽고, 한 번의 성공은 빨리 잊고, 끊임없이 나를 돌아보라고 얘기해 주고 싶다. 세상에 영원한 승자는 없다. 그 시대에 최고의 인기를 달리던 차도 변화가 없으면 언젠가 소비자들에게 버림받게 된다. 하나의 기업을 운영하면서 가장 무서운 적은 '안주'라고 할 수 있는데, 우리 주변에서 '안주'하다가 실패하는 사람도 많이 보았고, 반면에 '안주'하지 않아서 성공한 직원도 많이 보았다.

변화를 읽으라는 것은 시대를 읽으라는 말이다. 시대를 읽는 것은 무엇을 시작하고자 할 때만 필요한 조건이 아니라 끊임없이 변화의 흐름을 주목하고 그 안에 내가 속해 있는지를 인지하는 것이다. 머스탱이 시대와 환경의 흐름을 읽고 그에 맞춰 변화해 온 것처럼 우리는 모두 스스로 변화를 인지하고 받아들여야 한다.

한 번의 성공은 빨리 잊어라. 성공은 기분 좋은 일이다. 주변에는 이미 성공한 친구도 있고 또 여러분도 조만간 여러분만의 성공을 하게 될 것이다. 그러나 이 성공이라는 것은 한편으로는 빨리 잊어야 하는 것이기도 하다. 월트 디즈니는 "우리의 진가는 다음 작품에서 결정된다."라는 말을 하였는데 이는 성공은 동기부여가 될 수도 있지만 잘 관리하지 못하면 두 번째, 세 번째의 성공과 또한 궁극적으로 내가 나아가고자 하는 길을 막아서는 독이 될 수도 있다는 얘기이다. 즉, 성공이라는 옷은 내 몸의 변화와 함께 계속 자라야 하지, 내 몸에 영원히 맞는 옷은 아니다.

끊임없이 나를 돌아봐라. 내가 가장 강조하고 싶은 말이다. 보통 입사한 지 몇 년이 지나면 쳇바퀴처럼 굴러가는 일상에 무기력해지기 쉽고, 현재에 만족하며 안주하기 쉬운데 자신만의 '꿈'을 기억하고, 내가 원래 원했던 것이 무엇이었는지 잊지 말고 끊임없이 나를 채찍질하면서 앞으로 나아가면 반드시 성공의 문은 앞에서 열리기를 기다리고 있을 것이다.

Back to Basic! 기본을 잃지 말자

포드에서 일을 시작한 지 만 9년 만에 한국법인의 사장이 됐다. 내 나이 41살 때이다. 그렇게 운 좋게 시작된 사장이란 자리가 끝없이 좋을 줄만 알았다. 왜? 나는 열정을 갖고 열심히 했으니까. 우리는 살아가면서 참 많은 것을 겪는다. 사장을 맡은 지 4년째 들어서던 어느 날 나의 직속 보고 라인의 보스인 미국 수출본부의 세일즈 총괄 부사장으로 새로운 인물이 부임해 왔다. 그와의 첫 대면은 그리 나쁘지 않았다. 기존의 보스들답지 않게 좀 급하고, 같은 사안이라도 보는 각도가 약간 다르다고 생각할 정도였으니까.

하지만 일은 차츰 꼬여 가다 터졌는데, 한국 내 딜러 중의 한 회사가 딜러십을 포기하려고 하는 상황이 생겨 그 딜러를 다루는 과정에서 결국 사단이 나고 말았다. 딜러에게 보내기 위해 여러 차례 점검했던 회신 중에 여전히 잘못된 내용이 있어서 발신하기로 한 바로 전날 밤 내용 수정을 요청하는 이메일을 보냈다. 그런데 통상 이런 경우 내용상 맞는 사항이면 받아들여지는데 이 보스는 왜 그 부분을 고치려고 하느냐에 초점을 맞추어 계속 시비를 거는 것이었다. 논지는 왜 본사(보스인 자기가)에서 방향을 정하고 결정한 일에 따르지 않고 내 의견을 다느냐는 것과 그러한 행동은 전혀 조직에 도움이 되질 않는다며, 그해 인사고과 서류에 장문의(A4용지 3장을 꽉 채운 내용을 적음-회사 관례상 통상 1/3페이지 정도 간략한 코멘트로 끝남) 행동, 성과의 문제점을 나열하는 것이 아닌가.

나름 10여 년 이상을 이미 포드에 근무하면서 잔뼈가 어느 정도 굵었고 또한 한국법인을 책임지고 있는데 여기서 물러서면 나를 따르는 직원들은 어떻게 될 것인가 하는 고민으로 내 인생 최고조의 스트레스를 받은 시기였다. 어느 날은 텔레컨퍼런스(전화 회의)를 마치고 퇴근했는데 집에서 내 얼굴을 본 아내가 깜짝 놀라면서 무슨 일이 있었냐고 물어본다. 내 얼굴이 스트레스를 이기지 못해 그냥 퉁퉁 부은 것이었다. 아, 사람이 스트레스로 죽을 수도 있겠다는 것을 느낀 게 바로 그때였다. 일 자체로만 문제가 있어 그 해결책을 찾기 위해 노력하고 받는 스트레스라면 그렇게 부을 리가 없을 것이다. 나는 억울해하고 있었던 것이다. 게다가 이렇게 인사고과 서류로 덤비기 시작하고 한 2년 연속으로 평균 이하의 고과를 받으면 C&C(Coaching & Counselling) 프로세스로 들어가고 이를 통해서도 보스가 향상된 점을 인정하지 않으면 나는 포드를 떠나야 한다. 아니 더 정확히는 짤리는 것이다.

나는 결심했다. 기본을 잃지 말자. 내가 옳다고 생각한 일에 진정성을 가지고 최선을 다해 나의 일을 하자. 그 다음은 내가 결정할 수 있는 게 아니다. 그러던 중 방콕에서 글로벌 전체 딜러 회의가 열렸고, 이 회의에서 내가 소신 있게 믿는 상황을 있는 그대로 설명하고 딜러로 하여금 실상을 정확히 알 수 있도록 유도하였다. 그 자리에 참석했던 수출본부 사장은 사실 그 문제의 보스와 절친한 사람으로, 그를 그 자리에 앉힌 사람도 그 사장인데 내가 이야기한 것들에 대해 옳은 이야기라고 그 중요한 회의석상에서 칭찬을 하는 것이 아닌가. 내 의견에 반대하던 그 문제의 보스가 머쓱해하던 모습이 아직도 기억에 생생하다. 그때 느낀 것은 진정성을 갖고 일을 하는 것은 누구도 막을 수가 없다는 것이다. 기본 초심을 잃고 보스가 나쁘다는 생각만으로 잔꾀를 부리면서 상황을 모면하려 했다면 아마도 나는 오히려 살아남지 못했을 것이다.

내친김에 나는 이것이 나 혼자만의 문제인가 싶어 각 지역 담당 본부장들에게 그 보스와의 관계에 대해 조심스럽게 상황을 물어보았다. 이게 무슨 일인가 싶게 그들도 나와 똑같은 상황을 겪고 있었다. 심지어 중남미 지역담당 본부장은 그 사람에게 받은 개인모욕감(Personal Humiliation)으로 인해 인사부에 조사 요청을 한 사례도 있었다는 것을 알고, 진정성은 역시 통하는구나 생각하였다. 그러던 중 어느 날 그의 상관인 수출본부 사장이 새로 부임해 왔다. 한국법인 설립 시 한국에 와서 함께 일하고 아·태지역 본부장도 역임했던, 내가 잘 아는 분이었다. 사람이 죽으란 법은 없구나 싶었던 순간이었다.

그 문제의 보스는 새로운 사장과 2년여를 더 같이 일하다가 결국 해고통지서(Pink Slip)를 받아 그 자리에서 짐을 싸고 퇴사하였다는 소식을 접하게 되었다. 미국에서는 흔히 있는 일이다. 진정성에 기반을 둔 초심을 지키고 일을 하면 반드시 나를 알아봐 주는 때가 온다는 것을 새삼 느꼈던, 내 인생의 또 다른 배움의 시간이었다.

두려워하지 말고 새로운 것을 시도해 보라

내 카톡의 창에는 '변화하는 즐거움'이라 쓰여 있다. 나는 우리 직원들 모두에게 변화를 요구한다. 그리고 변화를 두려워하지 말고 새로운 것을 시도해 보길 원한다. 이 변화의 시도를 혁신이라 얘기하기도 한다. 포드는 한국 시장에서 설립 직후 반짝 정상의 위치에 있었던 후로는 외환 위기를 거쳐 벤처 붐이 부는 과정과 1인당 국민소득이 2만 불을 넘는 경제 활황기에 접어든 2000년 초 이래로 유럽 럭셔리 브랜드들에 완패를 당해 바닥을 헤매고 있던 상황이었다. 한·미 간의 FTA에 무언가 희망이 보이기 시작한 것은 2011년이었다. 곧 협약이 체결될 것처럼 얘기들이 나왔다.

이번 계기를 통해 변화를 모색하지 않으면 다시는 변혁의 기회를 잡지 못할 것이란 확신이 들었다. 곧바로 2011년 소속되어 있던 수출본부를 중심으로 한국을 포함하는 시장 성장전략을 짜기 시작했다. 이 기회를 살려 한국에 대대적인 선투자를 해 줄 것을 요청하였고 본사 이사회(Board of Director)는 이를 승인하여 주었다. 이것이 2011년 한 해 3,000여 대에서 월간 1,000대를 파는 브랜드로 도약할 수 있게 된 결정적 계기인 '한국 성장계획'의 시작이었다. 그동안의 마케팅 비용은 다섯 배가 넘게 늘었고, 딜러 네트워크도 대대적으로 확장하면서 우리는 준비를 마쳤다. 2012년 마침내 한·미 FTA 가 발효되면서 차량 가격 인하뿐만 아니라 그동안 수입차를 살 때의 걸림돌이 되어 온 부품 가격 인하도 경쟁사를 훨씬 능가하는 그야말로 파격적인 개편을 단행하였다. 인원도 대대적으로 보강하는 승인을 받고 전사적인 변화를 꾀하였다.

올해 얼마 전 방한한 페이펄의 공동 창업자이며 『Zero to One』의 저자인 피터 틸은 한국 방문 중 한 경영자 모임 강연에서 "행복한 가정은 다 비슷한 점을 갖는다. 그러나 불행한 가정은 제각각 이유가 다르다."라고 얘기하였는데, 기업의 경우는 그 반대이다. 행복한 기업은 모두 다른 조직 특성을 갖는다. 저마다 독특한 문제 해결책을 가지고 그만의 독점적 지위를 꾸준히 시장에서 유지한다. 그러나 실패한 기업은 변화를 받아들이지 못하고 오히려 한결같이 경쟁에서 벗어나지 못하고 그 경쟁의 늪에서 헤어나지 못한다. 즉 경쟁의 함정에 빠지는 것이다. 그는 우리에게도 대체 가능한 일에 매달리지 말고 남이 보지 못하는 곳에서 새로운 일을 하라고 강조한다. 즉, 혁신을 찾아 나서라는 얘기다. 잘 되는 기업은 경쟁 대신 창조적 독점을 추구한다.

사람들은 이와 같은 창조적 변화를 두려워한다. 왜냐하면 사람들은 자신이 가는 길에 많은 사람들이 있으면 두려워하는 것이 아니라 오히려 안심을 한다. 그들과 경쟁해야 됨을 알면서도 경쟁 속으로 들어간다. 경쟁하지 말고 독점을 해야 하는데 말이다. 아무도 동의하지 않는 생각을 말하는 용기가 바로 혁신을 가져온다는 것을 명심하자.

헨리 포드가 1914년 1월 5일 컨베이어 벨트 생산 방식으로 자동차

대량 생산의 길을 튼 그해, 노동자의 임금을 하루아침에 일당 2.35달러에서 5달러로 두 배를 인상한다는 발표를 하자 다음 날 구직자 1만 5,000여 명이 포드 하이랜드 공장 앞에 장사진을 치고 몰려들었다. 헨리 포드는 '자신뿐만 아니라 직원 하나하나가 자기가 맡은 분야에서 최고로 일을 해야 한다고 주장하며, 그에 맞는 높은 임금과 성과급은 직원 스스로 일을 잘 해내게 만드는 원천'이라고 말했다.

이에 대해 거의 100여 년이 지난 2015년 모 일간지가 삼성과 비교하면서 논평을 냈다. 삼성전자의 10만여 명이 넘는 임직원들의 한해 임금이 약 8조 원인데 그 3배가 넘는 25조 원의 이익을 내고도 임금을 동결하는 것이 맞느냐는 것이다.

물론 이 얘기는 경제 논리에서 임금의 경제 선순환 논리를 내세우면서 삼성전자의 임금동결을 근시안적인 정책이라 비판하는 글이지만 나는 이것을 경쟁 논리에서 비교하고 싶어졌다. 포드는 경쟁에서 독점적 지위를 확보하고자 임금을 하루아침에 두 배로 올리면서 변혁을 꾀하고자 하였다는 것이다. 지금도 포드는 전 세계 80여 개 국가에 차를 팔고 세계인이 사랑하는 자동차 브랜드로 여전히 건재해 있다.

유리창 사장! 나만의 원칙을 가려라

오늘도 나는 KTX에 몸을 싣고 포항으로 향한다. 2년여 전 근처 광역시인 울산에 새로운 딜러십을 내는 행사에 참석한 이래 1여 년 만이다. 딜러의 전시장을 찾는 길은 항상 설레는 마음이다. 이번만큼은 지난번에 얘기한 일들이 잘 지켜졌을까? 지난번 얘기를 나눈 사항은 개선이 되었을까 등 나름 질문을 해 보고 기대를 해 본다.

전시장에 도착하면 가장 처음 하는 일이 고객의 눈으로 전시장을 둘러보는 것이다. 내가 고객이라면 어떤 마음으로 전시장을 찾을까 그리고 무엇을 기대할까. 그래서 딜러십을 찾을 때마다 외부의 간판과 시설 그리고 유리창을 먼저 본다. 특히 유리창이 깨끗하지 않은 것은 절대 용납할 수 없다. 혹시 내가 밥을 먹으러 간다든가 또는 물건을 사러 갔는데 그런 곳이라면 입구에서 들어가기가 망설여진다. 그런 부분도 제대로 신경 쓰지 못하는 곳이 무언들 제대로 할까…. 그래서 내 별명이 유리창 사장이다. 그런들 어떠하리. 우리 고객들이 그걸로 만족할 수만 있다면 나는 행복하다.

창 얘기가 나왔으니 말이다. '깨진 유리창의 이론'이란 얘기를 들어 보았을 것이다. 원래는 사소한 것을 방치해 두면 나중에 더 큰 범죄로 이어진다는 범죄학에서 기초된 이론인데 요즘은 마케팅에 적극 인용된다. 건물의 유리창이 한 장 깨어져 있으면 행인들은 그 건물이 포기한 건물로 보고 자연스럽게 거기에 쓰레기를 버리고 돌을 던져 나머지 유리창까지 다 깨져서 진짜 폐허가 된다는 얘기이다.

마이클 레빈의 『깨진 유리창 법칙』이란 책에서는 한 명의 불친절한 직원, 고객이 겪은 한 번의 불쾌한 경험, 먼지가 쌓여 있고 정리되지 않은 상품 등, 기업의 사소한 실수가 결국은 기업의 앞날을 뒤흔든다고 설명한다. 그는 "가장 심각하게 깨진 유리창은 사람인 경우가 많다."라고 했는데, 기업의 경우에나 우리의 삶에서나 이런 경우를 종종 본다. 직원 한 명의 잘못된 행동이 바이러스처럼 한 매장 전체에 영향을 주듯이 내 삶에서의 깨진 유리창은 무엇인가를 스스로 물어보고 짚어 보아야 한다. 그리고 그 깨진 유리창을 걷어 내는 노력을 기울여야 한다.

포드 입사 23년이 되는 지금도 나는 한 번도 회사 일을 남의 일 하듯이 한 적이 없다. 물론 회사의 오너가 아닌 한 우리 모두는 주인이 아니다. 그래도 포드는 나의 회사이고 나의 삶이다. 회사에서 일을 할 때 내 일을 하듯이 하라는 것이 나의 지론이다. 남의 일 하듯이 하는 일과 내 일 하듯이 하는 일이 어찌 같을 수 있을까?

주인의 사전적 정의는 '무언가를 소유하고 있으며 책임감을 가지고 단체를 이끌어 가는 사람'을 일컫는다. 일하는 사람이 자신의 행위와 선택에 책임을 지는 행위를 프로의식이라 할 수 있는데 이 점에서 주인의식과 닮은 점이 있으나 본질을 보면 차이가 난다. 반대로 이 두 가지 중 어느 것도 갖지 못하고 일하는 행위를 일컬어 머슴의식이라 할 수 있겠다. 우리는 평생을 머슴처럼 살 것인가?

그렇다고 주인의식을 갖자는 것이지 주인처럼 행세하자는 말은 아니다. 주어진 지침과 규정을 지키면서 명확히 일처리를 하는, 멋진 프로의식으로 사는 것은 회사 일을 하는 사람이라면 기본이다. 주인의식은 이 프로의식을 밑바탕으로 뿌리까지 철저하게 일을 처리하고 주인의 시각으로 사안을 보고 일을 할 때를 일컫는다.

'링겔만 효과(Ringelmann effect)'라는 것이 있다. 한 명씩 줄다리기를 하면 자신의 힘 100%를 쏟지만 두 명이면 93%, 세 명이면 85%, 여덟 명이면 49%의 힘만 쏟는다고 한다. 주인의식 부재의 위험성과 개개인에 있어 주인의식이 부재하게 되면 생기는 부작용을 경고한 것이다. 위 세 가지 의식들의 개념적 지위를 짚어 보면, '머슴의식 〈 프로의식 〈 주인의식'으로 나열할 수 있다.

주인의식은 프로의식으로 일처리는 하되 주인처럼 사안을 보고 겉으로 보이지 않는 부분까지도 철저하게 파헤쳐서 일을 마무리하는 것이다. 주인의식을 가진 사람은 한눈팔지 않는다. 누가 보든 안 보든 열심히 하고, 부지런하다. 매사에 사심이 없고 정직하며 주어진 일보다 꼭 한두 가지를 더 생각하여 일을 처리한다. 그런 사람들이 바로 주인이다. 여러분들도 세상의 주인이 되라. 머슴으로 살 것인가 주인으로 살 것인가는 바로 우리의 선택이다.

남을 설득하기 전에 자기 자신을 설득해 보라. 여기서의 설득은 협상과는 다르다. 협상은 주고받는 과정을 거친다. 즉, 윈-윈이 기본이다. 설득은 이 과정이 없이 일방적이라서 더 힘들다. 설득 이론에 대한 책도 많고 고수들도 많다. 나는 설득의 전문가가 아니지만 나의 설득 지론은 먼저 나 자신을 설득해 보라는 것이다. 물건을 팔든, 누군가에게 이메일을 쓰든, 보고서를 쓰든 거기에는 상대가 있다. 그리고 그 상대를 설득하여야 내가 이루고자 하는 바를 이룬다. 그런데 내가 하고자 하는 바를 상대에게 미리 설명해 보고 설득되는지를 해 보면 오죽 좋으련만 현실은 아니다. 내가 상대방이라면 하고 그의 입장에서 보고 스스로 고개가 끄덕여지는지를 보라는 것이다.

지피지기라는 말이 있지 않던가. 지피는 어렵지만 그나마 지기는 가능성이 있다. 일단은 나 자신부터 설득이 되어야 희망이 보이고, 그걸 내미는 데 있어 자신감도 생긴다. 그 상대가 동료든, 보스든, 고객이든 나는 이 과정을 기본이라 강조하고 원칙으로 삼고 있다.

길이 없는 곳에 가서 흔적을 남겨라

"길이 이끄는 곳으로 가지 말고 길이 없는 곳에 가서 흔적을 남겨라." 1800년대의 대표 사상가인 에머슨의 말이다. 이 말은 이 세상에 홀로 서라고 한 그의 말을 실천하기 위한 시작점인데 나는 이 말을 좋아한다.

21세기의 현재 세상에서 홀로 서기를 하는 것은 불가능하다. 우리는 모두가 페이스북으로 엮여 있고, 기업인들 사이에 요즘 인기인 링크드인으로 엮이고, 친구 사이는 카톡으로 엮이고, 동창들은 밴드로 엮여 있다. 나의 젊은 시절에 비록 에머슨의 이 말을 들려주는 이는 없었지만 난 스스로 이를 실천하고 있었다. 길이 아주 없는 곳을 간 건 아니었지만 남들이 잘 하지 않는 길을 가고자 하긴 했던 것 같다.

1985년도 대학 3학년 말에 영국에 영어 공부를 위해 갔었고, 오퍼상을 만들어 투자도 일찌감치 해 보았으니 돌이켜 보면 지금의 벤처와 다를 게 없었다는 생각이다. 기계공학을 전공하고 MBA과정을 공부하면서 좌변, 우변을 어떻게 하고, 매크로 이코노믹스가 어떠니 떠들어 보았으니 말이다. 41세에 세계적인 글로벌 기업의 한국법인 사장에 올랐고 그 일을 15년째 하고 있으니, 어찌 보면 남들 다 하는 길이 아닌 길을 걷고 있고, 세상에 나름 홀로 서기를 하고 있다는 생각이다.

무엇이 나를 이렇게 이끄는 원동력이 되었을까? 무엇이 나를 받쳐 주고 있는 것일까? 여기에 대해 생각해 보면 우선은 역시 사람(People)이다. 나의 동료이고, 직원들이고, 우리와 사업을 같이하는 파트너사들이다. 그 중심에는 사람들이 있다.

그리고 변화(Transformation)이다. 나 또한 40세 초 혈기왕성했던 시절에는 무엇이든 할 수 있다고 생각했다. 그리고 그 중심을 나로 생각하던 때가 있었다. 오만이고 독선이었다. 그걸 깨달은 것은 그리 오래지 않아서였다. 우리 회사에는 꽤나 많은 직원(지금은 임원들이 되어 있음)들이 나와 20여 년을 함께 일하고 있다. 외국계 회사로는 흔치 않은 일이다. 나는 그들에게 무한한 고마움을 갖는다. 나를 믿어 줌에 감사하고 동고동락해 줌에 감사한다. 나는 혼자가 아닌 것이다.

그리고 진정성(Authenticity)이다. 믿음이다. 우리는 항상 서로를 본다. 아침에 인사를 하고, 미팅을 하고, 회식을 할 때도. 동료 간에, 보스와의 의견을 나눌 때도 서로를 본다. 우리가 만들어 내놓은 제품은 고객을 만난다. 여기에 필수 요소는 믿음(Trust)이다. 이것이 바탕에 있지 않은 조직은 소위 사상누각인 것이다. 믿음이 기반이 되지 않은 회사는 오래 가지 못한다. 스스로를 믿지 못하는 제품을 고객이 믿고 살 리가 없다.

믿음과 신뢰를 주고 그들에게 존경받는 리더가 진정한 리더이다. 우리는 모두 리더가 될 수 있다. 조직에서의 리더만이 리더가 아니다. 친구 간에도, 공부를 할 때도, 간단한 모임에서도 리더가 될 수 있다. 나이 때문에 리더가 되기도 하고 때로는 자기 의사와는 상관 없이 리더의 자리로 내몰려지기도 한다. 그래서 더욱 리더십이 요구되는 시대이다. 어느 시대이든 어떤 상황이든 나의 리더십의 덕목은 사람을 보고, 그들을 믿음과 진정성으로 대하는 한편 안주하지 말고 변화를 추구하라는 것이다.

나는 사상가도 아니고 학자도 아니어서 이런 얘기를 하는 게 조금은 어색하다. 그럼에도 이 자리로 나를 밀어 넣어 주고, 지금까지 나를 받쳐 주고, 이 자리에 서 있게 만들어 준 생활 철학을 공유하고자 한다. 이제 은퇴를 얼마 남겨 두지 않은 나의 또 다른 임무라는 생각이 들어서다.

나는 은퇴 시기를 따로 정하지 않았다. 내일이 될지도 모른다. 그러나 내일 은퇴한다 해도 나는 오늘 열심히 살고 싶다. '영원히 살 것처럼 꿈꾸고 내일 죽을 것처럼 살아라!'라고 하지 않았던가…. 내일 죽을 것처럼 살면 얼마나 치열하게 오늘을 살까만은 그러하지는 못하더라도 그냥 진정성 있게 내가 하는 일에 최선을 다하면서 살아보자. 성공은 쫓아가는 게 아니고 그 과정을 통해 그냥 부수적으로 따라오는 것이다.

무슨 거창한 일을 해서가 아니고 그냥 하루하루 할 일을 정성을 다해서 하는, 나는 그렇게 살아온 리더로 기억되고 싶다. 그래서 닮고 싶은 리더로 기억되고 싶다. 나는 매일 매 순간을 열심히 살 뿐이다. ❀

당신이 가능하다고 믿든지, 불가능하다고 믿든지,

결과는 당신이 믿는 대로 될 것이다.

Whether you think you can,

or you think you can't, you're right.

– 헨리 포드